Wilhelm Schacht **DER STEINGARTEN**

Wilhelm Schacht

DER STEIN-GARTEN

Sechste, überarbeitete
und neugestaltete Auflage
mit 182 Farbfotos und 13 Skizzen

Bechtermünz Verlag

Foto Seite 2: Dianthus pavonus (W. Schacht)
Fotos Seite 6: Carlina acanthifolia (D. Schacht)
Zeichnungen von Rolf Köder, Stuttgart
nach Vorlagen von Hans Meyer, Villingen

Genehmigte Lizenzausgabe für
Bechtermünz Verlag im
Weltbild Verlag GmbH, Augsburg 1997
© by Eugen Ulmer Verlag, Stuttgart
Umschlaggestaltung: Peter Engel, München
Gesamtherstellung: Druckerei Appl, Wemding
Printed in Germany
ISBN 3-86047-414-6

Vorwort

Wenn ein Buch in mehreren Auflagen erscheinen kann, dann ist das für Verleger und Autor natürlich erfreulich; denn es ist ein Beweis dafür, daß ein echter Bedarf vorliegt. Vor 25 Jahren erschien die erste Auflage des vorliegenden Buches, damals unter dem Titel „Der Steingarten und seine Welt". Bald darauf fand es sogar in England, dem klassischen Land der Steingartenkultur, Beachtung, so daß es von einem Verlag in London übernommen und in englischer Sprache herausgebracht wurde.

Das nun in dieser Auflage völlig neugestaltete Buch unterscheidet sich nicht nur rein äußerlich von seinen Vorläufern. Wenn auch die Gliederung des Textes beibehalten wurde, so erfuhr dieser wieder eine sorgfältige Überarbeitung; wo nötig, kamen textliche Ergänzungen, weitere Erläuterungen und im ersten Teil einige Strichzeichnungen hinzu.

Erweitert wurde das Kapitel „Miniatursteingärten in Trögen und Schalen". Bereits in der ersten Auflage wurde auf diese, in England weitverbreitete, reizvolle Liebhaberei hingewiesen. Inzwischen sind auch bei uns „mobile Gärten" in Stadt und Land geradezu Mode geworden. Allerdings sieht man die Steintröge und sonstigen Behälter meist nur mit Balkonblumen und Einjahrsflor bepflanzt. Es gibt aber auch schon Firmen, die regelmäßig auf Gartenschauen mit alpinen Pflanzen und Zwerggehölzen besetzte Troggärten ausstellen und dadurch anregend zu dieser Art „Liliputgärtnerei" beitragen.

Auch das Kleingewächshaus im Privatgarten ist bei uns jetzt keine Seltenheit mehr, und es ist anzunehmen, daß durch den Bericht „Der Steingarten unter Glas" mancher Pflanzenliebhaber zu dem Entschluß kommt, sich selbst ein Alpinenhaus anzuschaffen; bietet es doch Gelegenheit, viele empfindliche oder nicht ganz winterharte Kleinode mit Erfolg zu kultivieren. Die Pflanzenlisten wurden hierfür entsprechend ergänzt, wie überhaupt im ganzen das Sortiment bewährter und interessanter Steingartenpflanzen wieder um über 70 weitere Arten und zahlreiche Neueinführungen und Züchtungen erweitert wurde.

Vollkommen erneuert, ganz auf Farbe umgestellt ist die Bebilderung. Auf 108 Farbfotos werden Gartenmotive, Troggärten und die verschiedensten Pflanzen für Trockenmauern, Steingärten und das Alpinenhaus gezeigt. Neben bekannteren Pflanzen wurden auch etliche Raritäten ausgewählt, deren Beschaffung heute noch einen gewissen Spürsinn voraussetzt. Bewußt wurden diese „neuen Perlen" vorgestellt, denn die Zahl leidenschaftlicher Pflanzenfreunde und Experten, die nicht nur das Alltägliche wollen und stets nach neuen Schätzen suchen, nimmt ständig zu.

Auch bei dieser Auflage mußte die Nomenklatur der wissenschaftlichen Pflanzennamen wieder in einigen Fällen revidiert werden, eine Angelegenheit, die weder für Gärtner noch Liebhaber erfreulich ist, aber doch kaum zu umgehen ist. Es wurden jedoch neben den jetzt nach wissenschaftlichen Erkenntnissen korrekten Namen jeweils auch die in der gärtnerischen Praxis noch geläufigen alten Bezeichnungen mit angegeben.

Zum Schluß sei allen denen gedankt, die mit Rat und Tat zum Gelingen des Buches beitrugen. Herrn Gartenarchitekt Hans Meyer, Villingen, der die Zeichnungen schuf, den verschiedenen Fotografen, die Bilder beisteuerten, und nicht zuletzt dem Verlag und seinen Mitarbeitern, denen es zu verdanken ist, daß „Der Steingarten" so schmuck erneut erscheinen konnte.

Mit dem Wunsche, daß dieses Handbuch auch weiterhin recht vielen Benützern als Ratgeber dienen und Freude bereiten möge, widme ich es wieder allen denen, die Pflanzen und Gärten lieben.

Wilhelm Schacht

Dem Vorwort der vorliegenden Auflage ist hinzuzufügen, daß der Text erneut eine Überarbeitung erfuhr. Viele Sorten, die inzwischen überholt sind, wurden durch Nennung der neuen ersetzt und auch manche Neueinführungen, die noch wenig bekannt sind, mit aufgenommen. Besonders erfreulich ist es, daß diese Auflage nochmals erheblich besser ausgestattet und die Zahl der Farbfotos annähernd verdoppelt werden konnte. Somit ist zu hoffen und zu wünschen, daß das Buch auch weiterhin eine so freundliche Aufnahme beim Gartenpublikum finden möge wie bisher. Daß „Der Steingarten" auch in holländischer und in englischer Übersetzung vorliegt, zeigt, daß das Interesse an der winterharten Kleinpflanzenwelt auch in anderen Ländern zugenommen hat.

Wer Verbindung zu gleichgesinnten Stauden- und Steingartenfreunden wünscht, dem sei die Mitgliedschaft zu folgenden Vereinigungen empfohlen, die in ihren Publikationen auch stets Neues und Interessantes auf diesem Gebiet bringen.

Gesellschaft der Staudenfreunde e. V., Dörrenklingenweg 35, D-74629 Pfedelbach-Untersteinbach.
The Alpine Garden Society, Lye End Link, St. John's, GB-Woking, Surrey GU 21 1SW.
The Scottish Rock Garden Club, Mrs. E. R. Law, Kippielaw Farm, GB-Haddington, East Lothian EH 41 4PY, Scotland.

Wilhelm Schacht

Inhaltsverzeichnis

Vorwort 5
Einführung 8

Der natürliche Steingarten 13
Der regelmäßige oder architektonische Steingarten 24
Die Trockenmauer 28
Der Trockenmauerwall 32
Steingartenbeete 34
Moorbeete 36
Miniatursteingärten in Trögen und Schalen 42
Wasser im Steingarten 51
Das Steinmaterial 57
Die Erde 61
Der Steingarten unter Glas – das Alpinenhaus 64
Vom Tierleben des Steingartens 70
Gang durch das Steingartenjahr 75

Die Pflanzen des Steingartens 80
   Stauden 80
   Zwiebel- und Knollengewächse . . . 157
   Gräser 170
   Farne 171
   Laubgehölze 175
   Nadelgehölze 199
Vermehrung des Pflanzenmaterials . . 206
   Stauden 206
   Zwiebel- und Knollengewächse . . . 210
   Gehölze 211
Blütenkalender 213

Verzeichnisse 218
   Bezugsquellen für Steingartenpflanzen und Zwerggehölze 218
   Literaturverzeichnis 219
   Bildquellen 219
   Register der Pflanzennamen 220

Einführung

*„Weit und schön ist die Welt,
doch o wie dank ich dem Himmel,
daß ein Gärtchen beschränkt
zierlich mir eigen gehört!"*

Diese Worte Goethes mögen meine Ausführungen über den Steingarten einleiten. Sie scheinen mir geradezu wie für den Steingartenfreund verfaßt, denn gerade der Steingarten ist es, der auf kleinstem Raum größte Mannigfaltigkeit bietet und seinem Besitzer tiefste Freude vermitteln kann.

Allerdings waren zu Goethes Zeiten Steingärten in unserem Sinne noch unbekannt. Der erste, der Versuche anstellte, Alpenpflanzen im Tiefland zu kultivieren, war der Innsbrucker Botaniker Kerner von Marilaun. Er war es, der den ersten „Alpengarten" anlegte, und er verfaßte auch das erste einschlägige Buch „Die Kultur der Alpenpflanzen", das 1864 in Innsbruck erschien. Angeregt durch diese Schrift, wurden in verschiedenen botanischen Gärten Alpinum-Anlagen aufgebaut und mit Alpenpflanzen, in der Fachsprache kurz als Alpine bezeichnet, bepflanzt. Es sei auch hier erwähnt, daß man unter der Bezeichnung „Alpine" durchaus nicht nur reine Alpenpflanzen, also Gewächse der Alpenkette, versteht, sondern gemeinhin Gebirgspflanzen und auch sonstige kleine, meist polsterbildende Stauden und Zwerggehölze aus aller Welt.

Bei der Anlage dieses Alpinums bemühte man sich früher, richtige Gebirge, bestimmte markante Berggruppen im Kleinen im Garten nachzubilden und dann zu bepflanzen. Längst ist man von dieser Methode, die tatsächlich eine törichte Entgleisung war – besonders wenn diese Gebirge noch mit kleinen Sennhütten, Gemsen aus Gips und sonstigen Modellfiguren möglichst „malerisch" und „naturgetreu" geschmückt waren –, abgekommen. Leider ist aber vielfach die Erinnerung an solche Gebirgsgärten geblieben, ja, es gibt sogar hier und dort einfältige Gemüter, die sich noch immer befleißigen, derartige „Gartenschöpfungen" herzurichten mit dem Erfolg, daß man nun in weiteren Kreisen kurzerhand geneigt ist, alles das, was Alpinum und Steingarten anbetrifft, in der Gartengestaltung abzulehnen. Doch man soll das Kind nicht mit dem Bade ausschütten! Feststeht, daß man eine Liebhaberei, ja eine Leidenschaft, nicht ignorieren kann, die z. B. in England und in den USA viele Tausende von Anhängern hat, die sich zu Liebhabergesellschaften (Alpine Garden und Rock Garden Societies) zusammengeschlossen haben, die Ausstellungen und Wettbewerbe veranstalten und äußerst lehrreiche und reichhaltige Bulletins herausgeben. In den nachfolgenden Zeilen und Abschnitten soll versucht werden, dieser Liebhaberei gerecht zu werden und zu zeigen, daß es verschiedene Möglichkeiten gibt, das kleine und bunte Pflanzenvolk der Berge in unsere Gärten einzugliedern.

Die Alpinumanlagen der botanischen Gärten, gewissermaßen die Vorläufer der Steingärten, sind in erster Linie zweckgebunden. Sie wollen dem Studierenden und dem botanisch interessierten Besucher die verschiedenen Wuchsformen der Gebirgsflora zeigen: die Fels-, Geröll- und Mattensiedler so, wie sie an ihren natürlichen Standorten vorkommen.

Blühender Fels im Gebirge. Habichtskraut, Sonnenröschen, Thymian und feine Gräser in enger Gemeinschaft – ein verlockendes Beispiel aus der Natur.

Oder es werden auch, wenn die Anlage groß genug ist, die Bergpflanzen der verschiedenen Länder der Erde auf gesonderten Gruppen nach geographischen Gesichtspunkten zusammengepflanzt.

Der Steingarten des Liebhabers hat ganz andere Aufgaben. In ihm wollen wir uns an der Schönheit und Mannigfaltigkeit der Kleinpflanzenwelt, an ihren Wildformen und Gartenzüchtungen erfreuen, die wir hier in Verbindung mit Steinen, ihrem Charakter entsprechend verwendet, zur vollen Geltung bringen. Durch wohl abgewogene Benachbarung gleichzeitig blühender, miteinander harmonierender Pflanzen schaffen wir mannigfaltige, reizvolle Farbenwirkungen. Aber über all dem schwebt im Steingarten ein gewisser Wildnisreiz. Immer wieder weckt er in uns Erinnerungen an Bergblumenschönheit und wird dadurch in gewissem Sinne sogar zu einem Ersatz für die freie Natur, die uns mit der ständig dichter werdenden Besiedlung unseres Lebensraumes immer mehr und immer weiter entrinnt.

So verlockend es auch erscheint, von Bergwanderungen Gebirgspflanzen mit heimzubringen, um sie auf dem Steingarten anzusiedeln, so muß besonders der Anfänger davor gewarnt werden. Man hat längst die Erfahrung gemacht, daß viele der schönsten Hochgebirgspflanzen unserer Alpen sich im Tiefland auf die Dauer nicht halten lassen. Sie gehen entweder nach kurzem Siechtum ganz ein, oder sie sind im Garten so blühfaul, daß sich ihr Anpflanzen nicht lohnt, z. B. das Dolomiten-Fingerkraut (*Potentilla nitida*) und das Stengellose Leimkraut (*Silene acaulis*). Wir können diesen Hochgebirgspflanzen nicht die verschiedenen Faktoren ihres alpinen Lebensraumes bieten, die sie zu ihrem Wohlbefinden brauchen. Um Mißerfolge und Enttäuschungen zu vermeiden, soll sich deshalb der Anfänger zunächst damit begnügen, nur bewährte Steingartengewächse, die er von einer Staudengärtnerei beziehen kann, anzupflanzen. Diese durch Kreuzungen und Auslese erzielten Sorten sind absolut gartenwillig und übertreffen zudem an Schönheit oft genug ihre Eltern. Der erfahrene Steingartenfreund und Kenner wird sich jedoch auch gerne die eine oder andere „Spezialität" als Mitbringsel von seinen Bergfahrten mit nach Hause nehmen. Er wird möglichst kleine, junge Exemplare sammeln, da diese ein Verpflanzen vertragen und sich leichter akklimatisieren als alte. Oder er wird sich sogar nur mit einer bescheidenen Samenmenge begnügen, denn er weiß, daß die Aufzucht aus Samen meist die beste Gewähr bietet, Wildpflanzen im Garten einzubürgern.

Ich möchte hier die Bitte aussprechen, beim Sammeln von Wildpflanzen möglichst bescheiden zu sein und besonders seltene Pflanzen, vor allem aber diejenigen, die unter Naturschutz stehen, unberührt zu lassen. Wildblumenschönheit der Natur ist Volksgut, und es ist die selbstverständliche Pflicht eines jeden, dieses zu schützen. Nach uns lebende Generationen sollen auch Freude aus diesem Reichtum schöpfen können. Am meisten gefährdet sind unsere heimischen Orchideen. Das Sammeln ist allein schon deshalb zu verwerfen, weil die meisten dieser so sensiblen Naturkinder in unseren Gärten sich doch nicht am Leben erhalten lassen und mit Sicherheit bald absterben.

Das Planen und Anlegen von künstlerisch befriedigenden Steingärten gehört mit zu den schwierigsten Aufgaben in der Gartengestaltung. Sie lassen sich entweder nach natürlichen, naturalistischen oder nach architektonischen, gebauten Motiven gestalten. Welche grundlegenden Gesichtspunkte bei der Verwirklichung dieser beiden Möglichkeiten beachtet werden sollten, zeigen die nächstfolgenden Abschnitte.

Die Natur ist die beste Lehrmeisterin des Steingärtners. Der Ausschnitt eines felsigen Hanges zeigt, wie man Gestein im Garten verwenden, lagern und gruppieren soll. Gelbe Kronwicken beherrschen das Bild.

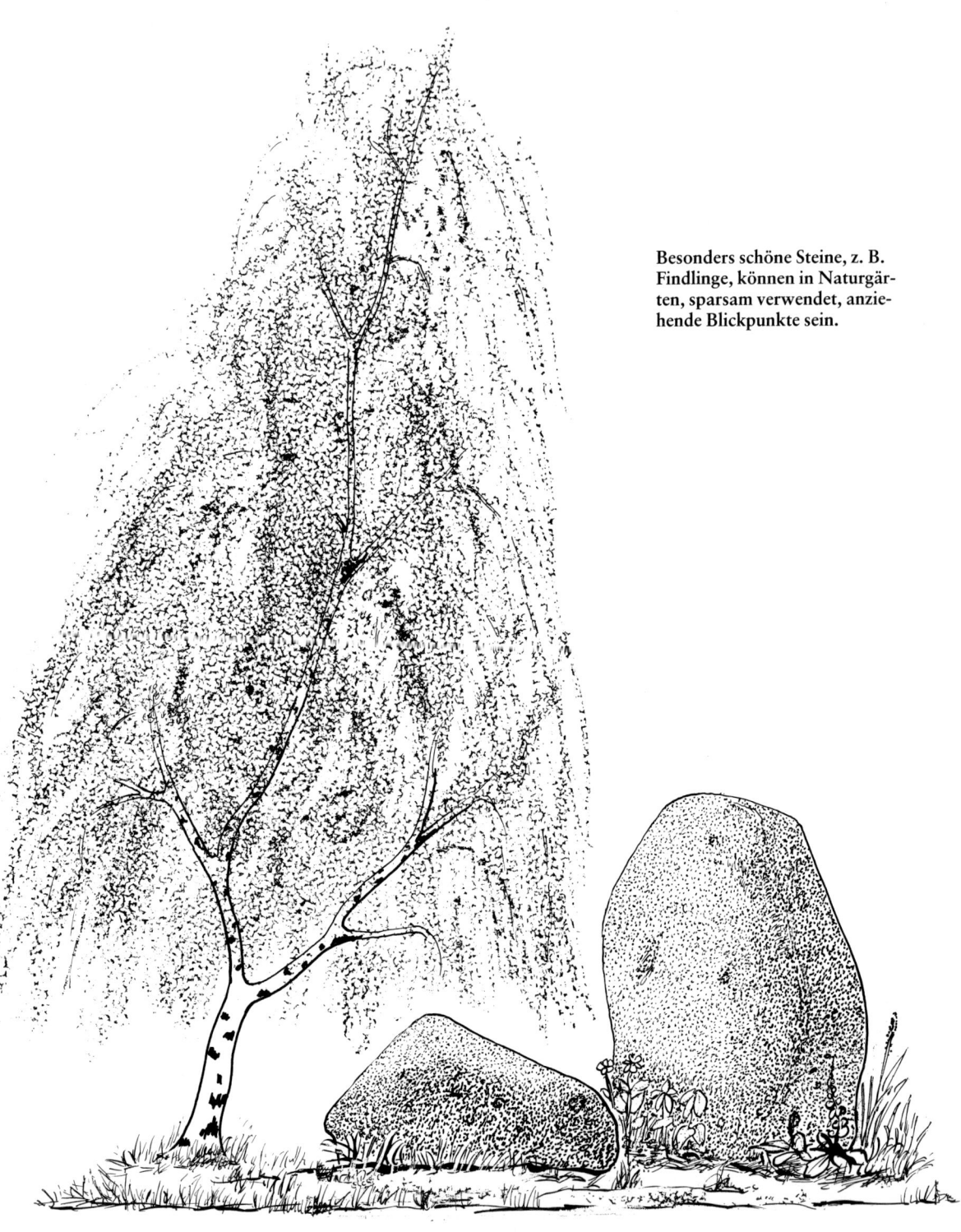

Besonders schöne Steine, z. B. Findlinge, können in Naturgärten, sparsam verwendet, anziehende Blickpunkte sein.

Der natürliche Steingarten

Frei – also natürlich – gestaltete Anlagen verlangen, wenn sie im Garten gut, „organisch" wirken sollen, eine entsprechende Umgebung. Liegt ein Grundstück auf mehr oder weniger geneigter Fläche, so läßt sich hier am leichtesten eine Steingartenanlage nach natürlichen Motiven schaffen. Ist das Gelände flach, so sollte der Garten wenigstens von einer entsprechenden landschaftlichen Gehölzkulisse umgeben sein, die den passenden Hintergrund für das Naturgartenmotiv abgibt. Allerdings muß der Baumbestand so weit entfernt sein, daß das zum Steingarten auserwählte Gelände nicht unter das Schattendach der Gehölze zu liegen kommt, denn die allermeisten Steingartenpflanzen verlangen einen hellen, sonnigen und luftigen Standort zum guten Gedeihen. Sind von Natur aus nur wenig oder gar keine Höhenunterschiede vorhanden, so ist die beste und billigste Lösung zur Schaffung von genügend großen Höhen und Tiefen, das Gelände hohlwegartig zu gestalten.

Natürlich wird die Anlage eines Senkgartens in Gegenden mit hohem Grundwasserstand nur bedingt möglich sein, aber an solchen Orten ist wohl in den allermeisten Fällen eine Steingartenanlage ohnehin nicht am Platze. Sind jedoch die Voraussetzungen günstig, der Boden und der Untergrund von Natur aus gut wasserdurchlässig, so können wir bedenkenlos solch einen Senk-Steingarten schaffen.

Diese Art der Steingartengestaltung hat nicht nur den Vorteil, damit am leichtesten eine möglichst natürliche Wirkung erzielen zu können – die Steingruppierungen und -schichtungen an den Muldenhängen sehen bei geschickter Anordnung aus, als trete das Gestein tatsächlich hier zutage –, sondern die Pflanzenwelt fühlt sich hier in der geschützten „Talmulde", besonders dann, wenn eine entsprechende Wasserfläche oder ein Bachgerieseln für erhöhte Luftfeuchtigkeit sorgt, außerordentlich wohl.

Nun einige praktische Hinweise zur Anlage solcher natürlicher Steingärten. Zunächst legen wir die Ausdehnung des zukünftigen Gartenteils fest und heben, falls es sich um eine Rasenfläche handelt, die obere Rasenschicht ab und schaffen diese zur Kompostierung beiseite. Schon von Anfang an ist es wichtig, daß alle Wurzelunkräuter auf dem zukünftigen Steingartengelände sorgfältigst ausgegraben und entfernt werden. Nichts bereitet mehr Mühe, als einen z. B. durch Giersch (*Aegopodium*), Quecke oder Ackerschachtelhalm verunkrauteten Steingarten wieder sauber zu bekommen. Deshalb soll man keine Mühe scheuen, vom ersten Spatenstich an diese gefährlichen Wurzelwucherer zu bekämpfen. Handelt es sich bei der Neuanlage etwa um ein Brachland, das häufig von allen möglichen Einjahrsunkräutern, z. B. *Erigeron canadensis*, Franzosenkraut, Vogelmiere u. dgl. bestanden war, so ist es am sichersten, nach Abhacken des Unkrautbewuchses nicht nur diesen, sondern auch die oberste durch Samen verseuchte Erdschicht abzuschuffeln und zu entfernen. Ist das Gelände so vorbereitet, so können wir noch vor Beginn der eigentlichen Anlage unserer Phantasie etwas freien Lauf lassen. Im Geiste sehen wir ja bereits den geplanten Steingarten vollendet vor uns: hier soll eine Erhebung entstehen – also biegen wir den Weg entsprechend ab, führen ihn durch die vorgesehene flache Mulde fast geradeaus, gabeln ihn vielleicht,

Meisterhaft gestaltete Felsgruppe mit alpinen Pflanzen.

um den einen Pfad durch ein „Seitental" etwa zu einer kleinen Heideanlage aufwärts zu lenken und führen den anderen, langsam ansteigend, über eine Rasenfläche zum nahen Sitzplatz. Liegt die Wegführung, die wir mit Stäben markiert haben, fest, so beginnen wir den Boden auszuschachten und den Aushub links und rechts entsprechend zu flachen Hügelzügen aufzuschütten und auszubreiten. Eine hohlwegartige Aufschließung des Geländes, möglichst flach und großzügig, wird immer besser wirken als ein schluchtartiger, tiefer Einschnitt. Ein Ausheben von $1/2$ bis 1 m an den tiefsten Stellen wird im allgemeinen genügen. Es ist selbstverständlich, daß jeder Gestalter von naturalistischen Steingärten in der Natur seine beste Lehrmeisterin hat. Nicht nur im Gebirge, sondern auch auf hügeligem Gelände, an Berghängen, an felsigen Bach-, Fluß- und Waldtälern, in verlassenen Steinbrüchen, auf Triften und Heiden, kurz überall dort, wo das Landschaftsbild nicht monoton flach, sondern „musikalisch" bewegt ist und Gestein zutage tritt, können wir immer wieder neue Studien und Anregungen zur Steingartengestaltung sammeln.

Der nächste Arbeitsabschnitt ist, nachdem die Bodenmodellierung in groben Zügen beendet wurde, die Auslegung und Gruppierung der Steine. Man kann sagen, daß das mit die wesentlichste Arbeit neben der späteren Zusammenstellung und Verteilung der Pflanzen überhaupt ist. Schon aus dem Wort Steingarten klingt es heraus, daß Steine ja gerade das Charakteristikum dieser Art Gartengestaltung sind. Ein gut angelegter Steingarten sieht jahraus jahrein schön aus, vor allem auch im Winterhalbjahr. Besonders an schneelosen, regnerischen Tagen und solange die Bepflanzung noch jung ist, kommen gerade die Steine zu ihrer vollen Wirkung. Es ist sehr wesentlich, nicht nur gutes Steinmaterial zu beschaffen, sondern solches auch wirkungsvoll und richtig zu verwenden.

Einige Punkte sind als allgemeine Richtlinien zu beachten.

Einer davon lautet: lieber weniger, dafür aber größere Steine. Zu viele gleichgroße Steine ergeben eine monotone Wirkung, die sich nur dadurch mildern läßt, daß man abwechselnd immer wieder einige Steine nahe aneinander gruppiert. Wenn später die mit Erde ausgefüllten Zwischenräume und Fugen solcher Steingruppen mit Pflanzen besetzt sind, können solche eingefügte Kombinationen aus drei oder fünf Einzelsteinen ebenso wirken wie *ein* großer Felsbrocken. Selbstverständlich müssen die Teilstücke von ein und derselben Gesteinsart sein, wie man ja überhaupt für die gesamte Anlage, wenn irgend möglich, nur einheitliches Material verwenden sollte. Eine Mischung von Kalk- und Urgestein oder von abgerundeten Findlingen und kantigen Bruchsteinen kann nie ein befriedigendes Bild ergeben. Bei der Lagerung der Steine ist zu beachten, daß sie *richtig*, d. h. naturgemäß, liegen. Jeder Stein sollte auf *der* Seite liegen, auf der er zur Ruhe gekommen, wenn er einen Hang herabgerollt wäre; es wird stets die sogenannte „faule", das ist die schwerste und breiteste Seite sein. Mit spitz aufragenden Felsbrocken gleichförmig gespickte Hügel wirken abstoßend und naturwidrig. Nur wirkliche Meister des Steingartenbaues mögen sich erkühnen, ab und zu einen besonders schönen und geeigneten Stein, seiner geologischen Eigenheit entsprechend, aufrecht stehend zu verwenden. Solche auserlesene Steine können, zumal wenn später von bizarren Zwerggehölzen umgeben, besonders anziehende Blickpunkte der Anlage sein. Aber nur die Ausnahme bestätigt die Regel, und diese lautet: lege die Steine! Lege sie so, daß sie stets etwas nach hinten, also dem Erdreich zu-

Zwischen stufenförmig geschichteten Blöcken lagern Siedlungen von Sempervivum.

geneigt sind. Das bürgt für eine sichere Lage und sieht nicht nur besser aus, sondern ist auch zweckmäßiger: Das Wasser wird so dem Erdreich zugeleitet, aufgehalten und den Pflanzen zugeführt. Vor allem bei kantigen, blockartigen Steinen und Platten ist es wesentlich, daß sie möglichst denselben Neigungswinkel erhalten. Am natürlichsten wirkt es, wenn die Rückseite der Steine von angestauter Erde umgeben und eingebettet ist, während die Vorderseite vollkommen frei die ganze Größe des Steines zeigt. Wenn wir es uns zum Prinzip machen, das Erdreich vor jedem Steinblock möglichst waagerecht zu verteilen, so erhalten wir einen stufenartig terrassierten Aufbau der ganzen Anlage. Dieser hat den großen Vorzug, daß das Herabschwemmen der Erde bei starkem Regen und das Abfließen des Gießwassers, noch ehe es in den Boden eingedrungen ist, verhindert wird. Natürlich ist später, bei der Bepflanzung, darauf zu achten, daß die Stirnseite der Steine nicht durch hohe Stauden oder Gehölze verdeckt wird.

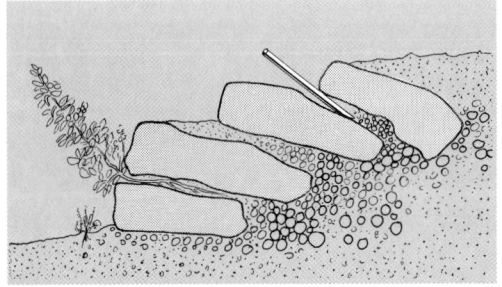

Steine sollten stets nach hinten geneigt und etwas in das Erdreich eingebettet gelegt werden.

Am zweckmäßigsten ist es, zuerst die größten und schönsten Steine sinnvoll zu verteilen. Teils verwenden wir sie für sich allein, um sie als Solitärsteine zur vollen Wirkung kommen zu lassen, teils gesellen wir ihnen Steine zweiter und dritter Größe bei. Immer darauf bedacht, jede Gleichförmigkeit zu unterbrechen, lassen wir eine Gruppe mehr hervorspringen, drängen eine andere entsprechend zurück, vermeiden jeden mauerhaft eintönigen Aufbau und schaffen so Pflanzflächen von verschiedener Größe und Lage.

Erwähnt sei noch, daß größere Steine besonders dann, wenn sie auf geschüttetes Erdreich zu liegen kommen, einer festen Unterlage bedürfen, damit sie nicht im Laufe der Zeit durch ihr Eigengewicht zu tief einsacken und dadurch ihre Wirkung einbüßen. Der Untergrund ist zuvor gut festzustampfen, darauf kommt eine entsprechend starke Schichtung von Bauschutt, Schotter oder nicht schöner, unbrauchbarer Steine, auf die dann der Steinblock, möglichst etwas überhöht, zu liegen kommt. Immer ist darauf zu achten, daß der Stein, wenn er einmal seine richtige Lage hat, nicht hohl liegt. Jeder Hohlraum ist gut mittels eines Holzknüppels mit Erde oder Schotter fest auszustopfen. Auch fest, also nicht wackelig, müssen unbedingt alle Steine liegen! Es ist unangenehm und auch gefahrvoll, wenn man beim Bepflanzen oder bei den späteren Pflegearbeiten seinen Fuß auf Steine setzt, die nicht absolut solid gelagert sind.

Arbeit mit Steinen ist Schwerarbeit, so auch der Aufbau des Steingartens. Besonders wenn es sich um größere Anlagen mit entsprechend großen Blöcken handelt, die leicht etliche Zentner wiegen. Durch überlegte, ruhige, planvolle Arbeit, durch geschickte Hantierung mit Brechstangen und auf Holzbohlen liegenden Eisenrollen kann man sich manche Mühe erleichtern und ganz ansehnliche „Brocken" langsam, aber sicher an ihren Platz und in die gewünschte Lage bringen. Mittelgroße Steine lassen sich auf einer stabilen Sackkarre, die, auf fester Bodenunterlage rollend, gezogen und geschoben wird, gut transportieren. Andere schließlich werden auf eine solide Steintrage gewälzt und getragen oder durch einfaches Vor-sich-herrollen an Ort und Stelle gebracht. Vorsicht ist stets am Platze, um Verletzungen und Unfälle zu verhüten; deshalb sollte man die Steinarbeit auch nur bei trockenem, frostfreiem Wetter ausführen. Sind die Steine naß und der Boden glitschig, dann ist das Arbeiten gefährlich und macht zudem wenig Freude.

Ist der Steinaufbau beendet und entspricht die Gruppierung nach kritischer Betrachtung von allen möglichen Seiten unseren Anforderungen, so kann – natürlich bei trockenem Wetter – die Vorarbeit zur Bepflanzung getroffen werden. Zunächst gilt es nun, die durch den Steintransport festgepreßte Erde durch Aufpickeln und Umgraben zu lockern. Ist das vorhandene Erdreich lehmig und wenig wasserdurchlässig, so läßt sich jetzt durch

Einbringen von Sand und Schotter besonders dort, wo feuchtigkeitsempfindliche Pflanzen zu stehen kommen, die Pflanzstelle entsprechend dränieren. In ganz extremen Fällen, bei bindigen, tonigen Böden, wird man natürlich schon von Anfang an bei der Erdbewegung durch mehr oder weniger starke Einmischung von Sand, Kies oder Bauschutt eine erhöhte Wasserdurchlässigkeit und Durchlüftung des Erdreichs begünstigt haben. Ja, unter Umständen wird man sogar nicht die Mühe gescheut haben, eine etwa 30 bis 40 cm dicke Dränageschicht auf den grob modellierten „Kern" der ganzen Anlage aufzutragen, die stehen, die ja selbst auf jedem durchschnittlichen Boden auf flachen Gartenbeeten willig gedeihen, so braucht man sich nicht große Dränagesorgen zu machen.

Anders verhält es sich natürlich bei speziellen Liebhabersteingärten, die mannigfaltige,

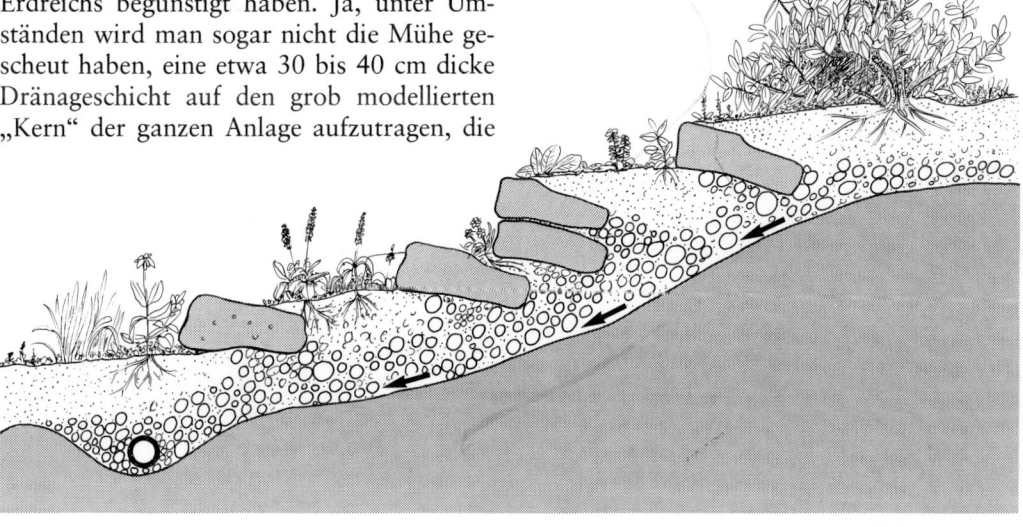

Bei tonigen, wasserstauenden Böden verhindert eine Dränageschicht aus grobem, schottrigem Kies stehende Nässe.

dann wieder mit einem durchlässigen, ebenso dicken Erdmantel überdeckt wurde. Es muß immer von Fall zu Fall entschieden werden und hängt nicht nur von der Beschaffenheit des Bodens, sondern auch von der klimatischen Lage, vor allen Dingen von der jahresdurchschnittlichen Niederschlagsmenge, von der örtlichen Luftfeuchtigkeit des Gebietes, von der ganzen Situation des Gartens überhaupt – kurz von einer Menge verschiedener, zusammenwirkender Faktoren ab, wie stark man seine Steingartenanlage dränieren soll. Ausschlaggebend ist schließlich noch die Art der zukünftigen Bepflanzung. Soll sie nur aus der allgemein üblichen Steingartenflora be-

edlere und damit meist empfindlichere Pflanzenschätze aufnehmen sollen. Hier ist eine sorgfältige, wenn auch nur oft lokale Dränage meist unerläßlich, denn es gibt eine Reihe von überaus nässeempfindlichen Gewächsen, Trockenheitssiedler, sogenannte Xerophyten mit meist grauen filzigbehaarten oder nadelartig spitzen und harten Blättern, die stagnierende Nässe stets sehr übelnehmen, darunter leiden und eingehen, z. B. Arten der Gattungen *Acantholimon, Artemisia, Asperula, Convolvulus, Edraianthus, Eriogonum, Sedum, Sempervivum,* sowie *Thymus, Verbascum* und verschiedene *Veronica.*

Wie bereits erwähnt, stellt die Mehrzahl der üblichen Steingartenpflanzen keine besonderen Bodenansprüche. Da jedoch auch diese an sich anspruchslosen Gewächse besser gedeihen und üppiger blühen, wenn sie ausreichende Nährstoffe im Boden finden, ist es durchaus ratsam, vor der Bepflanzung zu düngen. Die beste Reservenahrung ist auch für den Steingarten abgelagerter, möglichst verrotteter Rinderdünger. Dieser wird auf alle freien Erdflächen, so gut es geht auch zwischen die breiteren Steinfugen, ausgebreitet und dann flach untergegraben. Ist unkrautsamenfreie, gute Komposterde verfügbar, so kann natürlich auch diese allein oder zusätzlich verwendet werden. Man hüte sich aber dabei des Guten zuviel zu tun; jedenfalls soll die Erde gut wasserdurchlässig sein, aber auch einen gewissen Anteil von Humus besitzen, was man am einfachsten durch Beimengung von Torfmull erreichen kann.

Besondere Aufmerksamkeit ist auf die sorgfältige Ausführung der verschiedenen großen Fugen und Spalten zwischen den Steinen zu richten, da gerade diese Plätze gewissermaßen den „ersten Rang" der ganzen Anlage darstellen und die feinsten Pflanzen, meist von Natur aus Felsensiedler, hier ihre Standorte erhalten werden. Wir geben diesen Fugen in ihren Tiefen mittels Handkelle und eines Holz- oder Eisenstößels eine festgelagerte Dränagefüllung aus Sand und feinem Schotter und füllen darüber – am besten erst kurz vor der Bepflanzung – die jeweils für die bestimmten Gewächse zusammengestellte Erdmischung auf.

Für empfindliche Alpine, die es gewohnt sind in engsten Spalten und Löchern zu nisten, können wir, besonders wenn Kalktuff zum Bau verwendet wurde, mit Hammer und Meißel schräg nach unten gerichtete Löcher von 4 bis 5 cm Durchmesser und wenigstens 10 cm Tiefe in entsprechend große und geeignete Steinblöcke bohren. In diesen „Felsnestern", die Jurasteine schon von Natur aus häufig aufweisen, wachsen z. B. die groß- und kleinrosettigen krustigen Steinbreche (*Saxifraga* der Sektionen *Euaizoonia* und *Kabschia*), *Asperula arcadiensis*, *Gypsophila aretioides* und *G. petraea*, *Potentilla nitida* und alle anderen dergleichen Felsbewohner, vorzüglich. Mit der Zeit überziehen diese Polsterpflanzen ganze Flächen ihres Steines und scheinen mit diesem verwachsen. Voraussetzung zum Wohlbefinden ist, daß bei der Anpflanzung das Lichtbedürfnis der einzelnen Arten – sonnig oder absonnig – berücksichtigt wurde.

Nach der sorgfältigen Vorbereitung der Pflanzflächen können wir mit der Bepflanzung beginnen. Nach der Steinsetzung ist das der zweitwichtigste und „aufregendste" Akt der Steingartengestaltung. Ebenso wie der Steinaufbau, so zeugt auch die Bepflanzung am deutlichsten vom Können und Kennen des Gestalters. Die Anfertigung von Bepflanzungsplänen, die sich z. B. bei der Anlage von Staudenrabatten gut bewährt, ist bei der Steingartengestaltung ein mühseliges, fast unmögliches Unterfangen. Das bewegte Gelände mit seinen Höhen und Tiefen, die mehr oder weniger steilen Fugen und schmalen Spalten, dazu die Vielfalt der Kleinpflanzenwelt läßt sich auf einem Plan nie festlegen. Schon allein deshalb nicht, weil sich die richtige Gestaltung der Anlage erst bei der Steinsetzung herauskristallisiert. Natürlich kann man sich schon von Anfang an eine Aufstellung machen über das Pflanzensortiment, das man verwenden wird, selbstverständlich auch Notizen sammeln über hübsche, bewährte Pflanzenzusammenstellungen – jedoch die eigentliche Platzbestimmung für die zahlreichen Einzelheiten erfolgt immer erst an Ort und Stelle kurz vor der Pflanzung. Genau wie nach dem Prinzip der Steinsetzung verfahren wir jetzt auch so, daß wir zunächst das größte, auffälligste Pflanzenmaterial verwenden: die Laub- und Nadelhölzer. Das einzig richtige ist, man verteilt diese Gehölze, die man doch fast alle entweder als Ballen- oder Topfpflanze erhalten hat, zunächst provisorisch auf der Anlage und überzeugt sich dann, von

Vor einer Gehölzkulisse steht blühender Zwergflieder, davor eine Fülle alpiner Pflanzen. Dieses und das folgende Bild (Seite 20) zeigen, wie schön Steingärten sein können.

den wichtigsten Blickpunkten aus betrachtet, von der Wirkung. Nicht nur Höhen- und Tiefen-, sondern auch die Licht- und Schattenwirkung soll berücksichtigt werden. Leicht und schnell, ohne Schaden für die Pflanzen, können bei den erst provisorisch verteilten Pflanzen noch Änderungen durch Umstellen vorgenommen werden. Später – nach Jahren –, wenn diese Gehölze erst einmal fest eingewurzelt sind, ist ein Verpflanzen in sehr vielen Fällen unmöglich. Deshalb soll man sich schon jetzt auch über die spätere Größe, die Breitenausdehnung und die Höhe des einzelnen Gehölzes im klaren sein, damit das am Anfang so wohlausgewogene Auf und Ab nicht später durch zu wuchtige oder zu üppig emporgeschossene Gehölze aufgehoben wird.

Die gewöhnliche Bergkiefer, *Pinus mugo* (*P. montana*), kann z. B. höchstens in ganz großen Steingärten oder zur Randbepflanzung mit Verwendung finden. In einem Jahrzehnt entwickelt sie im Tiefland über mannshohe, breite Büsche, die man nur durch Ausbrechen der Jungtriebe im Mai etwas zügeln und daran hindern kann, allzu schnell noch wuchtiger zu werden. Für kleinere Steingärten kommt daher nur die echte Zwerglatsche, *Pinus mugo* var. *pumilio*, in Frage, von der es zudem noch besonders kompaktwachsende Formen gibt. *Cytisus × praecox,* der Elfenbeinginster wird, um sicheres Anwachsen zu garantieren, meist mit Topfballen geliefert; oft sind es Jungpflanzen von nur 20 bis 40 cm Höhe, zarte Sträucher mit wenigen dünnen, schlanken Zweigen. Auch aus ihnen werden bald, wenn vom Zwang des Topfes befreit, in wenigen Jahren mannshohe und ebenso breite, halbkugelige Büsche. *Juniperus chinensis* 'Pfitzeriana' wächst sich leider allzu schnell zu einem breit ausladenden, prächtigen Zweiggeschiebe aus, während dagegen *J. communis* var. *saxatilis,* der Zwergwacholder, nur langsam sich vergrößert und gar *J. communis* 'Compressa' selbst nach einem halben Menschenalter noch ein kleiner pyramidaler Zwerg ist. Diese wenigen Beispiele sollen zeigen, wie nötig es für Liebhaber und für den Fachmann ist, sich mit dem Charakter und den Eigenschaften des Pflanzenmaterials vertraut zu machen.

Im allgemeinen werden wir die Steingartengehölze zur Einzelstellung benützen. *Acer palmatum* 'Dissectum' mit seinem feingliedrigen Zweig- und Blattwerk birgt so viel Schönheit in sich, daß ein einziges Exemplar, an einen Stein gelehnt, uns zugeneigt, die ganze Umgebung stimmungsvoll beherrschen kann. Es gibt aber auch da Ausnahmen. So wirken manche Zwerggehölze, z. B. die Zuckerhutfichte, *Picea glauca* 'Conica Laurin', erst dann reizvoll, wenn sie in kleinem Trupp (3 bis 5 bis 7) beisammen stehen. Natürlich dürfen die einzelnen Pflanzen solcher reizvollen Ansammlungen nicht alle gleichhoch sein; sie sollen wie in der freien Natur möglichst verschiedene Größen haben. Auch der Abstand, die Pflanzweite, zwischen den einzelnen Exemplaren einer Gruppe soll verschieden groß sein, damit die Pflanzungen nicht baumschulmäßig oder wie ein sauber aufgestelltes Kegelspiel wirken.

Nach dem Verteilen und Auspflanzen der Gehölze kommen die Stauden an die Reihe. Auch hier sollte man nicht planlos drauflospflanzen, sondern vorher reiflich überlegen. Immer wieder mustern wir das Gelände und erwägen, wie diese oder jene Pflanzenart oder -sorte hier oder dort wirken könnte und ob diese oder jene Rarität wohl mit dem auserwählten Standort zufrieden sein wird. Ist für die *Ramonda* und *Haberlea* diese Fuge absonnig genug? Bleibt die Erde für *Primula rosea* und *P. prolifera* an diesem Platz auch in Trockenzeiten feucht genug? Ist der Standort für die *Kabschia*-Saxifragen nicht zu sonnig? Wie wäre es, wenn hier auf heißer Felsenstufe

Durch beiderseitige Erdaufschüttung entstand eine hohlwegartige Wirkung. Diese reizvolle Anlage wurde von Valerie Finnis in Waterperry (England) geschaffen.

Ein Gartenidyll: Alpine und Kleinsträucher an sonnigem Platz vor Gehölzen.

Acantholimon wohnen und von dort der Goldtropfen, *Onosma stellulata*, herabrieseln würde? – der Platz liegt hoch, und wenn wir uns etwas herabbeugen, so wird sich das goldene Gehänge gegen den blauen Himmel wirkungsvoll abheben.

Kurz, tausenderlei Fragen bedrängen uns – der Pflanzenfreund sowie der Pflanzenpfleger wollen gleichermaßen befriedigt sein. Es ist nicht nur wichtig, daß eine Pflanze an ihrem Standort zufrieden wächst und blüht, sondern sie soll dort, wo sie steht, auch zu ihrer ganzen Wirkung kommen und mit der Nachbarschaft gut harmonieren und organisch in das Gesamtgefüge eingegliedert sein. Will man nicht Gefahr laufen, schon gleich nach der Staudenpflanzung wieder Umgruppierungen vornehmen zu müssen, so verteilt man zunächst statt der Stauden Etiketten derselben auf dem Gelände. Finden wir die Anordnungen nach gründlicher Überprüfung gut, so geht das Auslegen und Aussetzen der Pflanzen schnell vonstatten. Besonders sorgfältig geschieht das Setzen von edlen Kleinstpflanzen in die für sie vorbereiteten Spalten und Löcher. In der Regel besitzen auch diese Alpinen Topfballen. Ist dieser stark verfilzt, so wird er mit einem Stäbchen aufgerauht und durch vorsichtiges Drücken etwas gelockert. Handelt es sich nicht um eine ausgesprochene Trockenheit liebende Pflanze (z. B. *Artemisia, Pelargonium endlicherianum,* kleine *Erodium* usw.), so umgibt man den Topfballen, der selbstverständlich keinesfalls trocken sein darf, mit etwas feuchtem Torfmoos (*Sphagnum*) und drückt ihn fest in sein Felsenbett. Mit passenden Steinstückchen wird die Pflanze, unter

Selbst auf kleinen Flächen lassen sich pflanzenreiche, bunte Gartenmotive schaffen.

Umständen mit einem Hammer, in der Fuge behutsam fest verkeilt. Um etwaiges Herausrieseln der Erde zu verhindern, drücken wir besonders bei senkrechten Spalten als Abdeckung Torfmoos zwischen Pflanze und Stein. Diese Maßnahme hat sich auch bei der Bepflanzung von Trockenmauern gut bewährt. Wer geschickt ist, kann sogar mit Steinen und Zement die allzu breiten Fugen abdichten, nachdem die Pflanzen eingesetzt wurden. Extreme Felsensiedler, wie z. B. die Schopfige Teufelskralle (*Physoplexis comosa*) oder das balkanische *Trachelium rumelianum,* fühlen sich erst recht wohl, wenn sie aus engsten Fugen herausquellen können.

Auch auf den übrigen Flächen werden wir jetzt beim Pflanzen noch hin und wieder einige handliche, passende Steine zur Abdeckung oder Begrenzung oder auch zur Abstützung kleiner Steilflächen verwenden. Auch werden wir ab und zu möglichst flache Steine zwischen der Pflanzung einfügen, die uns als Trittflächen, auch später bei den Pflegearbeiten, sehr willkommen sind.

Die beste Pflanzzeit ist natürlich das Frühjahr oder der Spätsommer. Im Herbst werden auch die verschiedenen Zwiebel- und Knollenpflanzen gelegt. Wir setzen sie zwischen Polsterpflanzen und am Fuße von Steinblöcken, wo sie als erste Frühlingsboten des Jahres von alt und jung freudig begrüßt werden. Wichtig ist, daß die Zwiebelchen und Knollen möglichst tief, wenigstens 4 bis 5mal so tief wie ihr Durchmesser, gesetzt werden. Die beste Wirkung erzielt man, wenn die einzelnen Arten und Sorten jeweils in kleinen Gruppen von wenigstens 3 Stück gepflanzt werden.

Der regelmäßige oder architektonische Steingarten

In Terrassengärten bieten Trockenmauern und erhöhte Beetflächen ideale Plätze für die verschiedensten Steingartenpflanzen.

Wie schon in der Einleitung erwähnt, wäre es verfehlt, auf einem Grundstück inmitten der Stadt einen landschaftlich gestalteten Steingarten anzulegen. Das Naturgartenmotiv würde hier zwischen den einengenden und hereinblickenden Häusern nur wie eine künstlich geschaffene Oase wirken. Hier ist der regelmäßige, der streng gegliederte Steingarten am Platz. Das Vorurteil, es könnten darin die Pflanzen nicht so gut gedeihen, da es an der Vielfalt von Pflanzmöglichkeiten fehle, ist unbegründet, eher das Gegenteil ist der Fall. Die engen Fugen der nach allen Himmelsrichtungen blickenden Trockenmauerwände geben ideale Ansiedlungsmöglichkeiten, selbst für ausgesprochen heikle Felsenpflanzen. Auf den Terrassensimsen, den Treppenwangen, all den zahlreichen Fugen und Spalten der Steinstufen und zwischen dem Plattenbelag der Wege, in Sonne und Schatten, bieten sich vielerlei Situationen zum Ansiedeln der reichen Kleinpflanzenwelt.

Zahllose Möglichkeiten und Varianten regelmäßiger Steingartengestaltung gibt es. Abwechslungsreich läßt sich zum Beispiel hangartiges Gelände, etwa zwischen Haus und Straße, gliedern. Man wird hier versuchen, den Weg, der von der Gartenpforte zur Haustür führt und die Trockenmauerterrassen durchschneidet, möglichst abwechslungsreich auszubauen.

Bei vielen Hausgärten auf ebenem Gelände benutzt man den Kelleraushub des Wohnhauses gerne zur Schaffung einer mit Platten belegten Terrasse. Diese kann, der Planung des übrigen Gartens entsprechend, die verschiedenste Form und Ausdehnung besitzen. Der Pflanzenfreund hat hier die Möglichkeit, gleichfalls seine Steingartenlieblinge in unmittelbarer Hausnähe um sich zu versammeln. Durch geschickte, die Plattenwege und Treppen begleitende Bepflanzung läßt sich eine Verbindung zum übrigen Garten unschwer schaffen.

Auch die Umgebung und Begrenzung einer vertieften Rasenfläche mit einfachen oder gestuften Trockenmauerrabatten bietet reiche Verwendungsmöglichkeiten für unsere Kleinpflanzenwelt. Ist das Verlangen nach „noch mehr" und genügend Platz vorhanden, so kann man durch Anlage eines regelmäßig gegliederten Senkgartens alle Möglichkeiten des architektonischen Steingartens ausschöpfen: Trockenmauern, Steinböschungen, Treppen, Terrassenbeete, Plattenwege, Sitz-

plätze, Wasserbecken usw. können, zusammen mit der reichen Pflanzenwelt, eine harmonische Einheit bilden.

Während bei der Schaffung von natürlichen Steingärten die Verteilung des Gesteins und dessen Lagerung mehr intuitiv, also gefühlsmäßig, vorgenommen wird, verlangt die Gestaltung und Anlage des gebauten Steingartens verstandesmäßige Arbeit. Das Setzen von Trockenmauern, das Bauen der Treppen und Verlegen der Steinplatten ist mehr als alle andere Gartenarbeit handwerkliche Tätigkeit, die viel Geschick und Übung verlangt. Nur wenn die Ausführung der Steinarbeiten einwandfrei, sauber und zweckrichtig ist, wird sie befriedigen und sich für Jahre bewähren.

Der architektonische Steingarten verträgt lebhafte Farbenzusammenstellungen in der Bepflanzung. Ohne weiteres können auch alle möglichen Gartenformen, z. B. auch buntblättrige Fächerahorne und Berberitzen, sowie großblumige Züchtungen von Kleinstauden Verwendung finden, die im Naturgartenmotiv störend auffallen würden. Während dort nur feingestimmte „Streichmusik" am Platze ist, kann hier auf der dekorativen Bühne auch kräftige „Blasmusik mit Paukenschlag" sehr wirkungsvoll sein. Trotz des mehr oder weniger regelmäßigen Rahmens soll nur in ganz besonderen Fällen die Bepflanzung sich schematisch wiederholen. Die Verschiedenheit, auch die reichliche Verwendung von Kleingehölzen, soll der gebauten Anlage alles Steife nehmen.

Pflanzenauswahl für dekorative Steingärten

Stauden
Alyssum saxatile-Sorten
Arabis caucasica-Sorten
Armeria maritima-Sorten
Artemisia 'Silver Queen'
Aster amellus-Sorten
Aster dumosus-Sorten
Astilbe chinensis var. *pumila*
Astilbe simplicifolia-Sorten
Aubrieta-Sorten
Campanula carpatica-Sorten
Campanula portenschlagiana
Cerastium tomentosum var. *columnae*
Chrysanthemum-Indicum-Hybriden, niedrige Sorten

Delphinium grandiflorum
Dianthus gratianopolitanus-Sorten
Dicentra spectabilis
Doronicum caucasicum-Sorten
Euphorbia polychroma
Geum coccineum 'Borisii'
Gypsophila 'Rosenschleier'
Heuchera-Sorten
Iris pumila-Sorten
Lychnis viscaria 'Plena'
Oenothera tetragona-Sorten
Papaver nudicaule-Sorten
Phlox subulata-Sorten

Polygonum affine
Primula × *pruhoniciana*
Salvia × *superba* 'Ostfriesland'
Saponaria ocymoides
Saxifraga-Arendsii-Hybriden
Sedum spurium-Sorten
Sempervivum-Sorten
Silene schafta 'Splendens'
Veronica teucrium-Sorten

Gräser
Avena sempervirens 'Glauca'
Stipa barbata

Laubgehölze
Acer palmatum-Sorten
Cotoneaster horizontalis
Cytisus × *kewensis*
Helianthemum-Sorten
Iberis sempervirens-Sorten
Lavandula-Sorten
Potentilla fruticosa-Sorten
Rhododendron, zwergige Sorten

Nadelgehölze
Chamaecyparis obtusa-Sorten
Chamaecyparis pisifera-Sorten
Picea abies-Zwergformen
Picea glauca 'Conica'
Picea pungens 'Glauca Nana'

(1) Blut-Storchschnabel (Geranium sanguineum) und Hornklee (Lotus corniculatus) wachsen locker in eine Steinstufe.
(2) Dezentes Farbenspiel einer liebevoll gestalteten und entsprechend bepflanzten Gesteinsgruppe.

Die Trockenmauer

Die Trockenmauer ist nicht nur das wesentlichste Element zur baulichen Gestaltung des architektonischen Steingartens, sondern sie spielt auch in vielen Gärten aller Art bei der neuzeitlichen Gartenplanung eine große Rolle. Um wieviel wärmer, sympathischer und vor allen Dingen natürlicher wirkt sie mit ihren pflanzenbesiedelten Fugen gegenüber den kalten Steinmauern, deren Fugen mit Zement oder Mörtel ausgestrichen wurden.

Bei der Anlage von Trockenmauern ist vor allen Dingen wichtig zu wissen, daß sie nicht senkrecht, sondern nach rückwärts geneigt, mit einem Anlauf $1:\frac{1}{5}$ bis $\frac{1}{6}$, bei hohen Mauern sogart $1:\frac{1}{3}$ errichtet werden. Auch ist beim Bau darauf zu achten, daß die Steine immer nach hinten geneigt geschichtet werden, damit das Regen- und Gießwasser zwangsläufig aufgefangen wird und den Wurzeln der in den Fugen sitzenden Pflanzen zufließt. Trockenmauern von geringer Höhe können, nur etwas eingelassen, direkt auf dem gewachsenen Boden errichtet werden. Höhere Mauern erhalten ein Fundament von 40 bis 50 cm. Die Steine werden, soweit sie noch nicht die passende Form haben, mit dem Hammer roh behauen und dann roh zusammengesetzt. Alle Hohlräume und Fugen, auch die der Rückwand der Mauer, werden während des Aufbaues sorgfältig mit nahrhafter Erde ausgefüllt, damit die Steine ganz festliegen. Am besten ist eine Mischung von lehmiger Rasenerde, Torfmull und verrottetem Rinderdünger. Wenn möglich, soll man schon beim Aufbau wenigstens die langwurzeligen Pflanzenarten *(Gypsophila, Alyssum, Acantholimon* usw.) gleich mit einsetzen. Um das Ausschwemmen der Erde aus den Fugen zu verhindern, erfolgt die Schichtung der Steine so, daß die senkrechten Fugen der übereinanderliegenden Schichten nicht ineinander übergehen. Auch sollen die Zwischenräume möglichst eng sein, denn gerade in engste Fugen eingezwängt wachsen die Felspflanzen am allerbesten.

Zum Trockenmauerbau lassen sich alle möglichen Steinarten verwenden, selbst Feldsteine oder Eruptivgesteine wie Granit und Porphyr, deren Verarbeitung allerdings schwierig ist. Kunststein- und Zementbrocken sollte man nur im äußersten Fall gebrauchen und dann die Bepflanzung so dicht und mit starkwüchsigen Stauden *(Cerastium, Aubrieta, Arabis, Iberis)* ausführen, daß das Mauerwerk möglichst schnell vom üppigen Polstergehänge überwallt wird. Ideales Material für Trockenmauern liefern die Sediment- oder Schichtgesteine, die in Platten gebrochen und in verschiedener Stärke und Größe gehandelt werden. Es sind in erster Linie Kalksteine wie z.B. Solnhofer Schiefer, Muschelkalke und Kalktuffe. Ihre Farben sind meist ein helles, mehr oder weniger gelbliches Grau. Die wärmsten Ockertöne hat der Travertin, ein Kalktuff aus dem Alluvium, der bei Stuttgart-Bad Cannstatt in Württemberg gewonnen wird. Von Sandsteinen ist der Wesersandstein, ein Buntsandstein mit rotgrauen oder rotbraunen Tönen, außer als Plattenbelag auch zum Trockenmauerbau sehr beliebt.

Wird als Krönung der Trockenmauern eine Hecke gepflanzt, so sollte man hierfür nur schwachwüchsigere Gehölze, z.B. *Berberis thunbergii, Ribes alpinum, Potentilla fruticosa* und ähnliche verwenden. Starke Wachser wie *Ligustrum vulgare* durchwurzeln

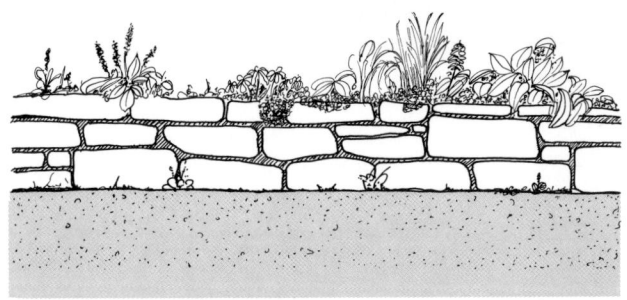 

Schema einer niedrigen Trockenmauer in Frontansicht und Schnitt.

selbst bei bis 2 m hohen Mauern das Erdreich zwischen den Steinen bis zum Fundament so gründlich und entziehen dabei den Polsterpflanzen so viel Nahrung und Feuchtigkeit, daß sie kümmern müssen. Wenn irgend möglich, sollte man überhaupt diese begrenzenden Heckenwände nicht unmittelbar auf die Mauerkrone, sondern sie wenigstens 1 m zurücksetzen. Der dazwischen liegende Streifen wird dann mit niedrigen und mittelhohen Stauden bepflanzt.

Trockenmauerpflanzen für Sonnenlage

(* = auch Halbschatten vertragend)

Stauden
Acantholimon-Arten
Achillea ageratifolia ssp. *serbica, jaborneggii, umbellata*
Aethionema-Arten
Alyssum-Arten
Androsace primuloides*, sarmentosa*, villosa
Arabis-Arten
Arenaria tetraquetra
Artemisia baumgartenii, nitida
Asperula arcadiensis (A. suberosa)
Aster alpinus-Sorten
Astragalus angustifolius
Aubrieta-Sorten
Buphthalmum speciosissimum
Campanula carpatica, cochleariifolia *(pusilla), garganica*, portenschlagiana*, tommasiniana*, tridentata, velutina*
Cerastium biebersteinii (wuchernd), *tomentosum*
Chrysanthemum argenteum
Dianthus gratianapolitanus und *plumarius*-Sorten, *noeanus, suavis, sylvestris*
Draba aizoides
Edraianthus-Arten
Erinus alpinus
Erodium-Arten (außer *manescavii*)
Euphorbia capitulata (wuchernd)
Geranium dalmaticum*
Globularia cordifolia
Gypsophila petraea, repens 'Rosenschleier'
Lewisia-Arten* (möglichst kalkfrei)
Linaria cymbalaria*, pallida (hübsche, aber gefährliche Wucherer, am besten isoliert verwenden)
Minuartia graminifolia, juniperina, laricifolia
Nepeta × *faassenii*
Oenothera missouriensis
Onosma-Arten
Pelargonium endlicherianum
Phlox douglasii und *subulata*-Sorten
Polygonum affine*
Primula auricula-Formen*, *marginata**
Saxifraga*, nur die Arten der Sektion *Euaizoonia (S. aizoon, hostii, lingulata, longifolia* usw.) vertragen Mittagssonne, gedeihen aber ebenso wie die *Kabschia*-Saxifragen (*S. burseriana,* × *haagii, marginata* usw.) am besten in Ostlage

29

Phlox subulata 'Temiscaming'.

Scabiosa graminifolia
Sedum album f. murale, reflexum, spurium-Sorten u. a. Arten
Sempervivum-Arten
Silene schafta*, saxifraga*
Trachelium rumelianum*
Veronica bonarota*, lutea*

Gehölze
Ceratostigma plumbaginoides
Clematis × jouiniana (zur Überdeckung großer, wenigstens 2 m hoher Mauern vorzüglich geeignet)
Cotoneaster adpressus, adpressus 'Little Gem', *congestus, horizontalis, horizontalis* 'Coralle', *horizontalis* 'Saxatilis', *microphyllus* 'Cochleatus' (alle nur für größere Mauern von wenigstens 1 m Höhe geeignet)
Cytisus ardoinii, hirsutus f. demissus
Daphne arbuscula
Dryas × suendermannii

Helianthemum-Arten und -Sorten (Schutz vor Wintersonne!)
Hypericum coris, polyphyllum
Iberis sempervirens-Sorten
Jasminum nudiflorum (nur für große, wenigstens 2 m hohe Mauerflächen)
Lavandula angustifolia (L. vera) (Schutz vor Wintersonne!)
Moltkia petraea, suffruticosa
Petrophytum caespitosum (Spiraea caespitosa)
Rhamnus pumilus
Santolina-Arten (Schutz vor Wintersonne!)
Spiraea decumbens

Trockenmauerpflanzen für Schattenlage

Stauden
Aquilegia einseleana
Arabis procurrens
Bergenia-Arten (für große Mauerflächen)
Chiastophyllum oppositifolium (Cotyledon oppositifolia)
Corydalis lutea, ochroleuca
Haberlea rhodopensis
Primula pubescens und *P. × pruhoniciana*
Ramonda myconii, nathaliae
Saxifraga, moosartige (Sektion *Dactyloides*)
Waldsteinia ternata

Farne
Asplenium trichomanes, viride
Cystopteris fragilis
Phyllitis scolopendrium
Polypodium vulgare (kalkfrei)

Gehölze
Cotoneaster dammeri, dammeri var. radicans (zur wintergrünen Bekleidung von wenigstens 1 m hoher Mauern)
Hedera helix 'Conglomerata', 'Minima'
Vinca minor (zur wintergrünen Bekleidung sehr schattiger Mauern)
Vinca major (nur für sehr große, wenigstens 2 m hohe Mauern)

Besiedlung von Trockenmauern: (1) Saponaria olivana, (2) Lewisia cotyledon-Hybriden, (3) Campanula portenschlagiana, eine der besten Felsenglockenblumen.

Der Trockenmauerwall

In englischen Liebhabergärten kann man ihn häufiger finden, bei uns ist er so gut wie noch unbekannt. Sorglos unbekümmert setzt man ihn frei auf den Lawn, den berühmten dichten Rasenteppich vor dem Hause, und hat seine Freude an all den tausend Dingen, die darauf wachsen und blühen. Praktisch wächst in England *alles*, was es nur an Alpinen gibt, auf diesen Trockenmauerwällen! Sie sind unten am Sockel etwa 2 m breit, 1 bis 1 $^1/_2$ m hoch, und die meist aus plattenartigem Gestein geschichteten Wände neigen sich so gegeneinander, daß oben ein etwa 1 bis 1 $^1/_2$ m breites Plateau gebildet wird. Die Länge der von West nach Ost verlaufenden Wälle beträgt je nach Belieben 10 und mehr Meter. Der Kern eines solchen Walles besteht aus Bauschutt oder Schotter und sorgt für gute Dränage. Die engen Plattenfugen sind mit guter, sorgfältig zusammengesetzter Erdmischung gefüllt. Nirgendwo kann man ausgesprochene Felssiedler schöner und gesünder sehen als auf diesen Wällen. In mächtigen, alten, dicken Polstern hängen *Acantholimon, Astragalus, Dianthus, Moltkia* und viele andere Sonne und Trockenheit liebende Alpine auf der Südseite der Mauer herab, während auf der Nordwand *Haberlea* und *Ramonda*, schattenliebende Steinbreche, heikle Primeln und Farne große, üppigwachsende Kolonien bilden. Das „Plateau" wird bevölkert von allerlei kleinen Zwiebelpflanzen aus Trockenheitsgebieten, Zwergiris, *Penstemon*-Arten, nässeempfindlichen Kleingehölzen usw. Kurz, das Ganze ist eine Musterkollektion, wie auf einem Präsentierteller gereicht. Wer Lust und Platz hat, wem die Pflanze alles bedeutet und wem der Garten nur Mittel zum Zweck ist, kann das nachmachen. Daß sich auch bei uns in Deutschland die Methode bewährt hat, beweist zum Beispiel ein Trockenmauerwall im Anzuchtgelände für alpine Pflanzen im Botanischen Garten München-Nymphenburg. Dieser Wall, den die nebenstehenden Skizzen zeigen, steht bereits über 30 Jahre und ist inzwischen üppig bewachsen. Selbst so extrem heikle und seltene Pflanzen wie die beson-

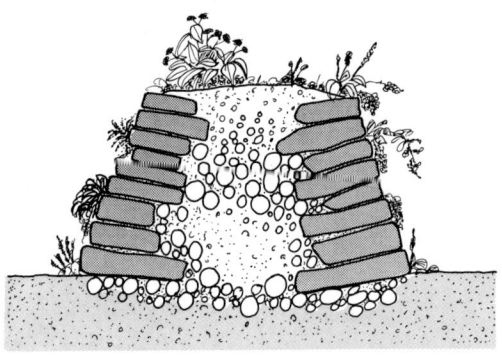

Schnitt und Frontansicht eines Trockenmauerwalles. Wichtig sind abgeschrägte Wände und enge Mauerfugen.

ders nässeempfindliche *Rosa persica* aus den Trockengebieten Persiens und Afghanistans gedeihen hier vorzüglich.

Am besten verwendet man zum Aufbau solcher Wälle nicht zu dicke Steinplatten, um so recht viele Fugen zur Bepflanzung zu bekommen. Man kann sich aber auch dort, wo weder Platten noch sonstige Steine zur Hand sind, mit gelöcherten Mauersteinen behelfen. In solchen Stein- oder Ziegelmauern fühlt sich die wärme- und lichtliebende Felsenflora, je nach Belieben in engsten Spalten oder in runden Löchern nistend und umherwandernd, außerordentlich wohl. Auch gibt das Blütenbunt, das die rotbraune Klinkermauer betupft, ein farbenfrohes Bild. Der besseren Wirkung halber setzt man von jeder Pflanzenart in lockerem Verband jeweils einige Exemplare, die dann im Laufe der Zeit zu geschlossenen Siedlungen zusammenwachsen. Für diese Art Mauern eignen sich besonders schwachwüchsige Pflanzen.

Steingartenbeete

In kleinen Gärten begnügt man sich mit der Anlage von Steinbeeten oder Steingartenrabatten. Bei geschickter Anordnung können diese erhöhten Beete, die etwa das Haus umgeben, den Eingangsweg begleitend säumen oder auf Dachgärten liegen, überaus reizvoll sein. Durch eine geschichtete Steinkante, die 30 bis 50 cm hoch sein kann, bekommt das Ganze eine straffe Einfassung und Begrenzung. Wo Steine und Mittel rar sind, lassen sich übrigens in einfacher Weise auch durch Übereinanderschichtung von ausgedienten, hölzernen Eisenbahnschwellen rustikal wirkende erhöhte Beete schaffen. Zur Auffüllung wird Bauschutt, Kies oder Schlacke verwendet, und darüber kommt dann die etwa 20 bis 30 cm dicke Erdschicht. Bei niedrigen Beeten hebt man die Erde einen Spatenstich tief aus, wirft sie beiseite, schüttet eine Dränageschicht in den flachen Graben und überzieht diese wieder mit der durch Humus und Dünger verbesserten Erde. Ist der Boden von Natur aus sandig und durchlässig, geht es selbstverständlich auch ohne Dränage, es wird dann kaum auf dem überhöhten Beet, auch bei Dauerregen, stehende Nässe zu befürchten sein. Die Breite solcher Steinbeete sollte nicht mehr als 1,20 m betragen, damit man sie besser betrachten und leichter bearbeiten kann. Ergibt sich eine größere Breite, dann ist eine

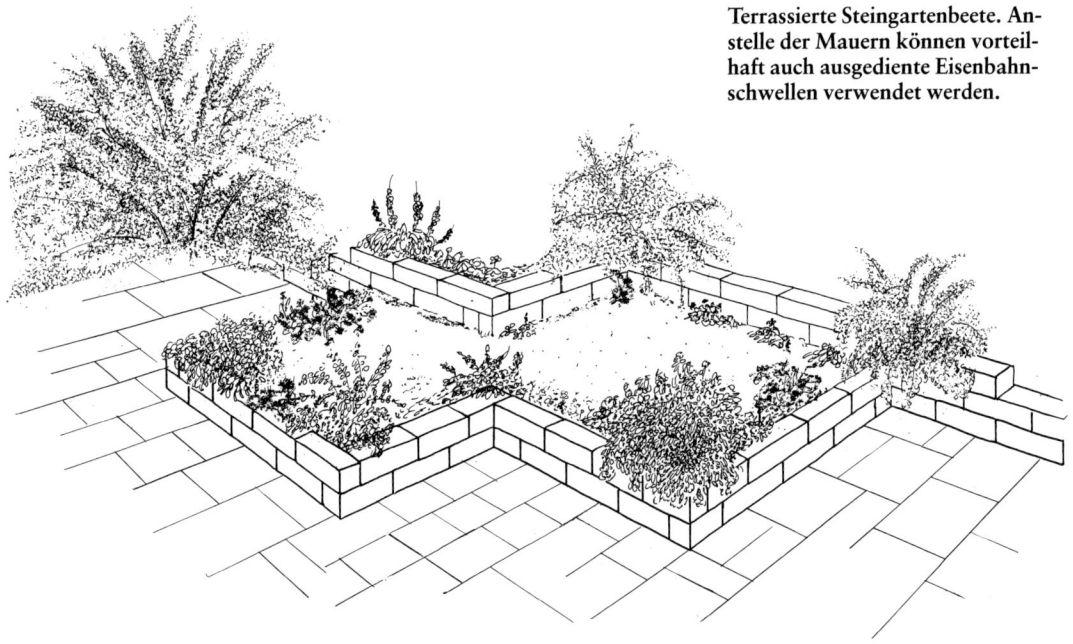

Terrassierte Steingartenbeete. Anstelle der Mauern können vorteilhaft auch ausgediente Eisenbahnschwellen verwendet werden.

**Skizze einer im Landschaftsstil gestalteten Anlage mit locker verteilten Findlingen und flächiger Bepflanzung.
So etwa könnte eine „Heide" als Übergang zum Steingarten angelegt werden.**

Unterteilung in der Längsrichtung durch Trittplatten, auch eine geringe Aufstufung des rückwärtigen Streifens angebracht. Eine gute Steingruppierung, verbunden mit liebevoll zusammengestellter Bepflanzung, ist natürlich auch hier für die Gesamtwirkung ausschlaggebend. Alle möglichen Zwerggehölze kommen hier, locker gestellt, nahe am Wege und in der Nähe des Hauses besonders gut zur Geltung. Von Laubgehölzen z.B.: kleine Berberitzen *(Berberis)*, die Bartblume *(Caryopteris)*, die Bleiwurz *(Ceratostigma)*, Zwergmispeln *(Cotoneaster)*, Geißklee *(Cytisus ardoini* und *C.* × *beanii)*, Seidelbast *(Daphne)*, Schneeheide *(Erica carnea)*, Sonnenröschen *(Helianthemum)*, Lavendel *(Lavandula)*, Hauhechel *(Ononis fruticosa)*, Strauchfingerkraut *(Potentilla fruticosa)*, Miniaturröschen *(Rosa chinensis* 'Minima'), Zwergweiden *(Salix)*, Zwergflieder *(Syringa meyeri)* und der Vorfrühlingsschneeball *(Viburnum fragrans* 'Nanum'). Besonders willkommen sind uns hier kleine Nadelhölzer: die Zwergformen der Feuerzypresse *(Chamaecyparis obtusa)* und des Wacholders *(Juniperus communis* und *J. chinensis)*, die Igelfichte *(Picea abies* 'Echiniformis') und die Zuckerhutfichte *(Picea glauca* 'Conica'). Sie geben der Anlage das nötige Auf und Ab und durch ihre mannigfaltigen Wuchsformen das ganze Jahr über wechselvolle Bilder, selbst im Winter, wenn Reif oder Schnee sie verbrämen. Immer wieder sind sie reizvolle Gegenspieler für die sie umgebenden Polsterpflanzen, Kleinstauden und Gräser. Auch die Blumenzwiebelwelt, Schneeglöckchen und Krokus, Traubenhyazinthen, Wildtulpen, Herbstkrokus und Herbstzeitlosen, lassen sich hier reichlich verwenden und, da emporgestellt dem Auge nähergebracht, zur besten Wirkung bringen. Auf solchen Steinbeeten kann auch der Freund spezieller Pflanzengattungen besonders schön und übersichtlich seine Sammlungen unterbringen, so z.B. *Saxifraga, Sedum, Sempervivum* oder auch Zwergiris- und Aurikel-Sorten.

Moorbeete

Günstige, windgeschützte, nicht prallsonnige Lagen eignen sich auch zur Anlage von besonderen Urgesteinsbeeten. Diese sollen vor allen Dingen neben den verschiedenen kleinen *Rhododendron*-Arten und anderen Heidekrautgewächsen auch die mehr oder weniger kalkfliehenden und humusliebenden Kleinstauden aufnehmen. Es ist aber bei der Anlage dieser Beete zu bedenken, daß alle diese Pflanzen sehr empfindlich gegen zu starkes Austrocknen des Bodens sind. Man wird schon deshalb diese Beete möglichst ebenerdig anlegen, nur stellenweise überhöhen und zur Steigerung der Bodenmodulation eher hier und dort weite flache Mulden schaffen, die etwa von *Mazus*-Arten, *Mitchella repens*, kleinen europäischen und asiatischen Enzianen *(Gentiana sino-ornata)* und Primeln *(Primula farinosa, P. frondosa, P. vialii* usw.) bevölkert werden. Der Freund heimischer alpiner Wildpflanzen kann hier auch den Versuch machen, neben *Parnassia palustris* und *Tofieldia calyculata* die im Tiefland heikle Schneetälchenflora des Hochgebirges anzusiedeln *(Soldanella pusilla* und *S. minima, Ranunculus alpestris, Salix herbacea* und andere Zwergweiden).

Es sei jedoch bemerkt, daß alle diese zarten, edlen Gebirgskinder sorgfältiger Wartung bedürfen, vor allen Dingen darf ihr Standort nicht der brennenden Mittagssonne, auch nicht austrocknenden Winden ausgesetzt sein. An Stelle der Schotterdränage erhält das Steingarten-Moorbeet einen Feuchtigkeit haltenden Untergrund. Eine gestampfte, geglättete Lehm- oder Tonmulde oder sogar auch eine etwa $1/2$ m unter der Oberfläche liegende Betonwanne oder Plastikfolie mit etwa 20 cm hohen Rändern, damit das Absickern des Regenwassers verhindert wird, hat sich als nützlich erwiesen. Zur Hälfte wird das Moorbeet mit Torfmull angefüllt, darüber kommt eine Mischung aus Moor- und Heideerde, der für die verschiedenen Primeln und Enziane noch etwas kalkfreier Lehm beigemengt wird. Falls kein weiches Brunnenwasser vorhanden ist, darf nur mit Regenwasser gegossen werden. Auch soll, wie schon erwähnt, zum Bau und Belegen des Moorsteinbeetes natürlich nur Urgestein benützt werden. Ist solches nicht zur Hand, so kann man sich mit dicken Hartholz-Ästen und Wurzelstöcken, am besten von Eichen oder Robinien, auch mit Torfziegeln, sehr gut helfen, die nötige Bodenbewegung herzustellen. Durch das entsprechende Legen und Eindrücken von 10 bis 20 cm starken knorrigen Ästen läßt sich eine vollkommen genügende Überhöhung und Abgrenzung einiger Beetpartien erreichen. Bei geschickter Anordnung sieht das fertige Beet recht gut und „organisch" aus. Ja, die Verbindung Holz und Pflanze scheint hier fast begründeter und glücklicher als Stein und Pflanze. Besitzt man einige schöne Findlingsblöcke,

> Trockenmauern bieten ideale Möglichkeiten für die verschiedensten Polsterpflanzen. Sehr beliebt, da zur Blütezeit am effektvollsten, sind Blaukissen, Steinrich, Gänsekresse und Schleifenblumen. Das reine Weiß der Schleifenblumen steigert die Wirkung der in violetten und gelben Tönen blühenden, herabwallenden Blütenkissen.

so wird man sie natürlich gerne mitverwenden. So ergibt sich das Trio Holz-Stein-Pflanze, ein Zusammenklang, wie wir ihn an den natürlichen Standorten unserer „Moorbeetpflanzen" in Wäldern, Heiden, Tundren, Mooren und Bergkiefern-Hängen finden.

Um das Hineinwachsen von Gehölzwurzeln in der Nähe stehender Bäume und Hecken zu verhindern, schirmt man die Moor- und Steinbeete auf der gefährdeten Seite durch Einlassen von senkrechten Dachpappewänden oder starker Plastikfolie ab.

Selbstverständlich lassen sich die in der nachfolgenden Liste genannten mehr oder weniger kalkfeindlichen „Moorbeetpflanzen" auch im natürlichen Steingarten vielseitig verwenden. Dort, wo von Natur aus der Boden kalkarm ist, bereitet das keine Schwierigkeiten. Da man aber auch in Kalkgegenden nicht auf diese zum Teil einzigartig schönen Pflanzen (Zwerg-Rhododendron!) verzichten möchte, ist man darauf angewiesen, entsprechende Moorbeetstellen zu schaffen. Sie sollen groß genug sein, um gleich immer eine kleine Gesellschaft dieser edlen, alle Mühe lohnenden Pflanzen aufzunehmen. Das Vorbereiten von zu kleinen mit Torfmull und Heideerde präparierten Pflanzlöchern für Einzelexemplare hat sich nicht als zweckmäßig erwiesen, da hier der eingebrachte saure Boden durch den mit dem Wasser von allen Seiten einsickernden Kalk allzuschnell alkalisch wird. Auch hier hat es sich bewährt, die Wände der Pflanzgruben mit dicker Plastikfolie gegen das Eindringen des kalkhaltigen Wassers abzuschirmen.

Mannsschilde (Androsace) sind liebreizende Gebirgspflanzen. Die meisten der europäischen Arten sind empfindliche Alpine, aber von den Experten hochgeschätzte Pfleglinge. Viel gartenwilliger sind die Asiaten, z. B. die abgebildete A. sempervivoides aus Kaschmir.

Moorbeetpflanzen der Steingärten
(k = auch für leicht kalkhaltigen Boden)

Gehölze
(s = sommergrün, alle anderen immergrün)

Andromeda polifolia
Arctostaphylos uva-ursi
Arctous (Arctostaphylos) alpinus (s)
Betula nana (s)
Bruckenthalia spiculifolia
Calluna vulgaris-Gartenformen
Cassiope tetragona
Chamaedaphne calyculata 'Nana'
Corylopsis pauciflora (s, k)
Daboecia cantabrica
Daphne-Arten (k)
Empetrum nigrum
Erica carnea (k), *cinerea, tetralix, vagans*
Fothergilla major, alnifolia (s, k)
Gaultheria miqueliana, procumbens, trichophylla
Itea virginica (s, k)
Kalmia angustifolia, polifolia
Ledum groenlandicum
Leiophyllum buxifolium
Linnaea borealis
Loiscleuria procumbens
Menziesia ciliicalyx (s)
Mitchella repens
Pachistima canbyi, myrsinites
Pachysandra axillaris, procumbens, terminalis (k)
Pernettya mucronata, tasmanica
Phyllodoce-Arten
Pieris floribunda 'Nana', *japonica* 'Pygmaea'
Pieris (Arcterica) nana
Rhododendron-Arendsii- und -Aronense-Arten (s)
 calostrotum, canadense (s), *chryseum, concinnum, degronianum, ferrugineum, hippophaeoides, hirsutum* (k), *impeditum* 'Blue Tit', *camtschaticum* (s), *keleticum, makinoi, mucronulatum* (s) wird im Alter hoch,
 myrtilloides, obtusatum-Formen (s),

× *praecox* (k), *radicans*, Repens-Hybriden, *russatum, scintillans, williamsianum, yakusimanum*
Rhodothamnus chamaecistus (k)
Sarcococca hookeriana, ruscifolia (k)
Vaccinium oxycoccos (feucht)

Stauden
Anemonopsis macrophylla (k)
Aquilegia alpina, aurea
Arnica montana
Astrantia minor
Campanula barbata
Carex fraseri
Codonopsis vinciflora

Lewisia-Arten
Lilium-Arten
Mazus pumilio, radicans, stolonifer (k)
Meconopsis-Arten (k)
Mitchella repens
Mitella caulescens (k), *diphylla* (k)
Orchis maculata (k)
Parnassia palustris (k)
Pyrola-Arten (k)
Pleione limprichtii
Primula aurantiaca, capitata (k)
 farinosa, frondosa (k), *nutans, vialii* (littoniana) (k)
Ramonda-Arten (k)
Ranunculus amplexicaulis (k), *crenatus*

Coptis trifolia
Cornus canadensis, suecica
Cyananthus integer und andere Arten
Cypripedium reginae k)
Deinanthe coerulea (k)
Dicentra cucullaria, eximia, formosa (k)
Epimedium grandiflorum (k)
Fritillaria meleagris (k), *pallidiflora* (k)
Galax aphylla
Gentiana sino-ornata, pneumonanthe
Haberlea rhodopensis (k)
Heloniopsis breviscapa
Hypsella longifolia (k)
Houstonia coerulea, repens
Iris gracilipes
Jeffersonia dubia, diphylla (k)

Roscoea-Arten (k)
Rubus arcticus
Sanguinaria canadensis (k)
Saponaria pumilio
Saxifraga cotyledon, cortusifolia (k), *cuneifolia* (k), *lilacina, umbrosa* (k)
Senecio carniolicus, incanus, tiroliensis
Shortia galacifolia, grandiflora
Soldanella montana (k), *villosa*
Tiarella cordifolia, trifoliata, wherryi (k)
Tofieldia calyculata (k)
Trientalis europaea
Trillium grandiflorum, sessile (k)
Viscaria alpina
Wulfenia carinthiaca (k), *orientalis* (k),
 × *suendermannii* (k)

Farne
Adiantum pedatum, venustum (k)
Adiantum pedatum 'Imbricatum' (k)
Blechnum spicant
Blechnum penna-marina (k)
Polypodium vulgare
Polystichum setiferum-Formen (k)

Moorbeetpflanzen. Zur Blütezeit erlesene Schmuckstücke sind die Rhododendren. Aber auch vor und nach dem Flor ruht das Auge gern auf den kleinblättrigen Büschen. Wohltuend wirken die immergrünen zur Winterszeit, und die halb- oder ganz ihr Laub abwerfenden erglühen vorher in den schönsten Herbstfarben. Neben Zwergkoniferen und großen Steinen, denen sie sich anschmiegen, wirken sie besonders gut. Überreich blühen die Rhododendron aronense-Sorten 'Multiflora' (2) und 'Geisha' (3). Links außen die Zwergalpenrose, Rhodothamnus chamaecistus (1), ein nur 10 bis 30 cm hoch wachsendes Sträuchlein der Ostalpen.

Miniatursteingärten in Trögen und Schalen

Wer englische Gartenzeitschriften durchblättert, wird ab und zu auf das Wort „Troughgarden" oder „Troughgardening" stoßen, dann auch Abbildungen von Steintrögen finden, die mit verschiedenen Pflanzenzwergen aus dem Stauden- oder Gehölzreich besetzt sind. Das sind also Troggärten, und alle diejenigen, die England, das klassische Land der Gartenleidenschaften, besuchten, werden bei Liebhabern und in entsprechenden Gärtnereien oder in Gartenbau-Ausstellungen auch solche Troggärten gesehen haben.

Ich möchte sagen, daß gerade aus diesen Miniatursteingärten die tiefe Freude, Liebe und Begeisterung der Besitzer zur Pflanzenwelt spricht. Alle „Troggärtner" sind passionierte Alpinenliebhaber. Manche haben ihren Steingarten noch nebenbei, doch viele hegen ihre Lieblinge ausschließlich in Steintrögen. Sie schaffen mit Pflanzen und Steinbrocken auf nur kleiner Fläche eine glückliche Einheit, erzielen selbst mit heiklen Gebirgskindern beste Erfolge, und das Ganze sieht, wenn von Meisterhand geschaffen, äußerst reizvoll aus. Wer meint, es handele sich nur um eine Spielerei, hat kein Verständnis und Empfinden für Gartenpassion überhaupt. Außer den Glücks- und Freudenmomenten, die diese Steingartentröge schenken, bieten sich folgende Vorteile:

Erstens lange, ja unbegrenzte Haltbarkeit. Die Tröge stehen jahraus, jahrein im Freien, und es besteht keine Gefahr, daß sie, wie etwa

Selbst dort, wo kein Platz für Gartenbeete vorhanden ist, kann der Pflanzenfreund in Troggärten seiner Leidenschaft huldigen.

Pflanzenschalen aus Ton, durch Stoß oder Frost zerstört werden könnten.

Zweitens leichte Pflege. Wurde beim Bepflanzen gedämpfte, also unkrautfreie Erdmischung verwendet, so wurde das Grundübel Unkraut, das schon manchem die Gartenfreude vergällt hat, ausgeschaltet. Da die Fläche zwischen den Pflanzen mit Felsbrocken und einer etwa 2 cm dicken Schicht von Steinsplitt abgedeckt wird, fällt nachträglicher Unkrautanflug kaum ins Gewicht. Die einzige Arbeit ist das Gießen während der Trockenzeiten, sofern man das abendliche Überbrausen an Sommerabenden überhaupt als Arbeit auffassen will.

Drittens bequemes, angenehmes Betrachten der Pflanzenschätze. Durch Aufbocken der Tröge auf Steinsockel werden sie in Bank- oder Tischhöhe und so dem Auge nahe gebracht. Aus dieser unmittelbaren Perspektive eröffnen sich dem Beschauer die mannigfaltigen Wunder der Kleinpflanzenwelt, all die vielen Feinheiten der Polster, Teppiche, Blätter und Blüten.

Was die Technik der „Troggärtnerei" anbetrifft, so haben sich Kalksteintröge am besten bewährt. Ihre Größe kann sehr verschieden sein. Es gibt Tröge der verschiedensten Ausmaße; solche, die etwa das Format 1,00 × 0,50 × 0,30 m haben, bis zu anderen, die bis über 2 m Länge und entsprechende Breite aufweisen. Über die Herkunft hört man, daß es sich entweder um alte Futtertröge für Schweine, um Brunnentröge und Tränken für Pferde und Rinder oder, bei denjenigen ganz großen Formats, um alte Schmiedetröge handelt, die einst, wassergefüllt, dazu dienten, heißgeschmiedetes Eisen abzukühlen. Zweifellos werden aber auch, und nun wohl in den meisten Fällen, auf Bestellung von Steinmetzen diese stabilen, meist rechteckigen, an den Kanten oft abgerundeten Pflanzenbecken angefertigt. Die Wandungen sind in der Regel ziemlich dick gehalten, etwa 10 cm, oft auch stärker; man sagt, daß sie nie zu dick ausfallen können, ihre Breite wird doch an vielen Stellen von kriechenden Polstern überschmiegt.

Alte Tröge haben natürlich durch die lange Einwirkung von Luft, Sonne und Regen eine malerische Verwitterungspatina und sind oft von Algen, Flechten und Moosen überzogen. Für die Außenseite neuer, frisch zurechtgeschlagener Tröge empfehlen Experten eine Übertünchung mit aufgelöstem Kuhdung und Ruß oder Haferschleim mit Sauermilch, um Flechten und Moosen darauf die Ansiedlung verlockender zu machen.

Wichtig ist, daß das genügend große Abflußloch an der tiefsten Stelle des Beckens liegt, so daß niemals stehende Nässe aufkommen kann. Über den Abzug wird ein siebartig grob durchlöchertes Zinkblech gebreitet und dann etwa $1/5$ des Trogs mit Kies oder Styroporbrocken von etwa 2 bis 3 cm Größe gefüllt. Über diese Dränage kommt als Abdeckung eine Schicht Torfmull und dann eine Erdmischung, die aus Rasenerde, Torfmull, scharfem Sand und feinem Kalkschotter oder altem Mauermörtel zusammengesetzt ist. Behälter, die kalkfliehende Pflanzen, Ericaceen und Urgesteins-Alpine aufnehmen sollen, sind zweckmäßig aus Granit oder Sandstein, sie erhalten eine Erdmischung aus Heide- oder Moorerde, Torfmull, kalkfreiem Lehm, Granitgrus und Quarzsand. Die frisch eingefüllten Tröge soll man tüchtig angießen, damit sich die Erde gut setzt und dann einige Tage stehen lassen. Erst dann sollen sie bepflanzt werden. In der Bepflanzung findet natürlich die Phantasie des Meisters und Kenners, so paradox es auch klingt, auf kleinem Raum ein weites Betätigungsfeld. Der eine ist in die mannigfaltige Welt der klein- und großrosettigen, krustigen Steinbreche verliebt und ist bemüht, diese zwischen Felsbrocken in kleine Löcher und schmale Spalten so einzubetten, daß bald Pflanze und Stein miteinander verwachsen erscheinen. Ein anderer schwärmt für graublättrige Kleinodien; er pflanzt neben die Silbermatten von *Raoulia australis* und *R. lutescens* Neuseelands die zierliche *Veronica bombycina* vom Libanon, die ihr schneeweißfilziges Geflecht mit himmelblauen Blütchen betupft, und setzt *Andryala aghardii* vom Atlas mit leuchtend gelben Blütenkörbchen neben aschgraue Polster von *Vitaliana primuliflora* f. *cinerea (Gregoria vitaliana)* von den Gebirgen Spaniens. *Geranium farreri,* feine *Sedum-* und *Sempervivum*-Arten, kleine Nelken und Kugelblumen, Zwergiris, delikate Primeln und Enziane, viele niedliche Zwiebel- und Knollengewächse, Kleingehölze wie z.B. Miniaturrosen, *Genista pulchella (G. villarsii),* Rosmarinheide und *Cassiope,* die Schuppenheide, Gnome aus dem Nadelholzreich – kurz, eine unendliche Fülle kleiner, edler Pflanzen sind ideale Besiedler solcher Tröge. Niemals wird man natürlich so üppige Wachser und Wucherer wie etwa Polsterphloxe, *Arabis, Cerastium* und *Saponaria ocymoides* für kleine Tröge und Schalen verwenden.

Die Tröge werden auf Terrassen vor den Fenstern des Hauses, auf Treppenwangen, im Senkgarten, in Gartenhöfen aufgestellt – überall dort, wo man sie gerne und oft sieht und wo sie am besten zur Geltung kommen. Ein Standort vor der Ost- oder Westfront des Hauses ist besser als vor der allzuheißen Südseite. Besonders hübsch wirken diese Trog-Steingärten vor immergrüner Heckenwand.

Einen Nachteil aber haben diese stabilen Steintröge: ihr erhebliches Gewicht. Deshalb kann man sie nicht überall unbedenklich verwenden, z.B. auf Dachgärten. Hier schaffen mehr oder weniger flache Pflanzenschalen aus Ton oder Eternitkästen, notfalls auch formgerechte, stabile Gefäße aus Kunststoff, die mit Alpinen bepflanzt wurden, die erwünschte Abwechslung und Bereicherung des Gartenraumes. Selbstverständlich müssen alle diese Behälter Abzugslöcher besitzen und eine Dränageschicht aus Bimskies, Styromull oder dergl. erhalten, damit überschüssiges Wasser leicht abfließen kann. Die Verwendung von Kleingehölzen ist auch hier sehr wichtig. Solche mobile Steingärtchen auch kleineren Formats von etwa 20 cm Durchmesser, sehen entzückend aus, wenn sie mit verschiedenen Frühblühern, Steinbrechen, Zwergiris, winterharten Sukkulenten, *Sedum, Sempervivum*

(1) Zum Thema mobile Gärten kann auch ein rustikaler Tontopf zählen, der – zur Bepflanzung von Küchenkräutern gedacht – zweckentfremdet mit Sempervicen besetzt wurde. (2) Auch verschiedengeformte Tonschalen eignen sich gut zur Unterbringung einer Hauswurz-Sammlung. Die Behälter müssen aber frostfrei überwintert werden. (3) Ein frostbeständiger Steintrog wurde mit üppig wachsenden, überquellenden Blütenkissen von Teppichphlox bepflanzt. Nach dessen Abblühen folgt dann im Frühsommer der feine Flor von Nelken.

2

3

usw., bepflanzt sind. Den Winter über stehen diese bepflanzten Gefäße, am besten gut in Torfmull eingebettet, möglichst frostfrei in tiefen, gedeckten Frühbeetkästen oder auch in kalten Kellerräumen oder Schuppen. Besonders wenn die Schalen in lufttrockenen Räumen überwintert werden, darf ein gelegentliches Gießen nicht vergessen werden. Keinesfalls darf die Erde aber ständig naß sein, denn alle alpinen Pflanzen wollen im Winter eher trocken als zu feucht stehen.

Mancher Alpinenfreund wird sich auch ohne Gartenraum zu helfen wissen, indem er die gewöhnlichen Fensterkästen mit seinen Lieblingen bepflanzt. Je nach der Lage des Fensters richtet sich die Bepflanzung.

Auf der Sonnenseite haben sich unter anderen gut bewährt: *Sedum, Sempervivum, Andryala, Acantholimon, Armeria, Campanula raineri, C. saxifraga, Dianthus, Erinus, Iris pumila, Leontopodium, Saxifraga cochlearis, S. lingulata, S. longifolia, Tunica saxifraga* 'Plena' und sogar *Gentiana farreri*.

In Schattenlage empfehlen sich: *Ajuga reptans* 'Multicoloris', *Saxifraga umbrosa* 'Elliott', *S. cotyledon* und alle moosartigen Steinbrecharten, *Haberlea, Ramonda, Cyclamen* und kleine Farne (*Cystopteris fragilis, Asplenium viride* und *A. trichomanes*).

Ein Pionier auf dem Gebiet der „Zwergalpengärtchen" war der Österreicher Dr. Rosenstingel in Gmunden. Dieser baute in Holzkistchen, deren Bodenfläche in der Regel 18 × 25 cm nicht überstiegen, Kalktuffsteine auf Betonunterlage so eng aneinander, daß die Wirkung eines einzigen kleinen (etwa 25 cm hohen) Felsblocks entstand. Die engen Spalten und Fugen bepflanzte er mit allen möglichen alpinen Kleinstpflanzen: *Petrocallis pyrenaica, Kabschia*-Saxifragen, mit felsbewohnenden Primeln, kleinen *Phyteuma*- und *Valeriana*-Arten u. a. m. Natürlich verlangen solche „Delikatessen" aufmerksame Pflege, besonders in der Bewässerung. Erfahrene Anhänger dieser „Steingärtnerei en miniature" haben mit der Kultur selbst heikler Alpinen in solchen Kisten beste Erfolge.

Als Abschlußwort zu diesem Thema der Ausspruch eines begeisterten englischen „Troggärtners": „Troughgardening is the most fascinating hobby in the world!" Dem ist nur noch hinzuzufügen, daß auch bei uns in Mitteleuropa schon viele derselben Meinung sind und der Kreis der Troggärtner von Jahr zu Jahr größer wird.

Pflanzen für kleine Tröge und Schalen

(* = kalkfliehend)

Sonniger Standort

Stauden
Achillea kolbiana, umbellata
Aethionema graecum
Allium flavum 'Minus'
Anacyclus depressus
Androsace sempervivoides, carnea, hedraeantha*
Andryala aghardii
Aquilegia discolor, akitensis
Arenaria tetraquetra var. *granatensis*
Armeria caespitosa-Sorten
Artemisia laxa
Campanula acutangula, allionii, cashmiriana, raineri
Centaurium chloodes
Crassula milfordiae
Dianthus microlepis, simulans, neglectus, nitidus
Draba bryoides var. *imbricata*
Erinus alpinus-Sorten
Eritrichum strictum
Erysimum kotschyanum
Geranium farreri, subcaulescens 'Splendens'
Gentiana dinarica
Globularia nana
Gypsophila aretioides
Leontopodium nivale
Micromeria croatica, microphylla
Orostachys spinosa
Petrocallis pyrenaica
Phlox bryoides

Plantago nivalis
Potentilla nitida
Raoulia hookeri, lutescens
Saponaria 'Bressingham', × *olivana*
Saxifraga aizoon 'Minutifolia', *cochlearis*
 'Minor', Kabschia-Sorten (absonnig)
Sempervivum-Arten und -Sorten
Thlaspi stylosum
Veronica bombycina, caespitosa
Vitaliana primuliflora f. *cinerea*

Gräser
Alopecurus lanatus
Carex firma 'Variegata'
Festuca glacialis

Farne
Ceterach officinarum
Asplenium septentrionale*

Laubgehölze
Genista sagittalis 'Minor', *villarsii*
Hebe cupressoides
Iberis saxatilis
Santolina elegans

Nadelgehölze
Chamaecyparis obtusa 'Pygmaea'
Juniperus communis 'Compressa'
Picea glauca 'Conica Laurin', 'Echiniformis'

Halbschattiger bis schattiger Standort

Stauden
Astilbe × *crispa* 'Liliput',
 glaberrima f. *saxatilis*
Lewisia-Arten und -Sorten
Omphalodes luciliae
Petrocoptis glaucifolia, pyrenaica
Physoplexis comosa
Primula clarkei, marginata
Saxifraga × *arendsii* 'Triumph', *oppositifolia*
 var. *latina, umbrosa* 'Elliott', *umbrosa*
 'Aureovariegata'
Sedum spathulifolium 'Purpureum'
Thalictrum kiusianum*
Veronica bonarota

Farne
Asplenium viride, trichomanes

Nadelgehölze
Microcachrys tetragona
Tsuga canadensis 'Minuta'

Pflanzen für größere Tröge (ab 1 m)

(* = kalkfliehend)

Sonniger Standort

Stauden
Achillea × *kellereri*
Aethionema grandiflora-Sorten
Alyssum montanum
Androsace villosa, lactea
Antennaria dioica-Sorten
Anthyllis montana 'Rubra'
Aquilegia ecalcarata, scopulorum
Arabis ferdinandi-coburgii 'Variegata'
Asperula nitida, lilaciflora var. *caespitosa*
Aster alpinus-Sorten
Athamanta haynaldii
Aubrieta-Sorten
Bellis perennis 'Brillant', 'China Pink'·
*Campanula aucheri, carpatica, cochleariifo-
 lia, saxifraga, tridentata, waldsteiniana*
Chrysanthemum haradjanii
Convolvulus nitidus
Delosperma cooperi, lineare
Dianthus caesius, schwachwüchsige Sorten
Diascia cordata
Draba aizoides, bruniifolia
Erodium cheilanthifolium, macradenum
Gentiana farreri, sino-ornata u. Hybriden*
Geranium argenteum, dalmaticum
Globularia cordifolia
Gypsophila repens-Sorten
Helichrysum milfordiae
Heliosperma alpestre
Iris pumila-Sorten
Linaria alpina
Onosma albo-rosea, stellulata
Origanum × *hybridum*

Penstemon caespitosa, newberryi, pinifolia, rupicola
Phlox subulata, schwachwüchsige Sorten
Potentilla aurea 'Goldklumpen'
Primula auricula ssp. *bauhinii*
Pterocephalus parnassi
Saxifraga aizoon-Formen, *cochlearis, hostii, lingulata, longifolia*
Sedum cauticolum, pluricaule, spathulifolium 'Capa Blanca', *sieboldii*
Sempervivum-Arten und Sorten
Silena schafta
Trachelium rumelianum
Veronica fruticans-Sorten
Viola × florairensis

Zwiebel- und Knollenpflanzen
Crocus chrysanthus-Sorten, *speciosus*-Sorten
Eranthis × tubergenii
Hyacinthella azurea
Iris danfordiae, histrioides 'Major', *reticulata*-Sorten

Gräser
Poa alpina var. *vivipara*
Carex buchananii

1

2

Farne
Pellaea atropurpurea
*Cheilanthes, Notholaena marantae**

Laubgehölze
Andromeda polifolia 'Minima'*
Anthyllis hermanniae var. *aspalathii*
Berberis darwinii 'Compacta'
Cistus nowackianus
Corokia cotoneaster (Winterschutz!)
Cotoneaster microphyllus 'Thymifolius'
Cytisus ardoini, hirsutus f. *demissus*
Daphne arbuscula, cneorum
Euryops acraeus
Genista tinctoria 'Plena'
Hebe armstrongii u. a.

Bepflanzungsbeispiele Alpine in Schalen und Kästen. (1) Saxifraga cochlearis 'Minor', S. burseriana und S. burseriana 'Lutea'. (2) Gentiana dinarica mit zwergiger Picea pungens 'Glauca Nana'. (3) Sempervivum-Polster, silbrig durchsponnen von Raoulia australis. (4) Saxifraga callosa, Erysimum kotschyanum und Iberis saxatilis. (5) Primula auricula, Aquilegia akitensis und Phlox douglasii. (6) Primula marginata.
Durch Kiesabdeckung und Verwendung schöner Steine wird der Reiz solcher Miniaturgärtchen erhöht. Bepflanzte Tonschalen werden, möglichst trocken, frostsicher überwintert.

Helianthemum alpestre
Iberis sempervirens 'Schneeflocke'
Moltkia petraea
Petrophytum caespitosum
Salix boydii
Santolina × *lindavica*
Spiraea japonica var. *alpina*
Syringa meyeri, 'José'

Nadelgehölze
Abies balsamea f. *hudsonica* 'Nana'
Chamaecyparis obtusa 'Nana Gracilis'
Juniperus communis 'Compressa'
Picea glauca 'Conica Laurin'
Pinus nigra 'Helga'

che Gezweig eines japanischen Fächerahorns sich spiegeln; Steinbreche (*Saxifraga hypnoides* und *S. trifurcata*) wirken wie schwellende Moospolster, und eine Vielfalt von Primeln bildet an feuchten Uferstreifen und an flachen Sumpfstellen üppige Kolonien. Den Anfang macht die Rosenprimel (*Primula rosea* 'Gigas'), die schon im April leuchtend karmesinrote Blütensträuße trägt und wunderschön neben der weißen Sumpfdotterblume vom Himalaja (*Caltha palustris* var. *alba*) wirkt. Bald darauf folgt der purpurne Flor der Teppichprimel (*Primula × pruhoniciana*), die ebenfalls viel Feuchtigkeit liebt. Über den Boden webt das Pfennigkraut (*Lysimachia nummularia*) gelbgeblümte, flache Teppiche, und gefülltes Wiesenschaumkraut (*Cardamine pratensis* 'Plena') steht im Frühling mit blaßlila „Levkojenblüten" neben sattgoldenen, gefüllten Dotterblumen (*Caltha palustris* 'Multiplex'). Trollblumen, Nelkwurz und Vergißmeinnicht, Schwertlilien und Taglilien umsäumen das Becken. Im Teich breitet die Wassernuß (*Trapa natans*) ihre aus rhombischen Blättern zusammengesetzten schwimmenden Rosetten aus, und Zwergseerosen (*Nymphaea tetragona*) öffnen in der Sonne ihre lieblichen Blüten. Schon im April zeigt der Fieberklee (*Menyanthes trifoliata*) neben seinen emporgreifenden Blatthänden rosigweiße Trauben wundersam gefranster Blüten, und während des Sommers überragt der dichte, bizarre Zwergwald des Tannwedels (*Hippuris vulgaris*) den Wasserspiegel.

Starkwuchernde Pflanzen, zu denen neben dem Tannwedel z. B. auch das Pfeilkraut (*Sagittaria sagittifolia*), die Zebrabinse (*Scirpus tabernaemontanus* 'Zebrinus') und der Große Hahnenfuß (*Ranunculus lingua*) gehören, pflanze man vorsorglich in dauerhafte Kunststoffbehälter, damit ihr Expansionsdrang eingedämmt wird.

Im regelmäßig gebauten Steingarten glänzt das Wasser in betont geformten Becken oder in Kanälen, Rinnen und kleinen Kaskaden, die vom plätschernden Springstrahl oder vom

Wandbrunnen gespeist werden. Ist nicht Platz genug für ein größeres, mit Goldfischen bevölkertes Seerosenbecken (das durchaus nicht immer rechteckig oder rund sein muß), so findet sich doch bestimmt eine Stelle für ein Vogelbad. Hier, in flacher, in die Erde eingelassener Stein- oder Tonschale, im kleinen, von Platten umgebenen seichten Bassin, in die vielleicht eine kleine Plastik Frischwasser träufelt, finden sich unsere gefiederten Freunde ein.

Wo Wasser ist, stellt sich ganz von selbst bald auch eine entsprechende Kleintierwelt ein. Wasserläufer sind plötzlich über Nacht eingetroffen und gleiten ruckartig über den glatten Spiegel, kleine Wasserkäfer wirbeln wie im Tanze umher, und Libellen jagen blitz-

Wasser im Steingarten mit verschiedenen Varianten, ein reizvolles Thema. (1) Steingartentümpel mit Iris pseudacorus 'Variegata'. (2) Abwechslungsreich gestalteter Wasserlauf im Botanischen Garten Genf. (3) Malerisches Motiv aus dem Felsengarten in Wisley (England).

schnell auf und ab. Natürlich lassen auch so unerwünschte Gäste wie Stechmücken nicht lange auf sich warten. Weil sie Mückenlarven vernichten und uns durch ihre geruhsames Treiben Freude machen, setzen wir kleine Fische in jedes Wasserbecken.

Pflanzen für Ufer und feuchte Stellen

(* = nur für größere Anlagen)

Stauden und Zwiebelpflanzen

Acorus calamus 'Variegatus'*
Acorus gramineus var. *pusillus*
Ajuga reptans-Formen
*Alchemilla mollis**
Allium sibiricum
Anemone rivularis
Astilbe chinensis
Bergenia-Arten*
*Brunnera macrophylla**
Caltha palustris 'Multiplex'
Caltha palustris var. *alba*

Cardamine pratensis 'Plena'
Dianthus superbus
Fritillaria meleagris
Gentiana pneumonanthe
Geum coccineum, rivale 'Leonard'
Gladiolus palustris
Gratiola officinalis
Hemerocallis minor und niedrige Sorten
Iris bulleyana*, chrysographes*, cristata, forrestii, fulva, lacustris, orientalis*, sibirica*, wilsonii
Leucojum aestivum, vernum
Ligularia-Sorten*
Lilium pardalinum*
Lobelia syphilitica*
Lysichiton americanus*, camtschatcensis*
Lysimachia barystachys*
Lythrum virgatum-Sorten*
Mazus pumilio, radicans, stolonifer
Mimulus cardinalis, cupreus
Moehringia muscosa
Myosotis caespitosa, scorpioides-Sorten,
Nierembergia repens
Parnassia palustris
Peltiphyllum peltatum*
Polygonum bistorta 'Superbum'*
Primula beesiana*, × bullesiana*, bulleyana*, burmanica*, florindae*, frondosa, helodoxa, japonica*, juliae, × pruhoniciana, pulverulenta*, rosea 'Gigas', *sikkimensis**
Ranunculus aconitifolius*
Tradescantia × andersoniana*
Trollius-Arten und -Sorten

Gehölze*

Acer palmatum, schwachwüchsige Formen, z. B. 'Dissectum Viridis' und 'Ornatum'
Betula nana
Kalmia angustifolia, polifolia (verlangen Moorboden)
Ledum groenlandicum 'Compactum' (Humusboden)
Rhododendron canadense, camtschaticum (verlangen kalkfreien Humusboden)
Salix hastata 'Wehrhahnii'
Viburnum opulus 'Compactum'

Wasserpflanzen

(* = nur für größere Anlagen, Zahl = Wassertiefe in cm)

Alisma plantago-aquatica* 5–20
Butomus umbellatus* 10–40
Calla palustris 0–10
Comarum palustre 0–20
Hippuris vulgaris 20–40
Hottonia palustris 20–60
Hydrocharis morsus-ranae 10–30
Iris pseudacorus* 0–40
Lysimachia thyrsiflora 0–20
Menyanthes trifoliata 10–30
Nuphar pumilum 40–100
Nymphoides peltata 10–30
Orontium aquaticum 5–25
Pontederia cordata* 5–20
Ranunculus aquatilis 30–100, *lingua* 5–20
Sagittaria sagittifolia 5–30 (wuchert, in Behälter pflanzen)
Scirpus tabernaemontani 'Zebrinus' 5–20
Stratiotes aloides* (Schwimmpflanze, z. T. untergetaucht)
Trapa natans 30–150
Typha gracilis, minima 3–10

Seerosen (Nymphaea)

Zwergseerosen, für die kleine Tümpel von knapp 1 m² Größe ausreichend sind: 'Tetragona', 'Helvola', 'Rubis' 5–10

Schwachwüchsige Seerosen, die wenigstens eine 1 m² große Wasserfläche benötigen: 'Aurora', 'Graziella', 'Indiana', 'Laydekeri Rubra', 'Sioux' 25–40.

Teil eines Steingartenhanges mit großen Felsblöcken. Graublättrige Pflanzen setzen stets besonders wirkungsvolle Akzente, hier ist es das fiederblättrige Chrysanthemum haradjanii aus Anatolien. Oben lagert Thymus serpyllum 'Coccineum' auf bemoostem Fels.

Das Steinmaterial

Die Ostasiaten waren die ersten, die die Schönheit der Steine erkannten und sie als symbolische Ausdrucksmittel in ihren Gärten verwendeten. Ebenso wie wir alte, ehrwürdige Baumgestalten bewundern, so lassen die Chinesen und Japaner in ähnlicher Weise schon seit Jahrhunderten auch schönen Steinblöcken ihre Verehrung zuteil werden. Für besonders schöne Steine, nicht etwa für Edelsteine(!), sondern für charaktervolle, im Laufe der Jahrtausende von Wasser, Wind und Wetter geformte Eruptiv- oder Kalksteine, für solche, die eine reizvolle Maserung oder Schichtung aufweisen oder von seltsamen Quarzadern durchzogen sind, bezahlen Japaner für unsere Begriffe ebenso erstaunlich hohe Preise wie etwa auch für besonders originelle, alte Zwergbäumchen, die „Bonsai". Uns mag es vielleicht absonderlich erscheinen, daß Gesteine selbst in allen großen Kaufhäusern Japans ausgestellt und gehandelt werden. Erwähnt sei in diesem Zusammenhang noch, daß diese Steine nicht etwa alle in der Gartengestaltung verwendet werden. Sofern sie klein und handlich sind, schätzt man sie als erlesene Dekorationsstücke in Wohnungen. Auf Podesten aus Holz oder Bronze, auf reinen Quarzsand oder Marmorkies gebettet, in schönen Schalen liegend, bringt solch ein Naturdokument, an bevorzugter Stelle stehend, eine besondere Atmosphäre in die für europäische Begriffe puritanisch einfachen, doch so überaus stilvollen fernöstlichen Räume. Daß nun auch wir in Europa beginnen die Schönheit und die dekorative Wirkung von Steinen zu schätzen, beweisen am besten die Gartenschauen und öffentlichen Gärten, in denen jetzt immer mehr Findlinge oder markante Felsbrocken so, wie sie die Natur geformt hat, verwendet werden.

Auch das wachsende Interesse am Steingarten ist dafür ein Beweis. Denn nicht nur die Pflanzen, sondern gerade die Steine werden hier, ob beschlagen und geformt oder in ihrer naturgegebenen Gestalt verwendet, zu einem bestimmenden Bauelement und zu einem besonderen Ausdrucksmittel des Gartens.

Schöne, charaktervolle Steine sind etwas Wunderbares! Das Spiel von Licht und Schatten auf ihren Formen, der Wechsel der Farben bei feuchtem und trockenem Wetter, die Glätte oder die Rauhheit ihrer Struktur, das Mosaik verschiedenfarbiger Flechten und Moose darauf – all dies und noch viel mehr sind das ganze Jahr über kleine, doch tiefe Freudenquellen für den Naturfreund.

Selbstverständlich wird man zum Bau eines Steingartens meist Material verwenden, welches am leichtesten zu haben ist, also solches, das in der Nähe vorkommt und durch die geringsten Transportkosten am preiswertesten ist. Dieses bodenständige Gestein wird bestimmt in unserer Anlage auch am besten wirken. Ortsfremde Gesteine, z. B. roter Wesersandstein in einer Muschelkalk-Gegend verwendet, wird hier, ebenso wie umgekehrt, fremd wirken. Das trifft besonders bei Naturgartenanlagen zu. Bei formalen Gärten mit

Teilansicht eines vorbildlich angelegten Steingartens in Menzingen bei Zug (Schweiz). Der organische Aufbau des Kalkgesteins wird durch geschickte Bepflanzung gekrönt.

Trockenmauern und Plattenwegen usw. wird man jedoch wohl oder übel, der leichteren Verarbeitung wegen, Sedimentgesteine (falls nicht in der Nähe) von auswärts beziehen.

Einst, in der Zeit der Romantik, wurden zum Bau von „Grotten", später dann auch von „Alpengärten" (Alpinums), fast ausschließlich Tuffsteine verwendet. Dieses Steinmaterial hat, was sehr verlockend ist, gegenüber jedem anderen Gestein den Vorzug geringeren Gewichts, läßt sich deshalb selbst in ziemlich großen Blöcken unschwer transportieren und außerdem, wenn nötig, durch Zersägen und Behauen leicht in eine andere Form bringen. So ist für viele Fälle, z. B. zur Verwendung auf Dachgärten usw., Tuff das ideale Material. Der ausgesprochene Alpinenfreund schätzt den porösen Tuffstein wegen seiner feuchtigkeitshaltenden Eigenschaft und wegen seiner vielen Höhlungen, die man zudem auch leicht durch Ausmeißelung noch vermehren und vergrößern kann. Felsenpflanzen gedeihen in diesen Nestern besonders gut. Nachteilig ist, daß sich aber auch alpine „Unkräuter", z. B. *Linaria cymbalaria* und *Erinus alpinus* gerne auf diesem löcherigen Gestein ansiedeln und aus den zahllosen Löchern kaum zu entfernen sind. Auch Moose, insbesondere Lebermoose, überziehen, zumal in feuchten Schattenlagen, bald den ganzen Stein und verdecken seine Struktur. Ein weiterer Nachteil ist die Weichheit des Steines und das dadurch bedingte oft zu schnelle Verwittern und Zerfallen der Blöcke. Deshalb darf nur hartes Material verarbeitet werden, das schon länger der Luft ausgesetzt war. Vielfach wird auch die „tote" beinerngraue Färbung der Kalktuffs bemängelt, die die Steine annehmen, wenn sie der Witterung ausgesetzt sind.

Gelegentlich trifft man in der Natur durch Eisenverbindungen hervorgerufene mehr oder weniger ocker und rötlich gefärbte Tuffe, die im Garten lebhafter wirken. Der edelste und für uns wertvollste Tuffstein ist der viel härtere und dauerhafte Cannstatter Travertin. Zu seinen schönen warmen Ockertönen passen besonders die silbergrauen Polsterpflanzen, die Beerenzweige von Felssträuchern und die graugrünen Nadelholzfarben ganz vorzüglich.

Tuffsteine treten in der Natur nur selten zutage, meist nur dort, wo Berghänge durch Menschenhand oder durch Natureinflüsse (Wasserläufe) angeschnitten wurden. Dementsprechend sollen wir sie im Natursteingarten verwenden: auf abschüssigem Gelände aus der Erde hervortretend und hier dann in massierten Gruppen Steilabhänge bildend. Am schönsten wirkt Tuffstein in Verbindung mit Rinnsalen.

Keinesfalls soll man sich verleiten lassen, Tuffstein – womöglich noch in Verbindung mit Tropfsteinen (Stalagmiten) – zu freistehenden mehr oder weniger pyramidalen Felsengruppen aufzubauen. Solche „Berge" erinnern an die einst so beliebten „Grotten", die wir in historischen Gärten als Überbleibsel einer romantischen Zeit noch sehen können. Sie hinterlassen einen musealen Eindruck und entsprechen nicht unserem heutigen Geschmacks- und Naturempfinden.

Ähnlich wie den Tuff verwenden wir die festen Nagelfluhblöcke, Konglomeratgestein, das man besonders an Flußböschungen im Alpenvorland häufig antrifft. Wer handwerklich geschickt ist, der kann dort, wo kein großes Steinmaterial vorhanden ist, mit Flußschotter oder Rollkies verschiedener Stärke mit Zement als Bindemittel Nagelfluh auch künstlich herstellen. So abwegig dieser Vorschlag erscheinen mag, ich würde ihn nicht erwähnen, wenn mir nicht persönlich Anlagen bekannt wären, wo Liebhaber in aufgelassenen Kiesgruben mittels solcher künstlich geschaffener Nagelfluhwände und -geschiebe sich Steingärten angelegt haben, die sehr gut aussehen. Auch die Pflanzen, vor allem so ausgesprochene Felssiedler wie die schopfige Teufelskralle und die kleinen krustigen Poistersteinbreche der *Kabschia*-Gruppe, wachsen in solchen Felsen vorzüglich.

Ausgesprochenes Schichtgestein (Muschelkalk, Solnhofer Schiefer usw.) wird im Natur-

In einem Steintrog sitzen Sempervivum 'Zackenkrone' (oben) sowie S. calcareum und 'Rubin' (unten).

garten, dem natürlichen Vorkommen gemäß, stets in mehr oder weniger horizontal laufenden Schichtungen angeordnet. Man wird zweckmäßig zunächst die Platten und Blöcke nach Schichtdicke, Färbung und Verwitterungsgrad sortieren, um sie zueinander parallellaufenden Felsstufen jeweils in entsprechender Stärke und Struktur zusammenfügen zu können. Um Eintönigkeit zu vermeiden, wechselt man dickbankige Schichten mit eingelagerten dünnplattigen ab. Es lassen sich mit diesem Schichtgestein vor allen Dingen gut „Steilwände" oder Hänge durch entsprechende Rückwärtsverlagerung von Reihen terrassenartig aufbauen. Etwas ansteigende Schichtungslinie ist der vollkommen horizontalen vorzuziehen. Ähnlich, also in Schichtungen gelagert, kann auch Sandstein verwendet werden, von dem in der Farbwirkung

Das Zwerg-Seifenkraut (Saponaria pumilio), ein Kalkflieher.

Potentilla aurea
Primula hirsuta, viscosa
Pulsatilla alpina ssp. *sulphurea, vernalis*
Saponaria pumilio
Saxifraga cotyledon, cortusifolia, lilacina, pseudosancta
Sempervivum montanum, wulfenii
Senecio carniolicus, tiroliensis
Trifolium alpinum

Kalkflieher zeigen im Kalkboden ihr Unbehagen meist durch Schwachwüchsigkeit, krankhaftes Gelbwerden (Kalkchlorose) und Vertrocknen der Blätter an. Viele sterben schon nach kurzer Zeit ab. Einzige Abhilfe: baldmöglichstes Verpflanzen in kalkarmen Boden (Heideerde, Moorboden, Torfmull, Sphagnum und Quarzsand). Mit Regenwasser gießen! Gelegentliches Gießen und Überbrausen (etwa einmal wöchentlich oder in noch größeren Zeitabständen) mit Fetrilon. Auch Wässern mit einer schwachen Superphosphat-Lösung 1:2000 bis 1:1000 bewirkt eine Neutralisierung des Kalkbodens.

Mehr oder weniger kalkfliehende Pflanzen

Achillea moschata, nana
Androsace carnea, halleri, hedraeantha, imbricata, laggeri, obtusifolia
Astrantia minor
Campanula excisa
Chrysanthemum alpinum
Dianthus glacialis, microlepis
Dicentra eximia, cucullaria, formosa
Douglasia-Arten
Erigeron aureus
Gentiana kochiana, frigida, sino-ornata
Helichrysum frigidum
Hieracium intybaceum
Houstonia-Arten
Lewisia-Arten
Lithodora diffusa
Lychnis alpina
Penstemon davidsonii, menziesii u. a.

Kalkliebende bzw. kalkverlangende Pflanzen

Achillea ageratifolia ssp. *aizoon*, ssp. *serbica, clavenae*
Acantholimon-Arten
Acanthus-Arten
Adenostyles-Arten
Adonis-Arten (außer *brevistyla* und *pyrenaica*)
Aethionema-Arten
Alopecurus lanatus
Androsace lactea, chamaejasme
Aubrieta-Sorten
Callianthemum anemonoides, kernerianum
Carlina-Arten
Cyclamen-Arten
Cypripedium calceolus
Dianthus (fast alle)
Dryas octopetala
Gentiana clusii, dinarica

Globularia-Arten
Gypsophila-Arten
Haberlea und *Ramonda*
Helleborus-Arten
Hepatica-Arten
Leontopodium-Arten
Potentilla nitida
Primula auricula, marginata, clusiana
Pulsatilla-Arten (außer *vernalis*)
Saxifraga, besonders (mit wenigen Ausnahmen) die Sektionen *Kabschia* und *Euaizoonia*

Kalkmangel äußert sich bei diesen Pflanzen meist durch Kurzlebigkeit, Blühfaulheit und Schwachwüchsigkeit, Vergrünung graublättriger Pflanzen (Edelweiß!). Abhilfe: der Erde Kalksteingrus, alten Mauermörtel zufügen; mit Kalkwasser gießen.

Dianthus pavonius (D. neglectus), eine der schönsten Gebirgsnelken, kommt in der Natur meist auf Silikat vor.

Der Steingarten unter Glas – das Alpinenhaus

Die allermeisten Steingartenbesitzer sind zufrieden, wenn bei ihnen das große Heer der vielen schönen leichtwachsenden Kleinpflanzen gut gedeiht und freudig blüht. Sie freuen sich an den üppigen Blütenkissen von Aubrietien, Polsterphlox, *Arabis* und *Iberis* im Frühling, wissen auch den duftigen Flor vieler Nelken, die frischen Farben von Sonnenröschen, Astern und zahlreichen anderen Blühern des Frühsommers zu schätzen und trösten sich in blütenarmen Zeiten mit all dem Farben- und Formenreichtum interessanter *Sedum-*, *Sempervivum-* und *Saxifraga-*Arten und so mancher Kleingehölze.

Ausgesprochene Liebhaber sind jedoch eine Clique für sich! Sie begnügen sich nicht allein mit dem überquellenden, bunten Flor der alltäglichen Steingartenpflanzen, die jeder besitzen kann. Nein, sie reizt das Besondere, Seltene, Außergewöhnliche, und sie scheuen keine Mühe und Mittel, es zu bekommen. Von den höchsten Alpengipfeln ein blaubesticktes, seidiges Blütenkissen von *Eritrichum nanum*, die silberfilzige Rosette einer *Jankaea heldreichii* vom Olymp oder die wunderbare, großblütige Freilandorchidee *Pleione limprichtii* von feuchten Felswänden Osttibets – das sind z. B. einige wenige von den „Sternen".

Natürlich sind viele dieser edlen, seltenen Pflanzengestalten anspruchsvoller als die üblichen Kleinpflanzen. Selbst unter Berücksichtigung all ihrer Ansprüche im Garten ausgepflanzt, werden nur wenige sich zur vollen Schönheit entwickeln, viele nur dahinkümmern oder oft schon nach kurzer Zeit eingehen. Besonders wird ein Überschuß an Feuchtigkeit zur falschen Jahreszeit (z. B. Dauerregen im Sommer) vielen Alpinen zum Verhängnis, die von sommertrockenen Gebirgen Südeuropas, Kleinasiens, Nordafrikas oder Nordamerikas stammen. Trotz Überdachung mit Glasscheiben erreicht das Sickerwasser doch noch im Übermaß die nur notdürftig geschützten Pflanzen und bringt sie zum Faulen und Absterben.

Englische Alpinenliebhaber sind daher längst dazu übergegangen, ihre empfindlicheren Pflanzen unter dem schützenden Glasdach ihres Alpinenhauses zu pflegen. Man muß sich wundern, weshalb diese Methode nicht auch bei uns viel mehr verbreitet ist. Niemals kann man das Heer der lieblichen *Kabschia*-Steinbreche, die kleinen *Androsace*-Arten, die eigenartigen *Lewisia*-Arten und all die vielen Besonderheiten, von denen nur etliche in der unten angeführten Liste genannt sind, in Freilandkultur zu solch schöner Entwicklung und reicher Blüte bringen wie im Alpinenhaus. Auch die im Herbst auf Tischbeete ausgepflanzten oder in Töpfe und Schalen gesetzten kleinen Frühlingsboten aus dem Blumenzwiebelreich (*Anemone blanda*, *Crocus*-Arten, *Iris reticulata*-Sorten, Fritillarien, zwergige Wildtulpen etc.), entwickeln sich im Haus rascher und makelloser als im Freien, wo sie oftmals den Unbilden des launischen Frühjahrswetters ausgesetzt sind.

Vor allem wirkt sich der Schutz des Glasdaches bei all den nässeempfindlichen Alpinen günstig aus, auch bietet für die vielen nicht ganz hundertprozentig winterharten Pflanzen das Haus genügend Schutz vor eisigen Winden, Früh- und Spätfrösten. Ein besonderer Reiz des „Steingartens unter Glas" besteht auch darin, daß man bei jeder Witterung seine Lieblinge ungetrübt beobachten kann und

Ein solches Erdhaus hat gewöhnlich eine Innenbreite von etwa drei Metern. Es ist mit zwei Seitenstellagen und einem Mittelweg versehen (Zeichnung: Sabine Laib).

daß die kleinen Pflanzen auf den Tischen dem Auge ganz nahegebracht sind.

Natürlich lassen sich ausgesprochene heikle Hochalpine, wie z. B. *Androsace alpina, Ranunculus glacialis, Eritrichum nanum* usw. auch im Alpinenhaus nicht auf die Dauer halten. Immerhin ist aber der Versuch, diese Höhenkinder im Tiefland unter Glasschutz zu kultivieren, wenigstens für eine gewisse Zeit (1 bis 2 Jahre) von Erfolg gekrönt, während bei Freilandkultur die Sache von Anfang an aussichtslos ist.

Der ständig zunehmenden Gartenleidenschaft aller Sparten entgegenkommend, werden neuerdings von verschiedenen Firmen Kleingewächshäuser für Liebhaber hergestellt. Teils werden sie fertig geliefert, oder sie lassen sich in Selbstmontage leicht zusammensetzen und aufstellen. Wenn sie mit reichlichen und handlichen Lüftungsmöglichkeiten und entsprechender Schattiervorrichtung ausgestattet sind, eignen sich diese Glashäuschen, ganz gleich, ob sie aus Holz, feuerverzinktem Metall oder aus Aluminium hergestellt sind, natürlich auch für die Kultur alpiner Pflanzen. Mit den modernen technischen Einrichtungen, mit Luftbefeuchtern, Ventilatoren und entsprechenden Heizanlagen, die sich durch selbsttätige Regler auf bestimmte Temperaturen einstellen lassen, ergibt sich die Möglichkeit in diesen Kleingewächshäusern die Bedingungen zu schaffen, die für die jeweils gewünschte Pflanzenkultur am günstigsten sind.

Ein Alpinenhaus benötigt, wenn man darin nur winterharte Pflanzen halten will, keine Heizung. Wer jedoch darüber hinaus auch nicht ganz winterfeste, etwa Gewächse aus dem Mittelmeergebiet haben möchte, z. B. diverse *Cyclamen*-Arten, mediterrane Orchideen und dergleichen mehr, der muß unbedingt dafür sorgen, daß das Haus im Winter frostfrei bleibt. Wer alle Möglichkeiten voll ausschöpfen, „alle Register ziehen" möchte, dem kann nur geraten werden, sich ein Haus mit zwei Abteilungen, eine kalte, ungeheizte und eine temperierte, heizbare, anzuschaffen. In den Alpinenhäusern kann man die Pflanzen

Hier sind einige erlesene Pflanzenschätze des Alpinenhauses versammelt. (1) Eritrichum nanum, der Himmelsherold, einer der Edelsteine unter den Hochgebirgspflanzen, in der Kultur aber außerordentlich heikel und deshalb nicht jedermann zu empfehlen. (2) Dionysia aretioides, ein seltener, trockenheitsliebender Felssiedler vom Hindukusch. (3) Helichrysum frigidum, das „Korsische Edelweiß". (4) Chrysanthemum hosmariense, ein Herbst- und Winterblüher aus Marokko. (5) Briggsia aurantiaca aus Südtibet, eine Gesneriacee, ist nicht winterhart und gehört in die frostfrei gehaltene Abteilung.

sowohl in Töpfen oder Schalen auf den Gewächshaus-Tischen in feinem Kies, Schlacke oder Sand eingebettet ziehen, als auch auf einem dort errichteten Steinbeet auspflanzen. Wichtig ist in beiden Fällen, daß die Tablett-Platten genügend Abzugslöcher haben, damit das Wasser gut abfließen kann. Bevor die 10 bis 20 cm dicke Erdmischung aufgebracht wird, kommt auf die Tische eine etwa zweifingerdicke Dränageschicht von Kies oder Schlacke.

Arbeitsmäßig bereitet das Alpinenhaus keine allzu große Belastung. Gegossen wird natürlich individuell, je nach dem Wasserbedarf der einzelnen Pflanzen. Im allgemeinen ist im Frühling bis zum Frühsommer das Feuchtigkeitsbedürfnis der Alpinen naturgemäß größer als im Sommer und Herbst. Im Winter ist der Wasserbedarf der Alpinen so gering, daß nur selten bei frostfreiem Wetter gegossen wird. Besonders während der Ruhezeit wollen feuchtigkeitsempfindliche Alpine, wie z.B. Artemisien, *Draba*-Arten, Lewisien, *Pleione*, krustige Steinbreche usw. im Winter absolut trocken stehen. Das beste Gießwasser, nicht nur für all die kalkempfindlichen Pflanzen der Urgebirge, ist Regenwasser. Während des Sommers ist durch reichliches Besprengen des Weges, auch der Kiesflächen unter den Tischen und zwischen den aufgestellten Töpfen auf den Tabletten, für eine möglichst hohe Luftfeuchtigkeit zu sorgen.

Feuchte, frische und kühle Luft ist nicht nur dem Wohlbefinden der Alpinen zuträglich, sondern sie verhindert zugleich das Auftreten von Schädlingen (Blattläuse, Thrips und Rote Spinne). Sollten letztere auftreten, so sind die Pflanzen sofort mit wirksamen Schädlingsbekämpfungsmitteln zu behandeln. Natürlich wird bei vollsonnigem Wetter schattiert, um ein Verbrennen oder auch ein allzu schnelles Verblühen der Pflanzen und eine zu starke Erwärmung des Hauses zu verhindern. Gut bewährt haben sich Rolldecken aus schmalen Holzlatten, die nicht direkt auf den Fenstern, sondern auf dem erhöhten First liegend, die Luftzirkulation am wenigsten behindern.

Ein Zudecken des Hauses etwa von Dezember bis Mitte Februar mit Deckbrettern ist nicht unbedingt nötig, jedoch empfehlenswert. Vor allen Dingen wird durch diese dichte Schattierung vermieden, daß bei Sonnenschein im Winter die Vegetation allzufrüh angeregt wird. Wichtig ist, daß im Laufe des Jahres bei frostfreiem Wetter tüchtig gelüftet wird. Niemals soll stickige Luft im Hause sein, andererseits soll man aber auch starke Zugluft vermeiden.

Eine Variante des Alpinenhauses hat sich ein englischer Steingartenliebhaber ausgedacht und geschaffen. Unter einer pergolaartig wirkenden, schräg abfallenden verglasten Überdachung verkleidete er mit großen Tuffsteinblöcken, terrassenartig abgestuft, eine südseitige Gartenmauer. Die nach vorne und an einer Stirnseite vollkommen offene und frei zugängliche Anlage, die der Besitzer als seinen „Klippengarten" bezeichnet, sieht recht gefällig aus und hat sich bestens bewährt. Alle trockenheitsliebenden, winterharten Pflanzen gedeihen auf diesem luftigen Steingarten unter Glas ganz vorzüglich. Wo ähnliche Voraussetzungen vorhanden sind, ist die Schaffung eines solchen „Klippengartens" nicht nur im regnerischen England, sondern auch bei uns sicher nachahmenswert. Als Steinmaterial eignet sich dafür am besten Tuff, der bei Besprühung Feuchtigkeit speichert und somit ideale Wachstumsbedingungen schafft.

Pflanzenschätze des Alpinenhauses

Nadelgehölze

Chamaecyparis obtusa 'Nana Gracilis'
Cryptomeria japonica 'Bandai-Sugi', 'Compacta', 'Jindai-Sugi', 'Vilmoriniana'
Juniperus communis 'Compressa', *coxii*
Microcachrys tetragona
Podocarpus lawrencei (P. alpinus)

Laubgehölze

Cytisus ardoini, hirsutus f. *demissus*
Daphne arbuscula, petraea
Genista sagittalis var. *minor, pulchella*
Hebe (Veronica) cupressoides, hectori, willcoxii u. a. neuseeländische Arten
Jasminum parkeri
Teucrium aureum, subspinosus
Thymus azoricus, membranaceus
Verbascum 'Letitia'

Stauden

Acantholimon olivieri
Aethionema (Eunomia) oppositifolium
Agave megalacantha, parryi
Androsace carnea und Formen, *ciliata, hedraeantha, helvetica, hirtella, imbricata, mathildae, pyrenaica*
Andryala aghardii
Arenaria balearica, cretica
Armeria caespitosa, × *suendermannii*
Artemisia brachyphylla, splendens
Asperula arcadiensis
Campanula allionii (alpestris), cashmiriana, formanekiana, raineri, saxifraga, zoysii
Carduncellus rhaponticoides
Celsia acaulis
Chrysanthemum densum
Convolvulus nitidus, suendermannii
Cyclamen, alle Arten
Dimorphotheca barberiae
Douglasia laevigata, montana
Draba mollissima, polytricha
Erodium corsicum, chamaedryoides
Helichrysum frigidum, milfordiae, virgineum
Jankaea heldreichii
Lewisia-Arten

Linum iberidifolium
Lithodora diffusa 'Heavenly Blue', *oleifolia*
Minuartia saxifraga
Omphalodes luciliae
Pelargonium endlicherianum
Phlox bryoides
Plantago nivalis
Primula auricula var. *albocincta, hirsuta, palinuri* und kostbare englische Aurikel-Sorten
Raoulia hookeri, lutescens
Saponaria cypria
Saxifraga-Arten und Sorten der *Kabschia-* und *Engleria*-Sektion, *brunoniana, cochlearis, conifera, globulifera, erioblasta, lingulata*

Sedum dasyphyllum, suendermannii, pilosum, sempervivoides
Sempervivella sedoides
Stachys corsicus
Iris japonica
Verbascum dumulosum
Veronica caespitosa, bombycina

Farne

Asplenium fontanum
Ceterach officinarum
Cheilanthes odora
Notholaena maranthae
Pellaea atropurpurea

Vom Tierleben des Steingartens

Man kann wohl sagen, daß Getier im Garten in gleichem Maße uns Freuden wie Leiden bringt. So sehr wir die einen, die harmlosen Freunde und vor allen Dingen die Nützlinge lieben und hegen, so heftig verwünschen und bekämpfen wir die anderen, die unerwünschten Eindringlinge, die Schädlinge, mit allen uns zur Verfügung stehenden Mitteln.

Das trifft natürlich auch für den Steingarten zu. Wenn im April Polsterphlox und Aubrietien ihre Blütenkissen in der Frühlingssonne ausbreiten, erhalten sie ihre Krönung durch den Besuch der ersten Falter. Füchse, Zitronenfalter und Pfauenaugen sind die regelmäßigen Gäste. Wärme-, licht- und nektarhungrig finden sie hier auf den schwellenden Blumenteppichen zwischen sonnenwarm lockenden Steinen all das, was sie suchen. Im Sommer ziehen die vielerlei Blüten immer wieder andere Schmetterlinge an. Taubenschwänzchen stehen schwirrend vor duftigen Nelken; Weißlinge umflattern die blühenden Lavendelbüsche; Schwärmer und Eulen umgeistern gespenstisch die hohen chinesischen Primeln und die nachtblühenden Silenen und Oenotheren. Gelegentlich besucht wohl auch der seltene Schwalbenschwanz unseren Steingarten und heftet im grünen, feingliedrigen Büschel der Bärwurz *(Meum athamanticum)* seine Eier an. Welcher Naturfreund würde nicht gerne für einen Sommer die Schönheit einer Staude für die Pracht einer wundersamen, leuchtend grünen, geringelten und rotpunktierten Raupe eintauschen?

Auch die Bienen lenken ihre ersten Flüge in den Steingarten, um dort in den frühesten Blüten von Schneeheide, Adonisröschen und Krokus in Pollen und Nektar zu schwelgen.

Ganz große Feste sind für sie später die reiche Blüte der Felsenmispel *(Cotoneaster horizontalis)* und im Frühsommer der Flor des Teppichsedums *(Sedum spurium* und *S. hybridum)*, des Prachtsalbeis *(Salvia × superba)* und der Bergminze *(Satureja montana)*.

Die vielen Fugen und Löcher der Mauern und Steine bieten Eidechsen willkommene Wohnung. Diese harmlosen, nützlichen Tiere stellen sich meist von selbst ein oder lassen sich leicht ansiedeln. Geht man behutsam mit ihnen um, so werden sie so zahm, daß sie hingehaltene Fliegen aus der Hand annehmen. In der Regel sind es Zauneidechsen, braungraue Weibchen mit hellem und dunklem Perlenmuster gezeichnet und im Hochzeitskleid grünschimmernde Männchen, die unsere Steingärten bewohnen. Ihre weichschaligen runden Eier vergraben sie an wärmsten Stellen im sandigen Boden und lassen sie von der Sonne „ausbrüten". Schlimmste Feinde der Eidechsen im Garten sind Katzen, die ja in der Regel alles Kleingetier anschleichen und erjagen, und Würgervögel (Neuntöter und Raubwürger).

Wenn ein Garten nicht inmitten einer Stadt liegt, sondern Wiesen, Wald und Wasser in der Nähe sind, kann es gelegentlich vorkommen, daß unsere häufigste Schlange, die Ringelnatter, sich einfindet. Sie ist harmlos und nicht giftig, an ihrem graubeschuppten, überschlanken Körper und den beiden orangegelben Flecken am Kopf ist sie leicht zu erkennen. Im Steingartentümpel und in der Feuchte bepflanzter, sumpfiger Mulden findet sie ihren Lebensraum. Sie schwimmt ausgezeichnet und macht lauernd Jagd auf allerlei Kleingetier. Wohl fängt sie auch kleine Fische und

Die Blindschleiche, ein seltener, aber harmloser Gast.

Frösche, was uns weniger erwünscht ist, aber sie erbeutet und verschlingt auch Mäuse und macht dadurch den Schaden wieder quitt. Man sollte die weitverbreitete Scheu vor diesem eleganten Tier ablegen, es gewähren lassen und bei seinem Tun beobachten. Wenn man es nicht vertreibt und ihm behutsam begegnet, wird es bald zutraulich und entflieht nicht mehr, wenn es uns hört.

Finken, Stieglitze und Hänflinge besuchen gelegentlich den Steingarten, um sich heimlich zum Bau ihrer Nester Triebspitzchen von Artemisien zu holen. Diese kleinen Räubereien unserer gefiederten Freunde fallen kaum ins Gewicht; sollten die Artemisiapolster allzusehr in Mitleidenschaft gezogen werden, so kann man sie durch Überdecken mit engem Maschendraht leicht schützen. Ungleich schädlicher sind die Amseln! Nicht nur, daß sie alljährlich Gefallen daran finden, im Frühling den Primel- und Krokusflor zu zerpflücken und den schönen Beerenschmuck der Felsenmispel im Herbst restlos zu plündern, auch durch das Herauswerfen oder Zerreißen ganzer Polsterpflanzen bei der Futtersuche richten sie erheblichen Schaden an. Der Verdruß, den sie uns dadurch bereiten, wird selbst durch die schönsten Melodien, die sie uns im Frühling vorflöten, nicht ausgeglichen.

Beim Bau größerer Trockenmauern soll man nicht versäumen, hier und dort, geschickt von Steinen verblendet, in Fugenwinkeln Dränröhren mit dahinterliegenden kleinen Ausbuchtungen einzubauen. Diese Nistgelegenheiten lassen sich Höhlenbrüter, besonders die so nützlichen und munteren Meisen, nicht entgehen. In der Regel ist hier die Brut vor Katzen sicherer als in aufgehängten Nistkästen.

Der Maulwurf, an sich ein nützliches Tier, vor allem ein guter Verbündeter bei der Vernichtung von Werren (Maulwurfsgrillen), wird im Steingarten durch seine Wühlarbeit, bei der er die Pflanzen unterhöhlt und herausstößt, zum Schädling. Durch Verstänkerung seiner Gänge mit in Petroleum oder Karbolineum getränkten Lappen läßt er sich wohl vertreiben, sicherer ist jedoch seine Vernichtung durch Fang. Lästiger sind die Mäuse. Sie verzehren nicht nur Krokusse und andere Zwiebelpflanzen, sondern tun sich vor allen Dingen im Winter unter der schützenden Schneedecke an *Campanula, Dianthus, Geranium* und sonstigen Stauden gütlich. Die besonders gefährliche Wühlmaus vernichten wir durch Fang mit der speziellen Wühlmausfalle oder durch Auslegen einer der handelsüblichen Giftköder, mit denen man auch Feld- und Waldmäuse bekämpft. Um Vögel nicht zu gefährden, hat man beim Giftlegen darauf zu achten, daß die Körner möglichst tief in die Mauslöcher hineinrollen. Gut haben sich auch Dränröhren zur Aufnahme der Köder bewährt; man legt sie möglichst versteckt unter Pflanzenbüscheln aus oder verblendet sie durch Überdecken mit Reisig.

Ein zuverlässiger Helfer im Kampf gegen allerlei Schädlinge und zudem ein lieber Geselle ist der Igel. Eine Igelfamilie gehört mit zum putzigsten Tierschatz, den man im Garten haben kann.

Die schon erwähnten Maulwurfsgrillen oder Werren, gebietsweise auftretende und gefürchtete Gartenschädlinge, denen neben allen möglichen Pflanzen besonders die Triebe der Zwiebeliris eine Leckerspeise sind, nisten sich leider nur allzugern auch im Steingarten ein. Mit Hilfe besonderer Bekämpfungsmittel des Handels werden wir dieses Gesindel los. Auch die kleinen braunen Wiesenameisen, die besonders bei feuchtem Wetter in den Steingarten ziehen und für ihre unterirdischen Baue dichte Polsterpflanzen als Schutzdach aussuchen, haben manchem Gartenbesitzer schon viel Ärger bereitet. Aber heute gibt es gute Mittel gegen Ameisen. Die lästigen Erdflöhe treten in manchen Jahren während Trockenzeiten im Frühling geradezu verheerend auf und können binnen kurzem den Flor von Kreuzblütlern (*Alyssum, Arabis, Aubrieta* usw.) zerstören, wenn man nicht durch Stäuben schützend eingreift.

Unermüdlich ist auch der Kampf gegen Schnecken aller Art zu führen. Eine besondere Vorliebe haben diese Weichtiere vor allem für feine *Campanula*-Arten. Nur wenn wir regelmäßig vorbeugend eines der Schneckenmittel ausstreuen, können wir uns der Plage erwehren. Natürliche Feinde der Schnecken und Asseln sind die braunen Erdkröten und die Frösche; sie sind deshalb willkommene Gartengäste, denen jeder Schutz zuteil wird. Im Steingartentümpel finden sie die beste Voraussetzung für ihre Vermehrung.

Natürlich besetzen wir jedes Steingartenbecken, sofern es groß genug ist, mit Fischen. Sie beleben nicht nur das Wasser, sondern sind zugleich eifrige Vertilger der Mückenbrut. Ihrer lebhaften Färbung wegen, die sie auch noch in der Tiefe des Wassers sichtbar macht, sind Goldfische am beliebtesten. Sie sind jedoch ziemlich träge und keine eifrigen Larvenjäger. Heimische Fische, Stichlinge, Elritzen und Bitterlinge, sind viel aktiver; sie verlangen aber stets Frischwasser und vertragen keine Wassertemperaturen über 20 °C. Sehr anspruchslos dagegen und sich auch in kleinen Behältern den Sommer über im Freien wohlfühlend, sofern die Wassertemperatur wenigstens 15 °C beträgt, sind die Paradiesfische (Makropoden) aus China. Sie müssen aber unbedingt im Herbst wieder herausgefangen und im Zimmeraquarium überwintert werden, während die anderen Fische, sofern keine Gefahr besteht, daß das Becken bis zum Grund gefriert, im Freien bleiben können. Sie überleben, am Grund verharrend, schadlos.

Das Alpen- oder Heilglöckel (Cortusa matthioli), verwandt mit den Primeln, ist ein weltweiter Wanderer, denn es kommt von den Westalpen bis nach Nordostasien vor. Bei uns besiedelt es, sehr sporadisch, im lockeren Humus wurzelnd, das Grünerlengebüsch. Auch im Garten verlangt diese Kleinstaude einen absonnigen, etwas feuchten Platz.

Gang durch das Steingartenjahr

Niemand wird und kann das Ende des Winters mehr herbeisehnen als ein Steingartenbesitzer! Wohl hatte auch das winterliche Steingartenreich seine Reize; besonders an frostigen Tagen bei Rauhreif, wenn die Polster und Rosetten, Stengel und Zweige filigranartig geschmückt waren oder wenn eine weiche Schneedecke alles vermummte und alle Härten abrundete. Dann wirkten auf der weißen, ruhigen Fläche das bizarre Zweigwerk kleiner Laubgehölze, die feinen Halme vereinzelter Gräserhorste mit ihrem edlen Linienspiel und die dunklen, geduckten Gestalten der Zwergkoniferen so überzeugend und vornehm wie allerbeste japanische Schwarz-Weiß-Kunst.

Doch mit der Länge des Winters steigert sich die Sehnsucht nach Farbe und Leben, nach Blühen und Grünen mehr und mehr. Ist endlich einmal das Eis gebrochen, im Januar oder Februar eine milde Wetterperiode eingeschaltet, oft nur für Tage der Boden frost- und schneefrei, so drängt es uns hinaus zu unseren Lieblingen in den Garten. Schon wenige Wärmegrade haben genügt, um aus den Knospen am sparrig ausgreifenden Gezweig der Zaubernuß *(Hamamelis japonica)* gelbe Blüten entschlüpfen zu lassen. Ganz zauberhaft wirkt dieser Strauch mit seinen wie von Blumentieren dicht besetzten kahlen Zweigen. Die so zart aussehenden feinstrahligen Blüten vertragen ohne weiteres Kältegrade bis $-6\,°C$, wenn von Schnee bedeckt, sogar bis $-10\,°C$.

Wir lüften die Winterdecke von Koniferenzweigen oder Kiefernadeln dort, wo die ersten Frühaufsteher aus dem Staudenreich ihre Plätze haben und sind beglückt, wenn wir entdecken, daß *Adonis amurensis* seine braungrünen Knospenkugeln schon empordrangt, *Cyclamen coum* bereits die Köpfchen mit den spitzen, karminfarbigen Schnäbelchen hebt und die frühesten Zwiebeliris *(Iris bakeriana, I. danfordiae, I. reticulata* und *I. histrioides)* mit spitzen Trieben kühn schon den winterlichen Boden durchbrochen haben. Es ist nicht ratsam, jetzt schon die Deckzweige ganz zu entfernen. Durch ihren Schatten soll die Erwärmung des Bodens durch die Wintersonne herabgemindert und damit das allzuschnell einsetzende Pflanzenwachstum verhindert werden. Es ist ja noch so früh im Jahre, und schon über Nacht kann der Winter mit Schnee und Eis zurückkehren. Vor März sollen wir deshalb mit der Entfernung des Winterschutzes nicht beginnen; auch dann halten wir immer noch einige Deckzweige bereit, um Frühblüher, die nun im Überfluß hervorbrechen, bei starken Nachtfrösten damit schützen zu können. Einige Kältegrade vertragen Schneeglöckchen, Krokusse, Vorfrühlingsschwertlilien und Schneerosen jedoch ohne Schaden. Wohl liegen sie nach Frostnächten schlapp, wie „gekocht", am Boden, aber sobald sich die Luft erwärmt und der Reif schmilzt, richten sie frisch und froh ihre Blüten wieder auf und stehen da, als wenn nichts geschehen wäre.

Der Anblick einer Alpenwaldrebe (Clematis alpina) beglückt uns immer, wenn wir sie im Gebirge blühend oder mit silbrigem Fruchtschmuck besetzt antreffen. Als graziöse Kletterin klimmt sie im Knieholz empor oder läßt ihre Ranken über Felsen herabwallen.

Schneerose (Helleborus niger) und Schneeheide (Erica herbacea).

Gleich nach dem Abdecken beginnt die Frühjahrsreinigung im Steingarten. Jedoch im Natursteingarten, über dem ja der Hauch des Natürlichen, Von-selbst-gewachsen schweben soll, soll es kein radikales Großreinemachen sein. Hier müssen wir – im Gegensatz zum architektonischen Garten, wo Sauberkeit am Platze ist – behutsam zu Werke gehen, wollen wir nicht die feinen Stimmungen und Klänge, den Zauber, der über unserem Garten liegt, zerstören. Was schadet es, wenn wir den braunen Kranz alter vertrockneter Blätter, der die austreibenden Pelzanemonen umgibt, nicht entfernen? Wir lassen das „Pflanzennest", in dessen Mitte die grauzottige Knospenbrut sich drängt, unberührt. Gerade im Gegensätzlichen liegt meist der Reiz! Auch bei Farnen lasse man die vorjährigen Wedel möglichst an der Staude und entferne sie – wenn überhaupt – erst dann, wenn sich das junge Wedelwerk ganz entfaltet hat. Bei der Beseitigung von ausgesprochen häßlich wirkenden toten, „schwarzen" Blättern von Bergenien oder von *Brunnera macrophylla* haben wir natürlich keine Hemmungen. Auch soll das alte Blatt- und Stengeldickicht von *Epimedium*, das uns teils in seinen bronzefarbenen Herbsttönen, teils als wintergrüner Schmuck erfreute, jetzt möglichst bald dicht über dem Boden abgeschnitten werden. Die jungen Blatt- und Knospentriebe erscheinen schon früh und können ihre zarte Schönheit nur dann ungehemmt entfalten, wenn sie nicht von dem vorjährigen Gerüst behindert werden. Natürlich werden wir alle erfrorenen, abgestorbenen Zweige von Ginster, Sonnenröschen usw. bis zum grünen Holz zurückschneiden und auch sonstige Schäden, die hier und dort allzu strenge Winterkälte hervorgerufen hat, beseitigen. Meist treiben die Pflanzen nach dem Rückschnitt vom Grunde her wieder aus, deshalb sei man nicht zu voreilig mit dem Herausreißen von vermeintlich toten Pflanzen. Manche Stauden lassen sich mit ihrem Austrieb von Natur aus viel Zeit, so daß wir uns nicht zu früh Sorge über ihr Ausbleiben machen sollen. Die Orchideenprimel (*Primula vialii*) z. B. erscheint mit ihren spitzen, behaarten Jugendblättern immer erst im Mai. Auch die Scheinorchis (*Roscoea*) treiben oft erst Ende Mai aus, entwickeln sich dann aber ungemein schnell.

Überhaupt, wie mannigfaltig allein der Austrieb unserer Steingartenpflanzen nicht nur zeitlich, sondern auch in Farbe und Form ist! Auch hier trifft oft der Ausspruch zu: Vorfreude ist die schönste Freude. Eigenartig hechtblau spitzen die jungen Blätter von *Mertensia virginiana* aus dem Boden; junge Stachelmohn-Rosetten (*Meconopsis*) gleichen

(1) **Galanthus elwesii**, (2) **Iris reticulata 'Blue Veil'**, (3) **Cyclamen coum** und (4) **Corydalis solida**.

wundersamen, weichen Nestern; mit geheimnisvollem, rötlichem Geperle zeigt *Sedum heterodontum* sein Erwachen an; in Form zahlloser kleiner Pyramiden oder Trichter erscheinen die verschiedenen Zwiebelpflanzen; mit frischgrünen Herzblättern begrüßt uns die Gemswurz *(Doronicum)*, und am dünnen Gezweige der Fächerahorne *(Acer palmatum)* hängen schlaff, zart wie frisch entpuppte Falter, die rötlichen, braunen oder blaßgrünen Blatthändchen. Besonders reizvoll ist der Austrieb der verschiedenen Farne, manche sehen mit ihren aufrollenden Blättern und Wedeln wie sich aufrichtende Kobras aus. So etwa die Hirschzunge *(Phyllitis scolopendrium)*, die es liebt, wenn wir sie in schattige Fugen und Winkel setzen, wo sie sich bald einnistet und ihre Zufriedenheit dadurch beweist, daß sie sich durch Sporenanflug an ähnlichen Stellen selbst weiter ausbreitet. Ganz kurios wirkt der Austrieb des Rüsselfarns *(Dryopteris atrata)* aus China, dessen junge, an der Spitze eingerollten, schwärzlich beschuppten Wedel schlaff herabhängen und dadurch an einen Miniatur-Elefantenrüssel erinnern.

Aus rotbraunen, knäueligen Nestern des Filigranfarns *(Polystichum setiferum* 'Plumosum Densum') entrollen sich vielfiedrige, moosartige, frischgrüne Wedel, die, besonders wenn auf ihnen in der Morgensonne die Tauperlen funkeln, geradezu märchenhaft schön sind. Und manche andere Farne, so der Pfauenfederfarn *(Adiantum pedatum)* und der Ruprechtsfarn *(Gymnocarpium robertianum)*, bilden im Austrieb dichte Miniaturwäldchen hauchzarter, an den Spitzen bischofsstabartig eingerollter Wedelchen auf bräunlichen oder meergrünen Stengelchen.

Ja, schon der Vorfrühling ist ein Höhepunkt im Steingartenjahr, man könnte allein ein Buch füllen, alle seine Freuden und Wunder zu schildern.

Doch wir wollen weiter sehen, was es nun in dieser Zeit, wenn das Wachsen beginnt, zu tun gibt. Hier und dort ist von den Mäusen oder vom Maulwurf der Boden unterwühlt und aufgewölbt und muß wieder festgedrückt werden, damit die Pflanzen nicht hohl stehen und vertrocknen. Auch manche im Herbst zu spät gesetzte Staude, die durch den Frost hochgezogen wurde und vielleicht sogar obenauf liegt, muß natürlich sofort wieder richtig eingepflanzt werden. Sind durch Frostschäden, Mäusefraß oder Fäulnis Lücken entstanden, so werden sie durch Neupflanzung geschlossen. Am besten ist es, wenn man dabei etwas vom alten Boden aushebt und durch neuen ersetzt. So verfahren wir auch dort, wo eine Verjüngung durch Teilung von lange an einer Stelle stehenden Pflanzen oder durch ein Tiefersetzen alter, hochgewachsener Horste *(Primula auricula, P. marginata, Aster alpinus* usw.*)* nötig ist. Sehr dankbar sind unsere Pfleglinge, wenn wir alljährlich im Frühjahr behutsam mit der Hand alte, kräftige Komposterde zwischen die Polster streuen. Gleichzeitig werden wir überall dort, wo Erde ausgeschwemmt wurde oder in Höhlungen versackte, neue nachfüllen.

Schier unfaßbar reich ist die Blütenfülle des Steingartens im Frühling! Nachdem der Blütenrausch von Teppichphlox, Schleifenblume, Blaukissen und Steinkraut vorüber ist, folgt Anfang Juni ein neuer festlicher Reigen: die Nelkenblüte. Die kleinen, dichten Büschelchen, grasigen grünen Matten, blaugrauen Kissen und stacheligen Igelpolster schmücken sich jetzt mit ihren kurz- oder langgestielten, oft wie Feuerwerk auseinanderspritzenden, duftigen und duftenden Blüten. Dann werfen Sonnenröschen *(Helianthemum)* ihr buntgetupftes Blumenkleid über; himmelblauer und gelber Lein, Nachtkerzen, blaugraue Katzenminze und Lavendel, Thymian und Fingerkräuter und nicht zuletzt die funkelnden Blüten der Seerosen im Becken erfreuen uns während des Sommers.

Der Herbst bringt Silberdistel-, Bergaster- und Minzenflor, dichtbesteckte Blütenteppiche verschiedener *Sedum*, edle Blumenkelche von Zeitlosen- und Herbstkrokusarten, feuriges Beerengeriesel von *Cotoneaster* und *Berberis*, letzten weißen Steinbrechflor *(Saxifraga cortusoides)* und als köstlichstes Abschiedsgeschenk: blaue leuchtende Becher der Herbst-Enziane *(Gentiana farreri* und *G. sino-ornata* und deren Hybriden*)*. Schon im Vorwinter blüht die früheste Christrose *(Helleborus niger* 'Praecox'*)* und lugt oft, von Schneeschauern überrascht, um die Weihnachtszeit, ebenso wie später ihre großblütige Schwester von den Südalpen *(H. niger* 'Macranthus'*)* zur Faschingszeit, aus dem Schnee hervor.

Die Pflegearbeiten im Steingarten während des Sommers bereiteten wenig Mühe. Unkraut- und Schädlingsbekämpfung waren unerläßlich. Durchdringend gegossen wurde stets in den Abendstunden nur während großer Trockenzeiten, häufiger jedoch haben wir durch abendliches Übersprühen die Pflanzen erfrischt und die Luftfeuchtigkeit erhöht. Allzu üppige Wachser und Wucherer, die ihre Nachbarn bedrohten, wurden durch teilweises Ausraufen oder Zurückschneiden in Schach gehalten, verblühte Blütenstände, sofern wir keinen Wert auf Samenernte legten, gleich nach dem Abblühen entfernt. Das ist besonders bei den Stauden wichtig, die durch reiche Selbstaussaat lästig werden können *(Alyssum, Papaver nudicaule, Primula denticulata* usw.*)*.

Hat uns diese oder jene Pflanzenzusammenstellung nicht befriedigt, so können wir im Spätsommer bereits entsprechende Umgruppierungen vornehmen. Da sich erfahrungsgemäß auch der Steingartenliebhaber nicht alles merken kann, so ist es am besten, wenn er sich stets Notizen macht über das, was er ändern oder sich anschaffen wollte. Wenngleich die beste Pflanzzeit für Alpine im Frühjahr ist, kann man auch im Frühherbst unbedenklich noch pflanzen. Seitdem fast alle Kleinstauden und auch die empfindlicheren Gehölze in Töpfen und Kunststoffbehältern herangezogen und dadurch mit festen Ballen geliefert werden, ist ein sicheres Anwachsen – praktisch zu jeder Zeit – ohnehin gewährleistet.

Blumenzwiebeln allerdings soll man nur im Herbst setzen. Wer seinen Garten nicht schon übervoll mit diesen beglückenden Frühlingsblumen hat (und wer hätte jemals genügend davon?), der studiere schon im Lauf des Sommers die Blumenzwiebelkataloge. Immer wieder gibt es Neueinführungen und Neuzüchtungen von diesem farbenfrohen Gartenschatz, von Krokussen (*Crocus chrysanthus*-Sorten), Wildtulpen (*Tulipa kaufmanniana*- und *Tulipa greigii*-Hybriden), Vorfrühlings-Schwertlilien (*Iris reticulata*-Sorten) und von den allerliebsten Zwergnarzissen (*Narcissus cyclamineus*- und *N. triandrus*-Hybriden). Sie alle, auch die Blausterne (*Scilla* und *Chionodoxa*), Traubenhyazinthen (*Muscari*), Fritillarien, Erythronien u. a. m. müssen im Herbst gesetzt werden, wenn sie uns im Frühling erfreuen sollen. Schneeglöckchen (*Galanthus*) pflanze man, wenn irgend möglich, schon gleich nach der Blüte im Frühjahr, herbstblühende Krokusse und Herbstzeitlosen im August.

Die letzte Arbeit ist im Spätherbst die Versorgung des Steingartens mit einer Schutzdecke. Wohl sind die allermeisten Pflanzen vollkommen winterhart, aber da man nie im voraus weiß, ob es einen schneereichen Winter gibt, der ja den Pflanzen mit seiner weichen Decke den besten und natürlichen Schutz bietet, ist es besser, man sorgt vor. Besonders auf den nach Süden geneigten Hängen und Trockenmauern sollten die wintergrünen Pflanzen, Stauden wie Gehölze, durch Bedecken mit Nadelholzzweigen, am besten Tannenreisig, gegen die Wintersonne geschützt werden. Die immergrünen Gehölze erhalten außerdem – nachdem sie, falls trockenes Herbstwetter herrschte, gründlich gewässert wurden – auf ihre Pflanzscheibe eine Schutzdecke aus Kuhmist und Laub oder Nadelstreu. Für diese Düngerschicht, die im Frühjahr nicht entfernt wird, sind alle Gehölze, besonders *Rhododendron*, sehr dankbar, da sie zugleich das Austrocknen des Bodens verhindert. Als Schutz für feinere Kleinstauden, wie *Cyclamen*, hat sich eine lockere Decke von Kiefernnadeln gut bewährt, die aber im zeitigen Frühjahr gelüftet und bald weggenommen werden muß. Bei gegen Winternässe besonders empfindlichen Pflanzen (z. B. *Meconopsis regia* und anderen mit Laubrosetten überwinternden *Meconopsis*-Arten) hat sich das Überdecken einer genügend großen Fläche mit Kunststoffolie bestens bewährt. Um schädlichen Luftabschluß zu vermeiden, empfiehlt es sich vorher eine etwas sperrige Reisigdecke auszulegen, über die dann die Folie und darauf noch Koniferengezweig gebreitet wird.

Die Pflanzen des Steingartens

Schier unübersehbar ist die Pflanzenfülle, die für den Steingarten in Frage kommt. Ebenso wie es unmöglich sein wird, alles in einem Garten zu vereinen, ist es unmöglich, alles in den folgenden Zusammenstellungen aufzuführen. Es wurde aber versucht, wenigstens all das zu erwähnen, was für den Liebhaber wie für den Fachmann besonders beachtenswert ist.

Stauden

Acaena, Stachelnüßchen (Rosaceae)

Es sind anspruchslose, jedoch Sonne und leichten Boden liebende Pflanzen aus Australien und Neuseeland, deren oberirdisch wuchernde Triebe rasch große, flache, bräunliche bzw. graue Fiederblatt-Teppiche bilden und sich im Sommer mit kugeligen, stachligen, roten Fruchtständen schmücken. Brauchbare Bodenbedecker für größere Flächen, in denen sich gut Blumenzwiebelhorste ansiedeln lassen; schön in Verbindung mit bizarren Kleingehölzen. Die beste Art ist *A. microphylla,* mit der auffallend braunrot belaubten Sorte 'Kupferteppich', auch *A. buchananii, A. glaucophylla* mit der blaugraubeblätterten Sorte 'Blue Haze' und *A. novaezealandiae* sind empfehlenswert.

Acantholimon, Igelpolster (Plumbaginaceae)

Diese immergrünen stachelpolstrigen Pflanzen Kleinasiens verlangen vollsonnigen, trokkenen Standort. Man pflanzt sie am besten in tiefe Tuffsteinlöcher, Trockenmauerfugen oder an nach Süden geneigte, möglichst steile, gut dränierte Plätze. Alle lieben mit Kalkschotter durchsetzten Boden; Ansiedlung nur mit Topfballen, Versetzen alter Exemplare erfolglos. Die schönste Art ist *A. olivieri (A. venustum)* mit grauen Stachelpolstern und frischrosa Flor. Das dunkelgrünblättrige *A. glumaceum* und das dichtwachsende, kurzblättrige, graue *A. androsaceum* wirken besonders durch ihre Kissenpolster.

Acanthus, Akanthus (Acanthaceae)

Die dekorativen Blattstauden *A. longifolius* und *A. spinosus* aus dem Orient kommen nur zur Randbepflanzung für große Anlagen in Frage. Ein Zwerg der Gattung für den Kleingarten ist *A. dioscoridis* var. *perringii* vom Taurusgebirge; seine rosalippigen Blütenkerzen werden nur 30 bis 40 cm hoch.

Achillea, Garbe (Compositae)

Besonders die silberlaubigen, weißblütigen Formen *A. ageratifolia (Anthemis aizoon),* ssp. *serbica, A. canescens, umbellata* var. *argentea* und die Hybriden × *kellereri,* × *jaborneggi* und × *kolbiana* sind wertvoll und wirken besonders neben Thymian, Glockenblumen und Ehrenpreis schön. Beachtenswert ist aber auch *A. rupestris* mit reichem, weißem Flor über grünen Fiederblättern. Alle werden nur 15 bis 20 cm hoch und blühen von Mai bis Juli.

Von den gelbblühenden Arten mit vielblütigen Dolden sind *A. tomentosa* mit goldgelben und *A. taygetea* mit zitronengelben Blü-

Adonis amurensis.

tenschirmen, beide nur 30 bis 40 cm hoch, zu empfehlen. Für größere Anlagen eignet sich auch *A. clypeolata* mit goldgelben, dichten Blütendolden auf 60 cm hohen, straffen Stielen. Alle sind äußerst anspruchslos, verlangen aber als typische Balkanpflanzen viel Sonne.

Acinos alpinus siehe bei *Satureja*

Aconitum, Eisenhut (Ranunculaceae)

In größeren Naturgartenpartien wirken das violettblaue, 120 cm hohe *A. napellus* (Sturmhut), die weiß-blaue Form 'Bicolor' und die Sorte 'Spark', die durch tiefblaue Blütenkerzen auffällt, zwischen Bergkiefern recht hübsch. Sie blühen alle im Hochsommer. Die hohen *A.* × *arendsii*, *A. fischeri* und *wilsonii* sind prächtige Herbstblüher, aber nur in großen Anlagen in der Randpflanzung zu verwenden. *A. anthora* mit feinschnittigem Laub und gelber, dichter Blütentraube wird nur 60 cm hoch und liebt mehr sonnigen Stand zwischen Kalksteinen. Elfenbeinweiß blüht das 90 cm hohe *A. septentrionale* 'Ivorine'.

Acorus, Kalmus (Araceae)

Während die üppigen Horste gelblichweißgrüner Schwertblätter von *A. calamus* 'Variegatus' nur zur Uferbepflanzung größerer Steingartentümpel verwendet werden können, passen die kaum spannhohen, dunkelgrünen grasartigen Tuffs von *A. gramineus* var. *pusillus* selbst in kleinste Anlagen. Er ist ein erstaunlicher Anpassungskünstler, der sowohl im und unter Wasser, wie auch auf dem Trockenen willig gedeiht. Reizend ist die weißbunte Variante davon: *A. gramineus* 'Variegatus'.

Actinella scaposa (Compositae)

Diese nordamerikanische Kleinstaude mit graufilziger Blattrosette und gelben Margeritenblüten auf 15 bis 20 cm langem Stengel fühlt sich in engen Felslöchern an vollsonnigem Platz am wohlsten.

Adenophora, Schellenblume (Campanulaceae)

Hübsche, einander sehr ähnelnde Glockenblumengewächse von 50 bis 70 cm Höhe für sonnige bis halbschattige Plätze. Alle Arten, z.B. *A. bulleyana, A. forrestii* und *A. tashiroi* blühen blau; besonders hübsch, aber selten, ist *A. liliifolia* var. *infundibuliformis* mit weißem Glöckchengehänge.

Adenostyles, Alpendost (Compositae)

Nur für große Naturgartenmotive an frischen, absonnigen Hängen ist *A. glabra (A. alpina)* und die noch stattlichere *A. alliariae (A. albifrons)* empfehlenswert.

Adonis, Adonisröschen (Ranunculaceae)

A. amurensis mit gelben Blüten, in der Farbvariante 'Ramosa' braungelb blühend, erscheint als früheste Art bereits im Februar-März; 2 Wochen später folgt 'Pleniflora' mit gefüllten gelben, im Herzen grünlichen Blüten. Sie lieben keinen zu trockenen Stand, dagegen fühlt sich *A. vernalis*, als Steppenbewohner, an sonniger Stelle in kalkschottergemischtem Boden am wohlsten. Eigenartig ist die kleinblumige, lichtblaue *A. brevistyla* aus Süd-Tibet; sie liebt Humusboden und während des Wachstums viel Feuchtigkeit. Alle sind wunderhübsche Frühlingsboten.

Aetheopappus pulcherrimus siehe *Centaurea*

Aethionema, Steintäschel (Cruciferae)

A. graecum, nur zweijährig, aber sich immer wieder selbst aussäend, ohne lästig zu werden, überschüttet seine kleinen Büschelchen schon im April mit lichtrosa Blüten. Auch *A. oppositifolium* blüht bereits schon im April blaßlilarosa über kriechenden, blaugrauen Polstern. Recht dankbar ist auch *A. iberideum,* es überdeckt seine dichtbeblätterten, breiten Büschelchen im zeitigen Frühling mit weißen Blüten. Am wertvollsten, ja eine der schönsten Steingartenpflanzen überhaupt, ist das halbstrauchige *A. grandiflorum* aus Persien, das sich im Juni mit süßduftenden, hellrosa, walzigen Blütenträubchen schmückt. Intensiver rosa gefärbt sind die Sorten 'Warley Rose' und 'Warley-Ruber'. Alle sind sonne- und wärmeliebend, sehr gut für Trockenmauern.

Agave, Agave (Agavaceae)

A. megalacantha und *A. parryi* sind Miniaturausgaben der bekannten amerikanischen Gattung. Beide sind genügend hart, besonders dann, wenn sie vor Winternässe geschützt werden können. Alle sind reine Liebhaberpflanzen, die infolge ihrer fremdartigen Tracht nur im Rahmen eines Sukkulenten-Sondergärtchens zur rechten Wirkung kommen. Besonders schön entwickeln sie sich im Alpinenhaus, da sie hier vor übergroßer Feuchtigkeit geschützt sind.

Ajuga, Günsel (Labiatae)

A. reptans, der bekannte heimische Günsel, bildet mit seinen Rosetten und Ausläufern bald dichte Matten, die er mit blauen Blütenquirlen im Frühsommer schmückt. Hübsch ist auch die hellrosa blühende Variante 'Rosea'. Lustig wirkt *A. reptans* 'Multicolor', der Feuersalamander-Günsel, mit bräunlichgrünen, gelb und rötlich gescheckten Blättern. Auch die weißbunte Form 'Argentea' hat ihre Liebhaber. Am wichtigsten aber ist *A. reptans* 'Atropurpurea' mit braunrotem Blatteppich, von dem sich die sattblauen Blüten gut abheben. Alle sind wertvolle Bodendecker für nicht zu trockene Lagen, besonders für „Parterreplätze" zwischen Rosenprimeln, Sumpfdotterblumen usw.

Der keine Ausläufer bildende Pyramiden-

Günsel, *A. pyramidalis*, erfreut uns durch die hübschen, regelmäßigen, enzianblauen Blütenpagoden; er kann trockener stehen, verlangt aber humosen Boden.

Ein ausgesprochener Durstkünstler ist das 1–2jährige Schlagkräutlein. *A. chamaepitys*, ein lieber sommerlicher Dauerblüher mit reingelben Lippenblüten.

Alchemilla, Frauenmantel, Taumantel (Rosaceae)

Die schönste und wirkungsvollste Art dieser wenig beachteten Gattung ist *A. mollis;* sie schmückt ihre bis 30 cm hohen, graugrünen Blattbüschel im Frühsommer mit gelbem Blütenschleier. Auch vor und nach der Blüte ist sie reizvoll, wenn auf ihren großen Blättern die Tau- oder Regentropfen funkeln. Sie ist sehr genügsam und wächst in Sonne und Schatten gleich gut. Ein anspruchsloser Bodenbedecker ist die nur 10 cm hohe *A. erythropoda*. Auch das Silbermäntele, (*A. hoppeana*) mit silberseidig behaarten, graugrünen, sieben- bis neunteiligen Blättern ist nett und, da überaus willig gedeihend, ein willkommener Lückenbüßer für viele Plätze.

Alyssum, Steinkraut (Cruciferae)

Das goldgelbe *A. saxatile* mit seinen verschiedenen Formen, dem gedrungenen 'Compactum', dem hell schwefelgelben 'Citrinum' und dem gefüllten, satt goldgelben 'Plenum' ist so bekannt und vor allen Dingen als vorzügliche Trockenmauerpflanze so beliebt, daß man nichts mehr zu seinem Lobe hinzufügen braucht. *A. murale* (*A. argenteum*) ist ein äußerst anspruchsloser, 30 cm hoher Sommerblüher, der aber durch Selbstaussaat zur Plage werden kann; *A. moellendorfianum* und *A. montanum* 'Berggold' sind kriechende Frühblüher, die zwischen Aubrietien am Sonnenhang schön wirken. *A. spinosum* (*Ptilotrichum spinosum*) ist ein kugeliges, dichtes Büschelchen, das sich im Juni mit rosa-weißen Blütchen schmückt. Alle Arten verlangen nichts weiter als einen sonnigen Standort und sind selbst mit dem dürftigsten Boden zufrieden.

Amaracus siehe *Origanum*

Anacyclus depressus, Marokko-Kamille (Compositae)

Der nordafrikanischen Heimat entsprechend ist sie ein Sonnenfreund. Aus ihrer Fiederblatt-Rosette entsprießen viele, sich dem Boden anschmiegende Margeritenblüten; nachts und bei trübem Wetter sind sie geschlossen und zeigen die rotgetönte Außenseite, bei Sonnenschein sind sie offen und strahlen in reinem Weiß. Schutz vor Winternässe.

Anaphalis, Perlpfötchen (Compositae)

Graublättrige Stauden sind immer feine Mittler für alle möglichen Farbenspiele und deshalb besonders wertvoll. Auch die allerdings 50 cm und höher werdenden *A. margaritacea* (Silberimmortelle) und *A. yedoensis* mit schmalen, weißfilzigen Blättern und die breitblättrige *A. triplinervis* mit der frühblühenden Sorte 'Sommerschnee' und die erst im Herbst blühende 'Silberregen' gehören dazu. Letztere werden nur 20 bis 30 cm hoch. Alle sind anspruchslose, bescheidene Wucherer mit weißgelben, trockenhäutigen Blüten im Sommer und stehen z. B. schön neben *Berberis thunbergii* und rotbeerigen Felsmispeln.

Anchusa, Ochsenzunge (Boraginaceae)

A. angustissima ist ein ausgesprochener Sonnenfreund, der trockenen Standort verlangt. Dort breitet er seine grünen, schmalblättrigen Rosetten handbreit aus und beglückt uns von Mai bis September mit enzianblauem Flor auf 30 bis 50 cm hohen, verzweigten Stengeln. Etwas besonderes für das Alpinenhaus spezieller Liebhaber ist *A. caespitosa*, eine endemische Art von den höchsten Bergen Kretas, die ihre flach auf dem Boden sitzenden, schmalblättrigen Büschel mit kurzstieligen, dunkelblauen Blüten schmückt.

A. myosotidiflora siehe *Brunnera*

Androsace, Mannsschild (Primulaceae)

Von diesen so überaus lieblichen Pflanzen gedeihen im Garten am willigsten die am weitest gereisten, nämlich die ausläufertreibenden Arten vom Himalaja: *A. primuloides* sowie *A. sarmentosa* mit ihren Varietäten *chumbyi* und *watkinsii* und die zierliche *A. sempervivoides*. Natürlich sind sie zur Blütezeit im Mai-Juni mit ihrem primelähnlichen rosa Flor besonders hübsch, aber auch während der übrigen Jahreszeit bereiten sie uns durch ihre interessante Wuchsform, teils auch durch die Herbstfärbung Freude. Auch die im Winter einziehende *A. lanuginosa* und die gelb und rot geäugte var. *leichtlinii (oculata)* stammen vom Himalaja; sie sind wegen ihrer Dauerblüte, die bis zum Oktober reicht, wertvoll. Eigenartig hübsch ist *A. strigillosa*, sie trägt auf langen Stengeln lockere Dolden unterseits roter, oberseits weißer Blütchen.

Von den europäischen Arten sind vor allen Dingen die Varietäten von *A. carnea*, besonders var. *laggeri* von den Pyrenäen mit moosigen Polstern und reinrosa Blüten sowie var. *brigantiaca* mit weißen und var. *halleri* mit rosa Blüten und die kleine hellrosa *A. hedraeantha* vom Balkan begehrenswert. Sie wachsen am besten in kalkarmem, humosem Boden an etwas absonnigen Plätzen. Kalk- und sonneliebend ist *A. villosa*, von der die silberzottig behaarte var. *arachnoidea* besonders schön ist, sowie *A. lactea* mit ihren weißen, auseinandergespreizten Blütenständen.

Dem erfahrenen Liebhaber und glücklichen Besitzer eines Alpinenhauses stehen in den kleinpolstrigen, hochalpinen Arten noch folgende Kleinodien, die reinsten „Puppenstubenpflanzen", zur Verfügung: *A. ciliata* mit sattrosa sowie *A. mathildae*, *A. imbricata* und *A. pyrenaica* mit weißen Blüten. Die kugelige, graugrüne *A. helvetica* läßt sich nur im engen

Androsace ciliata, ein Mannsschild der Pyrenäen.

Gehölztopf, fast in reinem Sand gepflanzt, im Glashaus am Leben erhalten, und die Kultur des Gletscher-Mannsschild, *A. alpina (A. glacialis)*, des hochalpinen Blütenwunders, ist im Tiefland ganz erfolglos.

Andryala aghardii (Compositae)

Eine 10 cm hohe Felsenstaude von den Hochgebirgen Spaniens, fühlt sich nur in praller Sonne an trockenem Platze wohl und trägt im Sommer gelbe Habichtskraut-Blüten über silbergrauen Blattrosetten.

Anemone, Windröschen (Ranunculaceae) (siehe auch *Hepatica*)

Die heimischen Anemonen gehören zu den lieblichsten Frühlingsverkündern.

Vom Buschwindröschen, *Anemone nemorosa*, sind die folgenden Gartenformen wunderhübsch: 'Allenii', weichblau; 'Blue Beauty', lichtblau mit silbriger Außenseite und bronzegrünen Blättern; 'Blue Bonnet', hellblau, großblumig, spät; 'Robinsoniana', lavendelblau; 'Lytchett Variety', beste weiße; 'Rosea', weiß, rosa getönt. Das Goldwindröschen, *A. ranunculoides* 'Superba', trägt sattgelbe Blüten über bräunlichgrünem Laub; und *A. trifolia* blüht als letzte erst im Mai reinweiß über dreiteiligen Blättern. Alle wachsen, wie im Walde, am liebsten in Lauberde im leichten Schatten. Man pflanzt die stäbchenförmigen Rhizome in Trupps im Sommer bis Spätherbst als Bodendecker unter Gebüsch zwischen Lungenkraut, Primeln, Sauerklee und Farnen.

Viel mehr Sonne verträgt *A. blanda* aus Südost-Europa, die bereits im März neben dem Amur-Adonisröschen ihre vielstrahligen, violettblauen Blüten öffnet. Auch von ihr gibt es viele Gartenformen, wohl die schönste ist 'Atrocoerulea', dunkel violettblau, bei etwas Winterschutz ganz zuverlässig und langlebig.

Das Waldwindröschen, *A. sylvestris* ist eine ausgesprochen kalkholde Pflanze, die in Sonne und Halbschatten willig gedeiht und im Mai durch ihren reichen, weißen Silberschalenflor jedermann erfreut, kann aber durch Umherwuchern auch lästig werden.

Hübsche Frühsommer-Anemonen mit aufrechten Blütendolden sind das Berghähnlein, *A. narcissiflora* und *A. rivularis* mit weißen und *A. × lesseri* mit karminroten Blütchen; sie stehen am schönsten zwischen Zwergwacholder, lieben aber nicht zu trockenen Stand.

Von den lieblichen japanischen Herbstanemonen kommen für große Steingärten eigentlich nur die 40 bis 60 cm hohen Sorten von *A. hupehensis* in Betracht, z.B. 'Septembercharm', rosa; 'Praecox', rosarot; 'Splendens', dunkelrosa. Sie blühen von August bis Oktober, wirken neben *Anaphalis*, *Cotoneaster* und *Berberis* sehr hübsch und schmücken sich nach der Blüte mit grauwolligen Samenständen. Winterschutz! Alle benötigen genügend großen Spielraum, da sie etwas wuchern und dadurch lästig werden können.

Anemonopsis macrophylla, Scheinanemone (Ranunculaceae)

Die 60 bis 80 cm hohe japanische Waldstaude mit lockeren, lilafarbenen, nickenden Blüten im August verlangt Humusboden; sie wirkt am schönsten zwischen Farnen.

Antennaria, Katzenpfötchen (Compositae)

A. dioica ist mit ihren hübschen, rosa Immortellenblütchen eine Charakterpflanze magerer Heiden, die auch im Garten am besten in sandigem, kalkarmem Boden wächst. Kräftig rosenrot blüht *A. dioica* 'Rubra'; die weißblühende *A. dioica* var. *borealis* (*A. tomentosa*), und die rosablühende Sorte 'Nyewoods Variety' verwenden wir gerne, um dichte, graue Mattenflächen zu schaffen. *A. plantaginifolia* aus Nordamerika hat wegerichartig breite Blätter und grünlichweiße Blütenköpfchen.

Aquilegia flabellata var. pumila, eine Zwerg-Akelei aus Japan.

Anthemis, Hundskamille (Compositae)

A. biebersteiniana ist mit ihren silberschimmernden Fiederblättern und goldgelben Blüten im Frühsommer auf 20 cm langen, straffen Stielen die schönste Art, großblütiger ist die Sorte 'Tetra', klein und hübsch ist die weißblütige *A. carpatica*. Prächtig ist aber auch die 30 cm hohe bulgarische *A. sancti-johannis,* ein orangegelber Sommerblüher, wundervoll im Farbenakkord mit *Linum narbonnense*.

Anthericum, Graslilie (Liliaceae)

A. liliago und *A. ramosum* sind zierliche, anspruchslose, heimische Pflanzen des Naturgartens, wo sie neben Ginster und Gräsern, über Schneeheide und Kugelblumen im Frühsommer ihre weißen Blüten tragen.

Anthyllis, Wundklee (Leguminosae)

Im Natursteingarten sollte der Bergwundklee, *A. montana* 'Rubra', nicht fehlen; an sonniger Stelle breitet er freudig seine graugrünen Matten, über Steinen lagernd, aus und schmückt sie alljährlich im Sommer reich mit den kleeartigen, weinroten Blütenköpfchen. Anfangs ist die Pflanze schwachwüchsig; man muß Geduld mit ihr haben, die sie aber später, wenn sie festen Fuß gefaßt hat, durch ihre Schönheit und Unverwüstlichkeit belohnt.

Antirrhinum asarina siehe *Asarina*

Aquilegia, Akelei (Ranunculaceae)

Die echte Alpenakelei, *A. alpina,* ist eine wunderbare Gebirgspflanze, die aber leider im Garten ganz versagt. Was von Gärtnereien angeboten wird, ist eine Auslese von *A. vulgaris*. *A. einseleana* und *A. pyrenaica* mit blauvioletten und *A. discolor* mit hellblau und weißen Blütchen sind nur 10 bis 30 cm hohe Zwergarten europäischer Gebirge. Aus Japan stammen die 10 bis 15 cm hohe *A. akitensis* mit blaugrauen breitlappigen Blättern und blau-weißen Blüten und die ähnliche, aber höhere *A. flabellata* mit lilablauen oder milchweißen Blüten ('Nana-Alba') über dichten Blattbüscheln. Eine ganz zierliche Japanerin ist schließlich *A. ecalcarata* mit bescheidenen spornlosen, trüb-weinroten Glöckchen.

Von ganz anderem Typ sind die amerikanischen Akelei-Arten, die sich meist durch langgespornte Blüten auszeichnen, z.B.: *A. canadensis, A. formosa* und *A. shockleyi* mit bizarren, orangeroten und gelben Blüten. Die nur 10 bis 15 cm hohe *A. scopulorum* mit langgespornten, aufrechten Blüten wirkt wie eine zwergige *A. caerulea*.

A. caerulea und viele weitere Arten werden zu hoch und passen am besten in Staudenrabatten. Auch die erwähnten kleinen Arten fühlen sich an Stellen, wo sie vor starker Mittagssonne Schutz haben, in humusreicher Erde am wohlsten. Alle sind durch ihr schön geschnittenes Blatt wie durch ihre graziösen Blüten auffallend und liebenswert und wirken am besten, wenn sie etwas isoliert, in Felsenwinkeln oder von Zwerggehölzen begleitet, stehen.

Arabis, Gänsekresse (Cruciferae)

Die gefüllte *A. caucasica (albida)* 'Plena' mit ihrem weißen Blütenschaum, auch die buntblättrige 'Variegata', die zarte 'Rosea' und 'Rosabella', die kräftig karminrosafarbene 'Monte Rosa', die großblumige, einfache 'Schneehaube' sind vorzügliche, vielgeschätzte Blütenpolster des Frühlings für alle möglichen Zwecke, ganz besonders auch für dekorative Anlagen. Kräftig rosa und später blüht *A. aubrietioides* und die leider nicht sehr langlebige, karminfarbene amerikanische *A. blepharophylla*.

A. procurrens, ein üppiger Wachser mit glänzend grünen, schmalblättrigen Matten und lockerem, weißem Flor fühlt sich auch an halbschattigen Stellen wohl. Ähnlich, jedoch gedrungener und großblumiger ist die sehr hübsche und zierlichere *A. ferdinandi-coburgi,* eine Gebirgswaldpflanze Bulgariens, wie die vorher genannte Art ein wertvoller, immergrüner Bodendecker. 'Variegata' hat im Sommer auffallend weißbunte, im Winter rötlich überlaufene Blätter. Kalkfelssiedler für sonnige Plätze sind die zottig behaarten, weißblühenden Polsterpflanzen *A. androsacea* und *A. bryoides*.

Arenaria, Sandkraut (Caryophyllaceae)

Alle Arenarien sind rasig oder polstrig wachsende Frühsommerblüher. Die schönste Art ist *A. montana* aus Griechenland und Kleinasien. Sie bedeckt ihre flachen Rasen im Mai-Juni mit großen Blütenschälchen und ist ein wertvoller Nachbar für Thymian, Leberbalsam und Zwergglockenblumen. Viel feiner und zierlicher ist *A. balearica,* die absonnige Felsen moosartig überspinnt und ihre Blütchen auf 3 bis 5 cm hohen Stielchen trägt; sie ist oft nicht ganz winterhart, sorgt aber durch Selbstaussaat für ihr Weiterbestehen. Reizend ist auch *A. gracilis.* Alle blühen weiß.

Ausgesprochene Sonnenkinder sind *A. tetraquetra* von den Pyrenäen und die noch kleinere *A. tetraquetra* var. *granatensis (A. nevadensis)* von den Gebirgen Ost- und Südspaniens. Man setzt sie am besten in löchrige Tuffsteine, die sie dann mit ihren aus wunderhübschen, graugrünen Rosettensternchen zusammengesetzten, flachen Polstern überzieht und mit sitzenden, weißen Blütchen bedeckt.

Armeria, Grasnelke (Plumbaginaceae)

Es gibt von *A. maritima,* dieser genügsamen Staude unserer Strandwiesen, eine Menge Gartensorten: 'Alba', weiß; 'Düsseldorfer Stolz', satt purpurrosa; 'Rosea Compacta', karminrosa, 20 cm hoch; die nur 15 cm hohe, leuchtend karminrosa blühende 'Frühlingszauber'. *A. latifolia* 'Bees Ruby' hat graugrüne Blätter und rosarote Blütenköpfe auf 30 cm langen Stielen. Alle sind als Einfassungspflanzen beliebt, aber auch hübsch im Steingarten, um mit ihnen „Rasenflächen" zu schaffen, in die man allerei Zwiebelpflanzen einsprengen kann.

Viel zierlicher und empfindlicher ist die Art *A. caespitosa,* eine entzückende Hochalpine der Pyrenäen; sie umhüllt ihre zwergigen Kugelpolster im Mai mit hellrosa Blüten; die Sorte 'Rubra' blüht dunkelrosa. Nicht so empfindlich und nur etwas üppiger ist die Hybride *A.* × *suendermannii;* im Mai bildet sie einen frischrosa Blütenball. Beide wollen zwischen Steinen sitzen und einen recht trockenen und sonnigen Stand; ihre volle Schönheit entfalten sie im Steintrog oder im Alpinenhaus.

Arnebia echioides siehe *Echioides*

Arnica, Arnika, Wohlverleih (Compositae)

A. montana, die wunderbare, goldgelb blühende Wildstaude, ist im Garten ein sehr anspruchsvoller Kostgänger; sie gedeiht nur, wenn man ihr kalkarmen Humusboden bietet und sie mit Regenwasser gießt; hält sich im Garten aber meist nicht länger als 2–3 Jahre, läßt sich jedoch leicht aus Samen heranziehen. *A. sachalinensis* und die meisten anderen Arnica-Arten sind dagegen gefährliche Wucherer, vor deren Anpflanzung man warnen muß.

Artemisia, Beifuß (Compositae)

Verlockend schön sind die silberblättrigen, kleinbüscheligen Arten, wie z. B. *A. nitida, A. splendens* var. *brachyphylla* und *A. laxa (A. mutellina),* die Edel- oder Silberraute; sie wollen aber alle unbedingt erhöht, frei und luftig stehen und sehr durchlässigen sandigen Boden, da sie sehr nässeempfindlich sind. Wesentlich leichter wächst *A. schmidtiana* 'Nana' aus Japan; sie bildet mit ihren tiefschnittigen Blättern weiche Silbermatten. Geradezu wuchernd ist die 20 cm hohe *A. pontica* und die duftig hellgraue, bis 40 cm hohe Büschel bildende *A. vallesiaca.* Letztere ist eine der wertvollsten silbergrauen Pflanzen und wirkt prächtig in Gemeinschaft mit *Linum perenne* und *Avena sempervirens.* Auch *A. stelleriana* mit niederliegenden, schneeweißfilzigen Trieben und breiten Blättern ist sehr brauchbar. In großen Anlagen läßt sich auch die 70 cm hohe Hybride 'Silver Queen' z. B. neben Bergastern, gut verwenden. Als „Schnittgrün" sind ihre Triebe wertvoll für Blumengebinde und Blumengestecke.

Asarina procumbens, Felslöwenmaul (Scrophulariaceae)

A. procumbens (Antirrhinum asarina) ist ein Felssiedler, der sich besonders gut für sonnige und halbschattige Trockenmauern eignet. Bis 1 m lang läßt er seine Triebe mit hellgelben Blüten herabpendeln. Wintert gelegentlich aus, sorgt aber durch Selbstaussaat für seine Vermehrung.

Asarum, Haselwurz (Aristolochiaceae)

A. europaeum, die bescheidene Waldstaude, kann im Steingarten als Lückenbüßer verwendet werden. An ungünstigen Schattenplätzen, wo gar nichts mehr wachsen will, z.B. unter Bergkiefern, deckt sie mit immergrünen, dunklen Blättern den nackten Boden.

Asclepias, Seidenpflanze (Asclepiadaceae)

Es gibt nur wenig Blüten, die ein solches Farbenfeuer ausstrahlen wie die satt orangegelben Blütenschirme von *A. tuberosa*. Die ganze Sonnenfülle ihrer Heimat, der nordamerikanischen Prärie, spiegeln sie wider. Besonders satt braunrot ist die Sorte 'Vermillon', die 40 cm hoch wird. Natürlich will sie einen trockenen, vollsonnigen Platz; man pflanze sie zwischen blaugraue Gräser, und man wird an dieser Prachtpflanze seine Freude haben. Winterschutz durch eine Laubdecke!

Asparagus, Schmuckspargel (Liliaceae)

Fast alle Arten sind für den Steingarten zu hoch und krautig; empfehlenswert ist nur *A. tenuifolius,* der seine aufrechten, 30 bis 40 cm hohen, feinblättrigen Triebe im Herbst goldgelb verfärbt, sie mit großkugeligen, roten Beeren behängt und besonders hübsch neben *Cerastium tomentosum* wirkt; da aber beide etwas wuchern, nur für größere Anlagen zu empfehlen. Als Schnittgrün eignen sich Triebe dieses Zierspargels vorzüglich zur Verwendung in Blumensträußen.

Asperula, Meister (Rubiaceae)

Der Waldmeister (früher *A. odorata,* heute *Galium odoratum*), kann durch Umherwuchern lästig werden, er eignet sich nur für große Anlagen und gehört neben Akelei, Türkenbund und Farnen in die Schattenecke. Im Steingarten pflanzen wir an den Sonnenhang, z.B. neben Bergastern, den Färbermeister, *A. tinctoria,* eine 30 bis 50 cm hohe, dünngliedrige Staude mit weißen Doldenrispen im Juni. Doch er ist nur eine schliche Schönheit gegen seine Verwandten von den sonnendurchglühten Bergen Griechenlands, die Felsenpflanzen *A. nitida* mit krausen, dunkelgrünen Polstern und dichtem rosa Blütenschmuck und *A. arcadiensis (A. suberosa)* mit dünnen, wollig beblätterten Triebchen, die im Mai lachsrosa, langröhrige Blütchen tragen. Alte blühende Polster von letzteren sind geradezu märchenhaft schön und gehören mit zum köstlichsten, was ein Steingarten beherbergen kann. Alles, was dieses Kleinod verlangt, um sich wohlzufühlen, ist eine sonnige Felsennische, eine Trockenmauerfuge oder ein etwa hühnereigroßes, mit sandiger Erde gefülltes Felsenloch. Leider kann ein Platzregen im Mai die ganze duftige Blütenpracht im Freien verderben, während sie uns im Alpinenhaus volle zwei Wochen lang in strahlender Schönheit erhalten bleibt. Empfehlenswert ist auch *A. hirta* von den Pyrenäen; mit ihren lockeren, grünen Polstern, die sie im Mai mit rosig weißen Blüten schmückt, lassen sich ganze Felsfugen füllen, *A. lilaciflora* var. *caespitosa* aus Kleinasien liebt eher flachen oder nur wenig geneigten Stand, sie umkränzt ihre nadelblättrigen, dunkelgrünen Kissen im Frühsommer mit langandauerndem, rosafarbenem Flor.

Asphodeline, Junkerlilie (Liliaceae)

A. balansae mit grauweißen, *A. lutea* mit gelben, unverzweigten und *A. liburnica* mit verzweigten Blütenkerzen über grasartig dünn beblätterten Stengeln sind 50 bis 80 cm hohe, dekorative Stauden des Südens. Es sind ausgesprochene Wildstauden für den Sonnenhang, wo sie als Einzelpflanzen oder in ganzen Trupps neben Zierlauch, Palmlilien, Opuntien und Gräsern ausgezeichnet wirken.

Asphodelus, Affodill (Liliaceae)

A. albus ist eine Charakterpflanze der Bergwiesen der Südalpen und des Balkans mit 1 m hoher, weißer Blütenkerze und lauchartigen, graugrünen Blättern, die im Sommer einziehen. Im großen Naturgarten wirkungsvoll vor Bergkiefern.

Aster, Sternblumen, Aster (Compositae)

Am frühesten blüht *A. bellidiastrum* (*Bellidiastrum michelii*), das Alpenmaßliebchen, ein schlankstengeliges, großes Gänseblümchen, bestimmt keine auffallende Schönheit, jedoch liebenswert; es verlangt etwas beschattete, feuchte Plätze.

Der Flor der Alpenastern, *A. alpinus,* ist im Gebirge wie im Garten im Mai-Juni ein beglückendes Erlebnis. Die Gartensorten 'Albus', weiß, 'Susanne', weiß gefüllt, 'Abendschein', rosarot, 'Frühlicht' und 'Dunkle Schöne', tiefviolett, sind besonders schön. Wir gesellen ihnen als Nachbarn Edelweiß und *Dianthus sylvestris* hinzu.

Hübsch ist auch die hellila Hybride *A. × alpellus*, die den Flor fortsetzt. Schöne Frühlings- und Frühsommerblüher sind die 40 bis 50 cm hohen Himalaja-Astern *A. tongolensis* (*A. subcaeruleus*) 'Leuchtenburg', 'Wartburgstern' und 'Sternschnuppe', *A. farreri* 'Berggarten' und *A. yunnanensis* 'Napsbury', deren vielstrahlige, dunkellila Blüten mit orangegelber Mitte ein schöner Garten- und Vasenschmuck sind.

Im Spätsommer freuen wir uns über den üppigen Flor der Bergastern, *A. amellus.* Ihre verschiedenen Violettöne sind uns sehr willkommen, und ihnen folgt dann die üppige Blüte der Zwerg-Herbstastern, *A. dumosus.* Sie gleichen halbkugeligen Blütenbällen in

Rosablühende Alpenaster (Aster alpinus 'Happy End').

Weiß, Rosa und Violettblau und locken Scharen von Bienen und Schmetterlingen an. Man wird sie in erster Linie im formalen Steingarten verwenden, auch sind es vorzügliche Einfassungspflanzen für Staudenbeete.

Mehr Wildpflanzencharakter hat die gleichfalls büschelig wachsende, nur 30 cm hohe *Aster sedifolius* 'Nanus' mit ihren lavendelbauen oder rosa (*A. sedifolius* 'Nanus Roseus') Blütensternchen, und ein echtes Wildniskind ist die Goldaster, *A. linosyris,* die im Spätsommer auf schwanken, 40 bis 50 cm hohen Stielen gelbe Blütendolden trägt. *A. andersonii* aus Nordamerika ist wegen seiner frischgrünen, kurzblättrigen, sehr dichten Matten empfehlenswert.

Astilbe, Prachtspiere (Saxifragaceae)

Die nur 40 bis 50 cm hohen, graziösen *Astilbe*-Simplicifolia-Hybriden in Weiß und verschiedenen Rosa-Tönen sind für den formalen

Steingarten geeignet. Man pflanze sie an leicht beschatteten Plätzen neben *Epimedium* und Farnen.

A. × *crispa* 'Liliput' und 'Perkeo' mit gekräuselten Blättern und rosa Blütenrispen, nur 15 cm hoch werdend, sind mehr kurios als schön. A. *chinensis* var. *pumila* aus Tibet, nur 30 cm hoch, bildet dichte Siedlungen; ihre schlanken, lilarosa Blütenstände wirken aber etwas steif; sie ist jedoch als Spätblüher (August-September) wertvoll. Viel zierlicher ist die nur 10 cm hohe A. *glaberrima* var. *saxatilis* aus Japan, ihre dunkelgrünen, bizarren Fiederblättchen bilden dichte Büschelchen, über denen im Juli aufrechte, rosa Blütenrispen stehen. Hübsch ist die 30 cm hohe 'Sprite', hellrosa; ihre feinzerteilten Blätter sind bronzefarben getönt.

Astragalus, Tragant (Leguminosae)

Von den vielen halbstrauchigen und staudigen Arten seien nur zwei genannt: A. *angustifolius*, der dicht-stachelpolstrige Geselle, der sich gern in praller Sonne über Boden und Steine legt, dem es nie zu heiß und zu trocken werden kann, ja der sich erst dann anschickt, seine 10 bis 15 cm hohen Nadelkissen mit weißen Blüten zu schmücken. Auch A. *centralpinus* (A. *alopecuroides*) ist sehr wärmeliebend, treibt aber bis 80 cm hohe, dicke Triebe empor und setzt in die Achseln der vielfiedrigen Blätter dichtwollige, gelbe Blütenkugeln – eine schöne Wildstaude, die gut auf den sonnigen Naturgartenhang paßt.

Astrantia, Sterndolde (Umbelliferae)

A. *bavarica*, A. *carniolica* und A. *minor* sind nur 20 cm hohe Kleinausgaben der Gattung, Pflanzen für Liebhaber, die Spaß am feinen Schnitt der Blättchen und am weißen, zierlichen Flor haben. Alle lieben etwas Schatten und humosen Boden und lassen sich gut als Zwischenpflanzung von Kleinsträuchern verwenden.

Athamanta haynaldii, Augenwurz (Umbelliferae)

Wie ein Filigranwerk wirkt im Sommer der weiße Spitzenflor über den 20 cm hohen, grünen feinfiedrigen Blattbüscheln von A. *haynaldii*. Man setze dieses Sonnenkind am besten in ein tiefes, senkrechtes Tuffsteinloch oder auf eine Trockenmauer, und man wird jahrzehntelang Freude damit haben.

Aubrieta, Blaukissen (Cruciferae)

Es erübrigt sich, über die Pracht und Vorzüge dieser für Trockenmauern und Terrassengärten unentbehrlichen, bekanntesten Polsterpflanzen viele Worte zu verlieren. Von den vielen Sorten gelten die folgenden mit als die besten: in blauvioletten Tönen 'Schloß Eckberg', 'Neuling', 'Blue Emperor', 'Dr. Mules', 'Tauricola'; in rosa- und purpurroten Tönen 'Frühlingslied', 'Rosenteppich', 'Rosengarten', 'Feuervogel', 'Vesuv' und die halbgefüllt blühende 'Frühlingszauber'. Mit *Arabis albida*, *Iberis*, Polsterphlox und besonders in enger Benachbarung mit *Alyssum* entstehen im April–Mai wahre Farbenorgien.

Azorella, Andenpolster (Umbelliferae)

A. *trifurcata* ist ein kurioser, zwergiger Doldenblütler von der Südspitze Südamerikas, der aus steifen, stacheligen Rosettchen dichte, immergrüne Matten zusammensetzt. Die kleinen, gelblichen Blütchen sind wirkungslos, aber die großen, glänzend sattgrünen Polster in der Blütenfülle des Steingartens ein angenehmer Ruhepunkt. Auffallend schön auch während des Winters bei Rauhreif.

Zwei Schönheiten mit ähnlichen Ansprüchen, Sonne und Trockenheit. Oben: Convolvulus boissieri, eine mattenbildende Winde. Unten: Das Zottige Habichtskraut (Hieracium villosum).

Bellis, Maßliebchen (Compositae)

Von unserem Gänseblümchen, *Bellis perennis,* sind die kleinblumig gefüllten Sorten 'China Pink', rosarot, und 'Brillant', dunkelrot, reizende Dauerblüher des Frühlings, die wir gerne in kleine Steingartenbeete einfügen. Man muß sie öfters teilen und umsetzen. Niedlich ist auch das bläulichweiße Gänseblümchen, *B. rotundifolia* 'Coerulescens', das etwas feuchten Standort liebt.

Bergenia, Bergenie (Saxifragaceae)

Die Bergenien gehören mit zu den robustesten Gartenstauden, die mit jedem Boden und jedem Standort in Sonne und Schatten zufrieden sind. Durch ihren eigenartigen Habitus, die großen, fleischigen Blätter und Blüten, wirken sie jedoch etwas fremd und sind nicht jedermanns Geschmack. Aber in umfangreichen Steingärten neben großen Steinblöcken, besonders in Wassernähe (jedoch nicht an nassen Stellen) oder auch zur großzügigen Bepflanzung von Trockenmauern eignen sie sich bestens. Die schönsten sind: *B. pacifica, B. purpurascens* (*B. delavayi*) und die Sorten 'Abendglut', 'Morgenröte' und 'Silberlicht'. Kompakt wachsend sind die rosablühenden Sorten 'Baby Doll' und 'Bressingham Bountiful'.

Biscutella, Brillenschötchen (Cruciferae)

B. laevigata, die im Mai-Juni blühende, anspruchslose, an *Alyssum* erinnernde alpine Trockenrasenpflanze, wirkt durch das heitere, helle Gelb ihrer lockeren, 20 cm hohen Blütenstände hübsch zwischen Alpenastern. Niedlich sind auch ihre brillenförmigen Samenstände.

Bletilla siehe Orchideen

Briggsia, Briggsie (Gesneriaceae)

B. aurantiaca (*B. penlopii*) aus Südostasien, ist wie die europäischen Gesneriengewächse eine Rosettenpflanze mit runzeligen, glänzenden, etwas behaarten Blättern. Die im Mai-Juni erscheinenden lichtgelben, innen rotgetupften, röhrig-glockigen Blüten mit 3zipfeliger Lippe ähneln etwas den gelbblütigen *Digitalis*-Arten. Eine reizvolle Liebhaberpflanze für klimatisch begünstigte Gegenden, sonst am sichersten im temperierten Alpinenhaus zu halten. Kulturansprüche wie *Ramonda,* liebt aber im Sommer mehr Feuchtigkeit.

Brunnera macrophylla, Kaukasusvergißmeinnicht (Boraginaceae)

Dieser Frühlingsblüher mit großen herzförmigen Blättern liebt leichtbeschattete Stellen und frischen Boden, sein duftig blauer Blütenschleier wirkt besonders neben *Geum coccineum* und *Epimedium sulphureum* ganz entzückend, kann aber durch Selbstaussaat lästig werden.

Buglossoides purpurocaeruleum siehe bei *Lithospermum*
Bulbinella hookeri siehe *Chrysobactron*

Buphthalmum, Ochsenauge, Compositae

Als ausgesprochene Felspflanze der Südalpen will *B. (Telekia) speciosissimum* an recht sonniger Stelle, eng in Fugen eingezwängt, im Steingarten sitzen. Es wird nur 20 bis 30 cm hoch und schmückt sich über derben, breitovalen Blättern im Juni–Juli mit großen, orangegelben Blüten. *B. salicifolium,* durch seine auf 50 cm hohen straffen Stielen

---

Oben: Wenig bekannt sind die gelbblühenden Leinarten, eine der schönsten ist Linum campanulatum, sonneliebend und nur 10 cm hoch werdend. Unten: Menziesia ciliicalyx, ein Heidekrautgewächs aus Japan.

Bergenia purpurascens im bunten Herbstschmuck.

stehenden strahligen, gelben Blüten ein herrlicher Schmuck frühsommerlicher Bergwiesen der Kalkalpen, wirkt auch im – möglichst geräumigen – Steingarten recht schön.

Calamintha siehe *Satureja*

Calandrinia umbellata, Calandrinie (Portulacaceae)

Peru ist die Heimat dieser empfindlich scheinenden, jedoch genügend winterharten, 10 bis 15 cm hohen Pflanze. Über schmal-linealen Blättern trägt sie von Juli bis September leuchtend rotviolette Blütchen; hübsch ist auch die Farbvariante der Sorte 'Amaranth'. Am besten wirkt dieser wertvolle, sonnenliebende Dauerblüher in Gemeinschaft mit *Sedum, Sempervivum* und anderen Sukkulenten. Schutz vor Winternässe!

Calceolaria, Pantoffelblume (Scrophulariaceae)

Von dieser originellen südamerikanischen Gattung sind die rosettige *C. biflora,* die Ausläufer treibende *C. polyrrhiza* und die groß-

blütigere Hybride 'John Innes' genügend winterhart, wenn sie eine Schutzdeckung bekommen. Der Pflanzenliebhaber hat an den Blüten im Sommer, den niedlichen, gelben Pantöffelchen, seine Freude. Hübsch neben *Mazus* und *Mimulus cupreus,* die dieselben Ansprüche haben: frisch bleibenden, aber nicht nassen, mit Kies durchsetzten, moorigen Boden und vor Mittagssonne geschützten Stand. Für die Kultur im Alpinenhaus kommen noch etliche andere interessante Arten in Betracht. So z. B. *C. arachnoidea,* die Spinnweb-Pantoffelblume, ein Unikum der Gattung, da die ganze Pflanze weißwollig bekleidet ist; die in Doldentrauben vereinten Blütchen sind dunkelpurpurn. *C. darwinii* vom Feuerland trägt über lockerem Blattrosettchen auf nur 5 cm hohem Stengel ein entzückendes Blumengebilde, ein gelb-brauner Zwerg mit weißer „Bauchbinde", leider nicht langlebig, durch Aussaat vermehrbar und nur für erfahrene Pflanzenpfleger. *C. tenella,* von einfacher Kultur, bildet dem Boden angeschmiegte kleinblättrige, hellgrüne Matten und schmückt diese mit zitronengelbem, reichem Flor auf dünnen Stengelchen.

Callianthemum kernerianum, ein Endemit vom Monte Baldo.

Calceolaria darwinii, ein Unikum aus Feuerland und die Sumpfdotterblume (Caltha palustris) am Bachufer.

Callianthemum, Jägerblume
(Ranunculaceae)

C. anemonoides (A. rutifolium), C. kernerianum und *C. coriandrifolium* sind alpine Pflanzen für Kenner und Sammler. Ihre weißen oder zartrosa angehauchten anemoneartigen Blüten sitzen auf niedergestreckten Stengeln und erscheinen im Frühling. Nach der Blüte ziehen die Pflanzen mehr oder weniger ein; sie lieben einen schottrigen, tiefgründigen Boden.

Caltha, Dotterblume (Ranunculaceae)

C. palustris 'Multiplex', die lange blühende, gefüllte Dotterblume mit ihren sattgoldenen Blüten und die vom Himalaja stammende weißblühende *C. palustris* var. *alba* sind prächtige Farbennachbarn für die Rosenprimel. Wir setzen sie an den feuchten Uferrand des Wasserbeckens oder an den Bachlauf.

Campanula, Glockenblume
(Campanulaceae)

Das Glockenblumenthema ist mit das lieblichste im Blütenreigen des Steingartens. Wie mannigfaltig ist doch ihr lustiges Schellenspiel, bald tänzelt es luftig hoch an dünnen Stielen aufgereiht, bald sitzt es in großen Glocken dicht am Boden. Zwischen langen, schlanken Trichterformen und großen, weiten Schalen und Becherchen, ja bis zum ausgebreiteten Blütenstern gibt es alle möglichen Abstufungen. Die Farben der großen Himmelsglocke: blau, und weiß wie die Wolken, sind auch ihre Farben. Nur eine blüht eigenartig rötlich, die langröhrige *C. punctata* aus Japan.

Ihre schlimmsten Feinde sind die Schnecken, die die feinsten und zierlichsten und seltensten Arten bevorzugen und sie tückischerweise über Nacht verzehren, und die Mäuse, die robustere Arten, z. B. *C. carpatica,* während des Winters unter dem Schutze der Schneedecke verspeisen.

So verschieden wie ihre Formen ist auch die Gartenwilligkeit der Glockenblumen. Die Mehrzahl ist bescheiden und wächst zufrieden in Sonne und Halbschatten in Steingärten aller Art, auf Trockenmauerterrassen oder in deren Fugen; es sind die folgenden, nur 10 bis 20 cm hohen Arten: *C. cochleariifolia (C. pusilla), C. carpatica,* mit den bewährten, schönen Sorten: 'Blaue Clips', himmelblau; 'Karpatenkrone', silberblau und 'Weiße Clips'. *C. fenestrellata, C. garganica,* die unübertreffliche *C. portenschlagiana* (eine der allerwertvollsten Steingartenpflanzen!), *C. tommasiniana, C. turbinata* und die überreich blühenden Sorten 'Alba', schneeweiß und 'Karl Foerster', dunkelviolettblau. Überaus reich blüht auch die dunkelblaue 'G. F. Wilson', die von der etwas heiklen *C. pulla* abstammt. *C. poscharskyana* hat lange, mit sternförmigen Blüten besetzte Triebe, die sich dem Boden anschmiegen. Es gibt von dieser starkwüchsigen Art etliche gute Sorten, z. B. 'Blauranke', hellblau und 'Stella', die alle sehr anspruchslos sind, sich aber nur für größere Anlagen eignen, da sie sich rasch ausbreiten und dadurch lästig werden können. Empfehlenswert auch für kleine Steingärten und für Tröge sind die büschelig wachsenden, ganz entzückenden *C. waldsteiniana* und die Hybride *C.* × *wockei* sowie einige kaukasische Arten: *C. tridentata,* die als früheste Glockenblume uns bereits schon im April-Mai mit ihren lilablauen Blüten überrascht, und die violettblauen, einander ähnelnden *C. aucheri* und *C. saxifraga.* Nicht vergessen sei die Bartglockenblume, *C. barbata,* eine zweijährige, kalkfliehende alpine Mattenpflanze, die besonders schön mit Arnika wirkt und am besten mit dieser im Moorbeet steht.

Mehr oder weniger heikle, kleine Zwerge sind: *C. acutangula, C. allionii (C. alpestris), C. cashmiriana, C. excisa* (Kalkflieher), *C. mirabilis, C. morettiana, C. raineri* (selten echt in Kultur), und *C. zoysii.*

Höhere, 30 bis 80 cm hohe Arten, die zwischen Zwerggehölzen in der Randbepflanzung oder am Fuße der Trockenmauer stehen können, sind: C. *glomerata* 'Superba' (originell auch die am Boden sitzende C. *glomerata* 'Acaulis'), C. *persicifolia* in vielen schönen Sorten (eine unserer edelsten Wildstauden!), C. *punctata*, C. *sarmatica* und die gelblichweiße, zweijährige Strauß-Glockenblume C. *thyrsoides*.

Verführerisch lieblich sind auch die folgenden Wildarten, vor deren Anpflanzung aber gewarnt werden muß, da sie sich im Garten als gefährliche Unkräuter zeigen, wenn sie einmal Fuß gefaßt haben: C. *alliariifolia*, C. *rapunculoides*, C. *rotundifolia* und ihre Verwandten.

Cardamine, Schaumkraut (Cruciferae)

C. *pratensis* 'Plena', die gefülltblühende Form des heimischen Wiesenschaumkrautes, ist ein hübscher Gartenschatz mit zartlilafarbenem, levkojenähnlichem Flor, der gut zum Goldgelb der gefüllten Dotterblume paßt. C. *trifolia*, das Kleeschaumkraut, eine kalkliebende, etwa 20 cm hohe Waldpflanze, ist ein immergrüner, im April weißblühender Bodenbedecker für feuchte, schattige Stellen.

Carduncellus, Blaudistel (Compositae)

Interessante Kleinstauden trockener, steiniger Böden Südeuropas und Nordafrikas. C. *mitissimus* ist in Südfrankreich und auf Korsika beheimatet; dicht über dem handflächengroßen „Nest" zahlreicher, tieffiederspaltiger Blätter stehen im Mai kleine, distelartige, blaßlila Blütenköpfe. C. *rhaponticoides* stammt von den Hochlagen des Atlasgebirges in Marokko. Ihre zahlreichen, derben, dunkelgrünen, spatelförmigen Blätter mit karminroten Stielen bilden eine flache, dem Boden aufliegende, bis 30 cm große Rosette, in deren Mitte im Mai-Juni eine ca. 5 cm große, lilablaue Flockenblume sitzt. Dieses Kuriosum ist durchaus nicht heikel, verlangt aber einen sehr sonnigen, nach Süden geneigten Platz und durchlässigen Boden; durch Wurzelschnittlinge und Aussaat zu vermehren.

Carlina, Wetterdistel, Eberwurz (Compositae)

Unsere schöne, heimische Silberdistel, C. *acaulis* und die balkanische Golddistel, C. *acanthifolia*, sind prächtige, kalkholde Wildpflanzen für Naturgartenmotive, wo sie neben *Thymus, Dianthus deltoides, Gentiana cruciata* usw. gut zur Wirkung kommen. Wegen der späten Blütezeit im Sommer und Herbst sind sie uns besonders willkommen.

Celsia, Celsie (Scrophulariaceae)

Die meisten Arten sind zweijährig und für unser Klima nicht hart genug; auch C. *acaulis* aus Süd-Griechenland, die mit ihren einzelstehenden, hellgelben Blüten über der Laubrosette fast an *Primula acaulis* erinnert, ist im Freien nicht immer ganz winterfest, sicher durchwintert sie aber im Alpinenhaus.

Centaurea, Flockenblume (Compositae)

Reich ist die Flora an Flockenblumen, aber für uns kommen nur in Betracht:
C. *cana* mit weißen und 'Rosea' mit rosigen Blüten auf kurzen Stielen über silberblättrigen Matten lieben sonnige Plätze und kiesigen Boden. Die leuchtendblaue C. *montana* 'Grandiflora' und ihre weiß und rosa blühenden Gartenformen sind zwar etwas krautig im Wuchs, aber zwischen Bergkiefern doch von recht guter Wirkung. Wesentlich edler ist C. *pulcherrima* (*Aetheopappus pulcherrimus*) mit ihren graugrünen, fiederschnittigen Blättern und den duftig rosa Blüten; sie und die buschigeren C. *bella* und C. *simplicicaulis* wirken am sonnigen Hang als Einzelpflanzen oder in Gruppen vereint sehr schön. Am üppigsten ist C. *rhapontica* (*Leuzea rh.*), die prachtvolle, fast mannshohe Wildstaude der Süd- und Westalpen mit großen lilarosa Blütenköpfen und dekorativen breiten Blättern. Sie kommt nur für große Anlagen in Frage.

Die schuppigen Knospen und die Blüten aller Arten sind schöner Vasenschmuck.

Alpine Glockenblumen. (1) Campanula speciosa ist nur zweijährig. (2) C. tridentata blüht schon im Mai. (3) C. aucheri vom Kaukasus blüht besonders dankbar. (4) C. pulla aus den Ostalpen liebt etwas feuchten Boden. (5) C. cochleariifolia, die Zwerg-Glockenblume, ist die bekannteste und gartenwilligste von allen.

Campanula raineri, eine Kalkfelspflanze der italienischen Südalpen.

che braucht, um sich austoben zu können. Für große Trockenmauern, Böschungen und Mauerkronen ist ihr grauer Teppich, der im Mai-Juni dicht mit weißen Blüten überschäumt ist, unentbehrlich.

Von gebändigter Wuchsfreudigkeit, zudem durch seine silberweißen Teppiche noch auffallender und wertvoller ist C. *tomentosum* var. *columnae*. Es gehört zu den Steingartenpflanzen, die das ganze Jahr über schmuck aussehen und ist von fabelhafter Wirkung, wenn man es neben kriechendes Seifenkraut, Ehrenpreis, Glockenblumen, Zwerg-Blutberberitzen oder Felsmispeln setzt.

Centaurium chloodes, Zwerg-Tausendgüldenkraut (Gentianaceae)

Nur 5 cm hoch wird dieses reizende zweijährige Pflänzchen von den Küstenklippen und Sandstränden Westeuropas, das sich unermüdlich mit großen rosa Blütchen schmückt. Hübsch für Troggärten und das Alpinenhaus, da man es hier aus nächster Nähe betrachten kann.

Centranthus, Spornblume (Valerianaceae)

Für große, sonnige Trockenmauerflächen oder Steingartenhänge kann C. *ruber* gut Verwendung finden. Die duftigen, fleischroten Blütenstände dieser bis 60 cm hohen Staude bereiten von Juni bis September Freude, auch als Vasenschmuck.

Cerastium, Hornkraut (Caryophyllaceae)

Nur bei wenigen Steingartenstauden muß so zur Vorsicht geraten werden wie bei C. *biebersteinii*. Wird es in kleineren Anlagen angepflanzt, gewinnt es bald die Oberhand und hat, wenn nicht energisch Einhalt geboten wird, bald alles überwuchert und erstickt. Es ist eine Pflanze, die einige Quadratmeter Flä-

Campanula portenschlagiana aus Dalmatien, eine der brauchbarsten Glockenblumen für unsere Gärten.

C. *arvense* 'Compactum' ist ein nicht wuchernder Typ unseres Ackerhornkrautes, der schöne mattgrüne Polster bildet und im Frühsommer weiß blüht. C. *alpinum* var. *lanatum* hat mehr Liebhaberwert und verlangt mehr Wartung, desgl. das kalkfliehende C. *uniflorum*.

Chaenorrhinum, Zwerg-Löwenmaul (Scrophulariaceae)

C. *crassifolium* mit dicklichen, glatten Blättchen und das feinbehaarte C. *villosum* sind bescheidene, aber dankbare kleine Felssiedler, die sich besonders in Tuffsteinlöchern gerne durch Aussaat verbreiten, ohne jemals lästig zu werden. Sie werden nur 5 bis 10 cm hoch und blühen unermüdlich, trübrosa bzw. lila, den ganzen Sommer hindurch.

Chamaenerion siehe *Epilobium*

Chiastophyllum, Walddickblatt
(Crassulaceae)

Hinter dem fremdartigen Namen *C. oppositifolium (Cotyledon oppositifolia)* verbirgt sich ein schmuckes Mauerblümchen aus der Familie der Dickblattgewächse. Es wird nur 10 bis 15 cm hoch, seine Heimat ist der Kaukasus. Besonders aus absonnigen Fugen läßt es gern im Juni seine rispigen, gelben Blütenstände herabhängen.

Chrysanthemum, Wucherblume, Margerite
(Compositae)

An Stelle der Alpenmargerite, *C. alpinum,* die im Garten versagt, pflanzen wir *Matricaria oreades (Chrysanthemum oreades)* aus Kleinasien. Sie schließt sich schnell zu rasigen, grünen Flächen zusammen, die im Frühjahr zur Blütezeit wie eine Miniatur-Margeritenwiese wirken. In diese dichten Matten lassen sich Blumenzwiebelhorste von *Galanthus* und *Iris reticulata* einfügen. Besonders schön wirkt zwischen dem weißen Flor das tiefe Blau von eingesprengten *Muscari armeniacum*.

Durch seine straffgestielten Margeritenblüten über halbkugeligen Büscheln fällt *C. cinerariifolium* auf, das ebenso wie die graulaubigen buschigen *C. argenteum, C. densum* und das silbergraue, feinfiedrige *C. haradjanii (Tanacetum praeteritum* ssp. *massicyticum)* aus Kleinasien für Trockenmauern und Sonnenhänge sehr empfehlenswert ist. Prächtig und besonders für das Alpinenhaus geeignet ist das spätblühende *C. hosmariense* aus Marokko. Es hat große, weißstrahlige Blüten und silbergraue Blätter. Kleine, aber zahlreiche rosafarbene Blüten trägt das ebenfalls aus Marokko stammende, feingliedrige, 20 bis 30 cm hohe *C. gayanum*. Ein hübscher Frühsommerblüher ist *C. weyrichii* mit 7 cm breiten rosastrahligen Blüten auf 10 cm hohen Stielen. Später, im August-September blüht das ähnliche *C. zawadskyi* mit weißlichen Blüten auf verzweigten Stengeln. Noch später ist *C. arcticum;* die typische, gedrungene, 20 bis 30 cm hohe Art ist im September-Oktober mit weißen Blüten überschüttet, die Sorte 'Roseum' blüht zartrosa und 'Schwefelglanz' hellgelb; alle wirken schön in Verbindung mit *Aster dumosus*.

Von den Gärtner-Chrysanthemen *(Chrysanthemum*-Indicum-Hybriden) eignen sich die niedrigen, winterharten Sorten, vornehmlich für architektonische Steingärten.

Chrysobactron (Bulbinella) hookeri
Goldstab (Liliaceae)

Neuseeland ist die Heimat dieser 30 cm hohen Pflanze, die aussieht wie die Miniaturausgabe einer Fackellilie. Aus der lockeren Rosette rinniger Blätter entsprießen im Sommer pyramidale, goldgelbe Blütenährchen. Liebt moorigen, kalkarmen Boden und verlangt Winterschutz.

Chrysogonum virginianum, Goldkörbchen
(Compositae)

Eine 20 cm hohe, dichte Horste bildende Staude mit rauhen Blättern und gelben, an einfache Zinnien erinnernden Blüten im Sommer. Dauerblüher, aber keine auffallende Schönheit, nur für größere Steingärten.

Chrysopsis, Goldauge (Compositae)

Für trockene Sonnenplätze ist *C. villosa* var. *ruteri* aus Nordamerika ein brauchbarer, 20 cm hoher Lückenbüßer, der den ganzen Sommer über gelbe Körbchenblüten trägt. Die auch Goldaster genannte Staude ist durch Aussaat und Stecklinge vermehrbar.

Chrysosplenium, Milzkraut (Saxifragaceae)

Am Rande der schattigen Steingartenquelle oder in feuchten Felsfugen wirkt die grüne, aus rundlichen Blättern gebildete, geschlossene Bodendecke von *C. oppositifolium* var. *rosulare* recht hübsch.

Cicerbita alpina, Alpenlattich (Compositae)

In großen Naturgartenmotiven, am besten an absonnigem, etwas feuchtem Hang, gehört zu den Beständen von Bergkiefern, Eisenhut und Alpendost auch der lilablaue, mannshohe Flor des Alpenlattichs.

Cirsium, Kratzdistel (Compositae)

C. acaule, eine heimische Wildstaude, kommt nur für ausgesprochene Naturgartenpartien für den Liebhaber in Betracht. Viel schöner ist die bizarre Stachelrosette der leider nur zweijährigen Elfenbeindistel *C. diacanthum (Chamaepeuce),* die besonders gut in die Gemeinschaft von Palmlilien, Opuntien usw. paßt; einmal angepflanzt, sorgt sie an zusagenden Plätzen durch Selbstaussaat für den Weiterbestand.

Codonopsis, Glockenwinde, Tigerglocke (Campanulaceae)

Von diesem asiatischen Glockenblumengewächs gibt es viele z. T. recht hübsche Arten, die den Pflanzenfreund besonders durch die reizvolle Musterung im Blütengrunde entzücken können. *C. clematidea* und die selteneren *C. ovata* mit milchblauen und die nur 10 bis 20 cm hohe *C. meleagris* mit bräunlich genetzten hängenden Blütenglocken haben aufrechten Wuchs.

Eigenartig schön sind die schlingenden *C. vinciflora* und *C. convolvulacea* mit flachen, aufrechten lilablauen Blütenschalen. Man läßt letztere durchs Gezweig von Steingarten-Alpenrosen winden. Alle Arten haben einen auffallenden Raubtiergeruch. Am willigsten gedeiht die bis 50 cm hohe *C. clematidea;* alle anderen verlangen tiefgründigen Humusboden.

Coluteocarpus (Cruciferae)

C. vesicaria (C. reticulatus) ist ein Trockenheit liebender, zwergiger Kreuzblütler aus Kleinasien. Den weißlichen, unauffälligen Blütenträubchen im Frühling folgen große, aufgeblasene Fruchtschötchen. Nur für Liebhaber.

Convolvulus, Winde (Convolvulaceae)

Alle Winden sind schön, aber der Stolz des Alpinenfreundes ist *C. boissieri (C. nitidus)* aus Spanien. Seine silberglänzenden, dem Boden dicht angeschmiegten Matten mit hellrosa Blütenschälchen im Mai–Juni sind wirklich eine Augenweide. In kargem, sehr sandigem, kalkhaltigem Boden in voller Sonne und geschützt vor stehender Nässe fühlt er sich am wohlsten. Der unterirdisch wandernde, kleine *C. lineatus* wächst am besten in reinem Sand. Die 20 bis 30 cm hohen *C. calvertii* und *C. cantabricus* mit rosa Blüten an aufrechten Stengeln lieben etwas lehmigeren Boden; sie stehen hübsch zwischen *Linum austriacum. C. althaeoides* ist ein kleiner Schlinger mit gefingerten, silbergrauen Blättern und großen rosa Blüten; auch er will recht warm und geschützt stehen und ist so reizvoll, daß man ihm die Untugend des Umherwucherns gern verzeiht.

Coreopsis, Mädchenauge (Compositae)

In größeren Steingärten kann die bis 60 cm hohe *C. verticillata* 'Grandiflora' als wertvoller Sommerblüher verwendet werden, der mit seinem Gelb besonders neben der violettblau blühenden *Salvia × superba* gut wirkt. Die Sorte 'Zagreb' mit nadelartiger, hellgrüner Belaubung und goldgelben Blütensternen wird nur 25 cm hoch und ist auch für kleinere Gärten empfehlenswert, wo sie auf dem Staudenbeet wegen ihrer langen Blütezeit auffällt.

Der prächtige Lerchensporn Corydalis solida 'Georg Parker' (vergrößert).

Cornus, Hartriegel (Cornaceae)

Von den beiden kleinen, nur 5 bis 15 cm hohen Stauden-Hartriegel *C. canadensis* und *C. suecica* ist der erstgenannte der wertvollere. Er ist ausgesprochener Humusbesiedler; setzt man ihn in das Moorbeet, so fühlt er sich wohl und bildet dichte Siedlungen, die sowohl im Schmucke der weißen Blütensterne im Juni als auch der roten Beerenbüschel im Herbst schön aussehen.

Coronilla, Kronwicke (Leguminosae)

C. cappadocica aus Kleinasien ist von allen staudigen Kronwicken die schönste. Die 30 bis 40 cm hohe Staude mit bläulichgrünen Fiederblättchen schmückt sich im Frühsommer mit leuchtend gelben Blütentrauben und ziert dann den Sonnenhang des Steingartens.

Cortusa, Glöckel (Primulaceae)

Liebhaber zierlicher, bescheidener Blütenschönheiten haben auch am rosigen Glöckchengehänge von *C. matthioli* ihre Freude. Von den vielen Formen ist wohl *C. matthioli* f. *pekinensis* die beste. Sie liebt vor Wind und starker Sonne geschützten Stand und fühlt sich im Humusboden zwischen Alpenrosen recht wohl.

Corydalis, Lerchensporn (Papaveraceae)

Vor allem sei an *C. nobilis* gedacht, wahrlich der nobelste Lerchensporn der Gattung, er wird 30 bis 50 cm hoch und ist durch Blatt und Blüte auffallend. Wir setzen ihn zwischen das Kaukasus-Vergißmeinnicht, aus dessen Blauschleier die lustigen gelben, schwarzgetupften Blütentrauben herausragen.

C. lutea ersetzt uns mit seinem zarten Grün an schattigen Mauern das *Adiantum* südlicher Gärten, an Sonnenstellen schmückt er seine Büschel den ganzen Sommer über mit gelben Blüten. Im Habitus sehr ähnlich, aber weißlichgelbblühend ist C. *ochroleuca*. Beide Arten können durch allzu reichliche Selbstaussaat zum „Unkraut" werden und eignen sich daher besser für große Anlagen.

Farnartige Fiederblätter und gelbe, schmale Blütentrauben hat C. *cheilanthifolia,* auch er fühlt sich an absonnigen Trockenmauern recht wohl und sät sich überall dort an, wo es ihm paßt, ohne aufdringlich zu werden.

Schön, aber empfindlich und selten ist C. *cashmeriana,* ein kostbarer Schatz vom Himalaja mit leuchtend azurblauen Blüten über zarten Fiederblättern. Nur 10 cm hoch ist das Pflänzchen, es verlangt kalkarmen Boden und luftfeuchten, beschatteten Stand. Begehrenswert ist auch C. *bracteata* vom Altai, er wirkt mit seinen bleichgelben Blüten wie eine *Orchis pallens*. Der heimische Lerchensporn, C. *solida*, ist mit seinen trübpupurnen Blütentrauben wenig anziehend, effektvoller ist die weiße Form 'Alba', noch schöner und begehrenswert aber C. *solida* 'Georg Parker' ('Transsylvanica'). Frischlachsrosa sind seine Blüten, und setzt man ihn zusammen mit Zwiebelchen von *Chionodoxa luciliae* zu einer *Salix* × *wehrhahnii*, dann kann man sich im Vorfrühling an einem der reizvollsten Blumenmotive erfreuen. Alle zuletzt genannten Lerchensporne besitzen Knollen, lieben lockeren Boden und ziehen bald nach der Blüte ein. An zusagenden Stellen verbreiten sie sich durch Selbstaussaat.

Cotula, Fiederpolster (Compositae)

Wer einen neutralen, stumpfbraun-grünen, ganz flachen Bodendecker sucht, um kräftige Farben, z. B. *Mimulus cupreus* oder bizarre Zweigformen (*Corokia cotoneaster*) so recht zur vollen Wirkung kommen zu lassen, der pflanze einen Teppich von *Cotula squalida*, die grünblättrige C. *dioica*, oder C. *potentillina*. Der fiederblättrige Rasen letzterer ist im Sommer olivgrün und verfärbt sich im Winter braun. Alle haben unscheinbare Blütenköpfchen; bezgl. des Bodens sind sie anspruchslos.

Crassula milfordae, Dickblatt (Crassulaceae)

Vom Basutoland in Südafrika stammt diese zierliche Sukkulente. Sie formt aus kleinen Rosetten dichte, flache Matten, die im Sommer weiße Blütensternchen tragen und sich im Herbst rötlich verfärben. Keine auffallende Schönheit, aber für Liebhaber kleiner Besonderheiten empfehlenswert. Die Pflanze wächst ebenso willig im Alpinenhaus wie an trockenen, besonnten Steingartenplätzen. Sie ist hübsch in Verbindung mit Hauswurzarten.

Crepis, Pippau (Compositae)

C. *aurea*, der Goldpippau, hat eine löwenzahnähnliche Blattrosette und orangefarbene Blütenköpfe. Er wirkt im Garten, ebenso wie auf unseren Alpenmatten am schönsten, wenn er neben Stengellosem Enzian steht. Die gel-

Der Goldpippau gedeiht auf Kalk- wie auf Lehmböden.

ben *C. pygmaea* und *C. terglouensis* sind kleine, hochalpine Kalkschuttsiedler, Pflanzen für den Alpinenfreund.

Crucianella stylosa siehe *Phuopsis*

Cyananthus, Blaublume (Campanulaceae)

Cyananthus sind kleine, edle Liebhaberpflanzen aus der Glockenblumenfamilie von den Gebirgsmatten des Himalaja, die möglichst kalkarmen, sandig-humosen Boden verlangen, während des Sommers Feuchtigkeit lieben (abends überbrausen), aber besonders im Winter gegen stehende Nässe empfindlich sind. Ein heller, aber nicht prallsonniger Standort sagt ihnen am besten zu. An den niederliegenden, dünnen, dicht beblätterten Trieben tragen sie im Sommer endständige, hübsche, blauglänzende, enzianartige Blüten. *C. microphyllus* und *C. lobatus* var. *insignis,* von der es auch eine schöne, aber seltene reinweißblühende Variante gibt, haben sich als beste Arten erwiesen.

Cymbalaria muralis siehe bei *Linaria*

Cynoglossum nervosum, Hundszunge (Boraginaceae)

Dieses 30 bis 50 cm hohe Boretschgewächs vom Himalaja mit frischgrünen, lanzettlichen Blättern und azurblauen Blüten ist leider noch viel zu wenig bekannt. Die Blütezeit dauert von Juni bis September. Besonders wirkungsvoll neben den gelben Blütenglocken von *Primula sikkimensis* und soll zudem wirksam gegen Wühlmäuse sein.

Cypripedium siehe Orchideen

Deinanthe (Saxifragaceae)

D. caerulea ist eine schattenliebende seltene, 30 bis 40 cm hohe, buschige Liebhaberpflanze für das Moorbeet zur Zwischenpflanzung bei *Rhododendron.* Schön sind ihr bronzefarbener Austrieb, ihre lila, nickenden Schalenblüten und die hortensienartige Belaubung. Schutz vor Spätfrösten!

Delosperma, Staudenmittagsblume (Aizoaceae)

Von der in Südafrika verbreiteten Gattung sind bei uns nur die genannten Arten verhältnismäßig winterhart. Sie bilden lockere, 10 cm hohe Büschelchen, haben fleischige, walzenförmige Blätter und strahlige, leuchtende Blüten. *D. cooperi* blüht hellpurpurn mit weißlicher Mitte; *D. lineare* zitronengelb. Die Blüten erscheinen im Sommer und öffnen sich nur bei voller Sonne. Beide etwas fremdartige Erscheinungen, die am besten zu anderen exotischen Sukkulenten, z. B. zu winterharten Kakteen, *Sedum* und *Sempervivum* passen.

Delphinium, Rittersporn (Ranunculaceae)

Der hohe Alpenrittersporn, *D. elatum,* läßt sich nur in großen Anlagen verwenden, am besten zwischen Bergkiefern. Wertvoller sind die kleinen, nur 30 bis 50 cm hohen chinesischen Arten: *D. cashmerianum, D. grandiflorum* und *D. tatsienense* mit violett- und enzianblauen Blüten. Schöne Nachbarn sind *Asclepias tuberosa* und *Potentilla fruticosa.* Eine besondere Ritterspornüberraschung ist das nur 25 bis 40 cm hohe, leuchtend orangerotblühende *D. nudicaule* aus Kalifornien; es will einen sehr warmen Stand in sandigem Boden und Winterschutz. Man kann die kleinen, knolligen Wurzelstöcke auch im Keller in Sand überwintern.

Dianthus, Nelke (Caryophyllaceae)

Nelken gehören mit zu den wichtigsten Steingartenpflanzen; ihr überschäumender, zarter und duftender Flor im Juni ist zugleich ein Höhepunkt im Steingartenjahr.

Niedlich sind die kleinen Polsterbildner: *D. microlepis* (kalkfrei), *D. musalae* und *D.*

simulans, die ihre dichten Kissen mit kurzgestielten Blütchen besetzen, und unentbehrlich die höheren *D. gratianopolitanus (D. caesius)*-Sorten sowie *D. campestris, D. frigidus, D. nardiformis, D. pavonius (D. neglectus),* mit der leuchtend lachsrot blühenden Sorte 'Inshriach Dazzler', *D. nitidus, D. sylvestris, D. subacaulis* und *D. suavis.*

Besonders auffallend sind die reichblühenden Matten der *D. deltoides*-Sorten, von denen die leuchtend karminrote 'Brillant' und die scharlachrote 'Leuchtfunk' die schönsten sind; durch allzureiche Selbstaussaat können sie aber leider auch lästig werden.

Beglückend schön sind die langstieligen Polsternelken, die sich vorzüglich auch für Trockenmauern eignen: *D. noeanus* mit spätem, starkduftendem, weißem Flor, *D. plumarius* in einfachen und gefüllten Sorten, *D. petraeus, D. strictus* und die erst Ende Juni reinweiß blühende *D. suendermannii.* Eher durch die festen, spitzstacheligen Polster als durch den spärlichen Flor beachtenswert ist die Igelnelke aus Anatolien, *D. erinaceus.* Besonderen Reiz haben die langstengeligen, in dichten Büscheln meist rot blühenden Arten: *D. carthusianorum, D. giganteus, D. cruentus* und die schwefelgelbe *D. knappii.*

Es ist schade, daß eine der allerschönsten alpinen Wildnelken in der Kultur im Tiefland versagt: *D. callizonus* aus Siebenbürgen mit den schmucken, getupften, rosaroten Blüten. Auch *D. alpinus,* das Blütenwunder der Ostalpen, kann man im Tiefland nicht als sehr gartenwillig bezeichnen. Sie verlangt einen etwas absonnigen und nicht trockenen Platz. Außer der frischrosa blühenden Art gibt es auch eine reinweiße und eine seltene karminrote mit dunkler Mittelzone.

Alle Nelken wollen recht sonnig und trocken stehen, nur *D. superbus,* die Prachtnelke, macht eine Ausnahme. Wir pflanzen diese an feuchter Stelle, etwa am Teich- oder Bachrand, zwischen *Primula rosea* und *Gladiolus paluster,* wo ihr fein zerschlissener, zartlila, süß duftender Flor sich im Sommer entfaltet und zahlreiche Schmetterlinge anlockt.

Diascia, Diascie (Scrophulariaceae)

Von dieser in Südafrika vorkommenden Gattung war bisher bei uns nur *D. barberae* als Einjahrsblume in Kultur. Jetzt führen Staudengärtner auch eine mehrjährige Art: *D. cordata,* ein zierliches, bis 20 cm hohes Pflänzchen mit niederliegenden und aufsteigenden Trieben, die im Sommer kleine Trauben mit verhältnismäßig großen, glockigen, lachsrosa Blütchen tragen. Die Sorte 'Ruby Field' ist etwas kräftiger gefärbt.

Dicentra, Herzblume (Papaveraceae)

Am schönsten und stattlichsten ist natürlich das Tränende Herz, *D. spectabilis,* aus China. Es wirkt gut in Gemeinschaft mit *Doronicum* und *Brunnera macrophylla* auf Terrassenbeeten nahe dem Hause. Mehr Wildpflanzencharakter haben die weiße *D. cucullaria* und *D. eximia* 'Alba', die rosafarbenen *D. eximia* und *D. formosa* 'Bountiful'. Sie sind durch ihre nickenden Blüten und ihr schön geschnittenes Blattwerk anziehend und kommen besonders für leicht beschattete Plätze in Frage.

Dictamnus, Diptam (Rutaceae)

D. albus (D. fraxinella) ist eine unserer schönsten Wildstauden des Juragebietes. Am Südhang großer Anlagen wirkt er und der noch stattlichere *D. albus* var. *caucasicus* sowie der weißblühende *D. albus* 'Albiflorus' zwischen Bergkiefern neben Goldlein und Steinsame ganz vorzüglich; liebt kalkreichen Boden und sonnigen, trockenen Platz, wird 80 cm hoch.

Digitalis, Fingerhut (Scrophulariaceae)

Alle Fingerhutarten, die gelben bzw. bräunlichen *D. grandiflora, D. ferruginea* und *D. lanata* sowie *D. purpurea* und die lachsrosablühende Hybride *D.* × *mertonensis* kommen nur für große Anlagen in Frage, wo sie in der Randpflanzung zwischen den Gehölzen Verwendung finden. Nur 50 cm hoch wird die

erdbeerrotblühende *D. purpurea* var. *amandiana* aus Spanien.

Dimorphotheca barberiae, Kapmargerite (Compositae)

Von dieser südafrikanischen Staude ist besonders die nur 30 cm hohe Form 'Compacta' versuchswert. Sie hat lanzettliche, ledrige Blätter, die purpurrosa Strahlenblüten sind auf der Unterseite bläulichgrau. Dankbarer Dauerblüher von Juni bis September. Braucht kalkarmen Boden, Schutz vor Winternässe und ist deshalb besonders für das Alpinenhaus zu empfehlen.

Dodecatheon, Götterblume (Primulaceae)

D. meadia, D. pulchellum u.a., Frühlingsblumen mit bodenständigen Blättern und alpenveilchenähnlichen, gebüschelten Blüten an langen Stengeln in zarten rosa und purpurnen Farben, sind ein Gruß aus Amerika für unsere Gärten. Sie lieben Humusboden und

(1) **Dianthus alpinus und Chrysanthemum atratum.** (2) Die Götterblume aus Nordamerika (Dodecatheon pulchellum) 'Red Wings'.
(3) **Vitaliana primuliflora, die Goldprimel von den Südostalpen.**
(4) **Die überreich blühende Zwerg-Büschelglocke (Edraianthus pumilio) aus Dalmatien.**

im Frühjahr reichlich Feuchtigkeit und können dann in voller Sonne stehen; im Sommer ziehen sie ein. *Phlox divaricata* und *Epimedium* × *sulphureum* sind schöne Nachbarn.

Doronicum, Gemswurz (Compositae)

D. caucasicum (D. orientale) schmückt mit frischgrünen, herzförmigen Blättern und gelben Margeritenblüten bereits im April den Garten frühlingsfroh. Besonders schöne Sorten sind 'Goldzwerg', hellgelb, und 'Riedels Goldkranz', goldgelb blühend; beide werden nur 25 cm hoch. *D. plantagineum* 'Excelsum' blüht später und wird 80 cm hoch. *Doronicum* lieben feuchtfrischen Boden. Das Kaukasusvergißmeinnicht mit seinem blauen Blütenschleier ist für sie der rechte Partner.

Douglasia, Goldprimel (Primulaceae)

Der Name Goldprimel paßt nur für die europäische *D. vitaliana (Vitaliana primuliflora)*. Ihre grau-grünpolstrigen Formen *cinerea* von den Seealpen und *praetutiana* vom Apennin sind besonders schön. Zur Blütezeit, im April-Mai, sind ihre flachen Matten gelbe, triumphierend leuchtende Farbenflecken. Eine bescheidenere, aber doch liebliche Schönheit ist dagegen die rosablühende, amerikanische *D. laevigata*, besonders sie liebt einen möglichst kalkarmen, humosen Boden.

Draba, Hungerblümchen (Cruciferae)

D. aizoides mit borstigen Rosettchen ist die früheste Art, aber wohl die schönste ist *D. bruniifolia (D. olympica)*, die ihre kleinen Polster im April mit goldgelben Blüten bedeckt. Moosartige, dichte, grüne „Fladen" bildet *D. bryoides* var. *imbricata* und mehr graugrüne, weißblühende Polsterchen hat *D. dedeana. D. sibirica (D. repens)* bildet eine sehr lockere Bodendecke und blüht gelb.

Alle sind willige Wachser, wenn sie zwischen Steinen in sandigem Boden an vollsonniger Stelle stehen.

Eine feine Pflanze für das Alpinenhaus, da sehr feuchtigkeitsempfindlich, ist *D. mollissima*, ein ausgesprochener Felsenbewohner vom Kaukasus, mit flachkugeligen, graufilzigen Polstern und gelben Blüten auf dünnen Stengelchen. Auch *D. polytricha* aus Armenien verlangt Schutz vor Nässe. Ihre grauzottig behaarten Rosettenpolsterchen schmücken sich im Alpinenhaus oft schon im Januar mit leuchtendgelben Blütchen.

Dracocephalum, Drachenkopf (Labiatae)

D. botryoides mit graubehaarten Blättern und trübrosa Blüten im April ist eine kleine Liebhaberpflanze. Allgemeinwert haben aber *D. ruyschiana* mit den stahlblauen Blüten, *D. austriacum* und *D. prattii;* sie sind dankbare, 30 cm hohe, violettblaue Sommer- und Spätsommerblüher, die überall willig gedeihen.

Duchesnea indica, Trugerdbeere, Indische Erdbeere (Rosaceae)

Die erdbeerartige Kleinstaude treibt lange Ausläufer und bildet mit ihren dreiteiligen Blättern rasch eine grüne Bodendecke. Die roten kugeligen Scheinbeeren schmecken fad. Da stark wuchernd, nur für große Anlagen, auch für schattige Plätze zu empfehlen.

Echioides longiflorum, Prophetenblume (Boraginaceae)

E. longiflorum (Arnebia echioides), der witzige, etwa 30 cm große Blütenclown vom Kaukasus, der seine im zeitigen Frühjahr erscheinenden, in lockeren Büscheln stehenden gelben Blüten mit schwarzen Tupfen schmückt und diese wieder verschwinden läßt, will in einem warmen Winkel in durchlässigem Boden stehen. Im Frühjahr liebt er es feucht und ist für flüssige Düngung dankbar. Im Sommer zieht die Pflanze ein und will es eher trocken haben. Die lockerrosettig angeordneten rauhhaarigen Blätter sterben dann ab.

Edraianthus, Büschelglocke
(Campanulaceae)

Als ausgesprochene Felsen- oder Geröllsiedler wollen diese Glockenblumengewächse möglichst mager in engen Fugen stehen, wenn sie von langer Lebensdauer sein sollen. *Edraianthus albo-violaceus, E. pumilio* und *E. serpyllifolius,* dichte Blütenkissen bildend, sind am wertvollsten; doch auch alle anderen, *E. graminifolius* usw. mit violettblauen Blütenbüscheln an langen, liegenden Stengeln, sind brauchbar.

Epilobium, Weidenröschen (Onagraceae)

E. fleischeri (Chamaenerion fleischeri) ist ein Besiedler der Kies- und Schotterfluren der Alpen. Die 20 bis 30 cm großen Büschelchen mit linearischen Blättern und hellpurpurnen Blüten passen am besten in Natursteingärten in die Gemeinschaft von Silberwurz.

Epimedium, Elfenblume (Berberidaceae)

Alle Arten dieser lieblichen Stauden sind begehrenswert und wertvoll, da sie das ganze Jahr über schön sind. Reizvoll ist im Frühling das zarte, sich entfaltende Laub mit den feinen Grün- und Brauntönen und entzückend das Blütenspiel, das leider nur von allzu kurzer Dauer ist. Im Sommer sind die hellgrünen Horste ein erfrischender Anblick, und wunderschön ist im Herbst ihre Verfärbung in edlen Bronzetönen. Eine eleganter, weißer Blüher ist *E. grandiflorum (E. macranthum),* von dem es auch eine rosafarbene Variante gibt: 'Rose Queen'. *E.* × *rubrum* blüht rot, *E.* × *warleyense* bräunlich-kupferfarben und *E.* × *sulphureum* schwefelgelb. Das gelbblühende *E. pinnatum* gehört mit zu den schönsten wintergrünen Stauden. *E. diphyllum (Aceranthus diphyllus)* ist eine kleine Japanerin mit hellgrünen, herzförmigen Blattpaaren und perlweißen Blütchen im April.

Man wird nicht müde, diese so zart aussehenden und doch so dauerhaften Pflanzen überall dort, wo sie an halbschattigen Stellen Platz finden können, anzusiedeln und erfüllt gern ihren Wunsch, sie in lockeren Humusboden zu setzen.

Erigeron, Feinstrahl, Berufkraut
(Compositae)

In dekorative Terrassengärten passen als sommerliche Dauerblüher die bewährten Gartensorten: 'Adria', 'Foersters Liebling', 'Dunkelste Aller', 'Rote Schönheit', 'Wuppertal' u. a. in lila, blauen und rosaroten Tönen und das orangegelbe *E. aurantiacus.* Der Pflanzenfreund hat aber auch an den kleinen Arten, *E. aureus, E. trifidus, E. compositus,* seine Freude.

Erinus, Alpenbalsam, Leberbalsam
(Scrophulariaceae)

E. alpinus, ein nur 10 cm hoher, kleinbüscheliger Dauerblüher, gehört mit zu den anspruchslosesten Felspflanzen. Besonders Tuffsteine besiedelt er gern durch Selbstaussaat, wenn einmal angepflanzt. Die Sorten 'Dr. Hähnle' mit karminroten und 'Albus' mit weißen Blütchen sind die besten, sie blühen ab Mai den ganzen Sommer über. Auch zur Besiedelung von sonnigen Trockenmauerfugen sehr empfehlenswert.

Eriophyllum, Wollblatt, Wüstengoldaster
(Compositae)

E. lanatum (E. caespitosum) aus Nordamerika ist ein unermüdlicher Sommerblüher, der seine 20 bis 30 cm hohen graugrünen Büschel mit kleinen, gelben Margeritenblüten schmückt. Diese in jeder Hinsicht sympathische Pflanze ist äußerst anspruchslos; sie braucht nur einen besonnten, trockenen Platz.

Eritrichum, Himmelsherold (Boraginaceae)

E. nanum ist ein „Stern", von dem mancher träumt, nach dem man aber nicht verlangen

soll, denn er läßt sich im Tieflandgarten nicht halten.

Nicht so strahlend schön wie das Höhenkind der Alpen, auch nicht polsterbildend, sondern rosettig wachsend, dafür aber viel leichter gedeihend ist *E. rupestre (E. strictum)* aus Kaschmir. Es trägt himmelblaue Blütchen auf 10 bis 20 cm hohen, graugrünen Stengeln und blüht den ganzen Sommer über an sonnigem Platz.

Erodium, Reiherschnabel (Geraniaceae)

Wer nicht knallige Effekte schätzt und mehr bescheidene, innige Schönheiten liebt, der pflanze in Trockenmauerfugen und an Son-

nenplätzen die kleinen Reiherschnabel-Arten. Er wird seine Freude an den fein zerteilten Laubnestern und den zierlich gezeichneten Blüten haben. Die schönsten sind: *E. chamaedryoides* 'Roseum', 'Roseum Plenum', *E. cheilanthifolium, E. chrysanthum, E. macradenum* und *E. supracanum. E. corsicum* ist eine Art für das Alpinenhaus.

Eryngium, Edeldistel, Mannstreu (Umbelliferae)

E. alpinum, die Alpendistel, und ihre Sorten 'Blue Star' und 'Opal' sind entschieden am prächtigsten und stattlichsten. Nicht zu verachten sind aber auch *E.* × *zabelii (E. alpinum*

5

(1) Porträt der Alpendistel (Eryngium alpinum); farbenkräftiger blüht die Sorte 'Blue Star'.
(2) Euphorbia polychroma, als Frühblüher wertvoll.
Die stengellosen Enziane sind in einigen Arten von den Pyrenäen über die Alpen bis zum Balkan verbreitet. Was Bodenansprüche und Gartenwilligkeit anbetrifft, sind sie sehr verschieden. (3) Gentiana kochiana ist kalkfliehend und heikel. (4) G. clusii liebt Kalk. Auch G. dinarica von den Gebirgen Südwest-Jugoslawiens ist kalkliebend und einer der dankbarsten Gartenenziane. (5) Die langstielige G. angustifolia von den Westalpen mit Anthemis carpatica.

× *bourgatii*) und davon besonders die dunkelviolette Sorte 'Violetta'. Das nur zweijährige, ornamentale *E. giganteum*, die Elfenbeindistel, das bizarre *E. tricuspidatum* und *E. planum* 'Blauer Zwerg' sind ebenfalls erlesene Distelschönheiten. Alle wollen in steinigem, aber tiefgründigem Boden am Sonnenhang stehen, sämtliche werden 50 bis 70 cm hoch.

Erysimum, Schotendotter, Schöterich (Cruciferae)

Das tollste, was es in dieser Gattung gibt, ist *E. (Cheiranthus)* × *allionii;* sein sattes Orangegelb ist besonders in dekorativen Anlagen

111

neben *Arabis* und *Phlox divaricata* unentbehrlich. Zwar ist die Pflanze nur einjährig, aber ihre Farbenpracht lohnt die kleine Mühe der alljährlichen Aussaat im Juni. Mehrjährig ist das nur 10 cm hohe *E. pumilum* und das zwergige *E. kotschyanum;* beide blühen gelb und wollen zwischen Steinen trocken, sonnig und warm stehen.

Euphorbia, Wolfsmilch (Euphorbiaceae)

E. polychroma (E. epithymoides) ist ein bekannter und beliebter Frühblüher, der halbkugelige, langblühende, gelbe Buschen formt und neben japanischem Blutahorn am stärksten wirkt. *E. myrsinites* vom Balkan sieht mit ihren derben, wie aus Blech geschnittenen, spitzschuppigen, grauen Blattwalzen aus wie ein Wüstenkind und paßt am besten zu allen möglichen Sukkulenten. Am niedlichsten ist *E. capitulata,* die ganz niedrige, blaugrüne Matten spinnt, sich gern zwischen Gestein nestelt und gelbe Blüten und rötliche Früchte trägt. Für größere Gärten sei auch *E. griffithii* vom Himalaja empfohlen. Sie wird 60 cm hoch, blüht orangerot, und ihre lanzettlichen Blätter mit rötlicher Mittelrippe färben sich im Herbst kupferrot. Mittels Ausläufer sich rasch ausbreitend.

Filipendula, Mädesüß (Rosaceae)

F. digitata 'Nana' mit tiefrosa Doldenrispen auf nur 40 cm hohen Stielen über handförmiggefiederten Blättern und *F. hexapetala* 'Plena' 30 cm hoch, dichtgefüllt weißblühend, über farnartig wirkender Rosette fiederspaltiger Blätter, sind wegen ihres sommerlichen Flors beachtenswert. Erstere liebt einen eher feuchten, die andere einen trockenen sonnigen Standort.

Galax aphylla, Bronzeblatt (Diapensiaceae)

Eine wunderhübsche, seltene, schattenliebende, nordamerikanische Kleinstaude für das Moorbeet mit schlanken, weißen Blütenlanzen im Frühsommer und glänzenden, rundlichen, sich im Herbst bronzebraun verfärbenden, wintergrünen Blättern.

Galium odoratum siehe bei *Asperula*

Gentiana, Enzian (Gentianaceae)

Enziane gehören mit zum Beglückendsten, was man in seinem Garten haben kann. Wer großblumigen, stengellosen Enzian haben möchte, der setze an sonniger Stelle ziemlich dicht, wie sie es lieben, in lehmige Rasenerde Ballenpflanzen von *G. dinarica* und *G. angustifolia* und er wird Freude an der reichblühenden Pracht haben. Keinesfalls lasse man sich verleiten, von unseren Bergwiesen Enziane auszugraben, denn es ist unverantwortlich, diese geschützten Pflanzen zu sammeln, die außerdem im Garten doch versagen.
Edelste Enzianschönheiten des Herbstes sind *G. farreri* und *G. sino-ornata* und der Bastard zwischen beiden: *G.* × *macauleyi.* Ganz wundervoll sind auch die Hybriden *G.* 'Farorna' *(G. farreri* × *ornata)* und *G.* 'Inverleith' *(farreri* × *veitchiorum)* und viele andere Sorten. Während *G. farreri* kalkverträglich ist und selbst noch in Kalkschotter wächst, verlangen die anderen unbedingt kalkarmen Boden. Sie eignen sich daher vortrefflich zur Gemeinschaftspflanzung mit kleinen Rhododendron, dürfen aber nicht zu schattig stehen und verlangen im Sommer gleichmäßige Feuchtigkeit. Mit ihren niederliegenden, spitzblättrigen Trieben bilden sie frischgrüne, rasenartige Matten, die das ganze Jahr über schmuck aussehen und erst im Winter vergilben.
Längst nicht so rein und satt blaublühend wie die erwähnten Arten, jedoch als langdauernde Sommerblüher empfehlenswert sind *G. lagodechiana* und *G. septemfida.*
Für absonnige Plätze zwischen Zwerggehölzen eignet sich der elegante Schwalbenwurzenzian, *G. asclepiadea,* und größere Naturgartenpartien können durch den stattlichen Gelben Enzian, *G. lutea,* der bis 1 m

hoch wird, gekrönt werden. Man sollte von den beiden letztgenannten Arten nur junge, in Töpfen herangezogene Exemplare setzen. Der Kreuzenzian, *G. cruciata,* eine 30 cm hohe heimische Wildstaude, ist nur eine bescheidene Schönheit; empfehlenswerter ist *G. dahurica.*

Geranium, Storchschnabel (Geraniaceae)

Das Juwel dieser Gattung für Steingarten und Trockenmauer, in Sonne und Halbschatten, ist *G. dalmaticum,* nur 10 bis 12 cm hoch, mit zierlichen, rundlichen Blättchen und rosigseidigen oder auch weißen Blütchen; schöne Herbstfärbung! Auch das noch kleinere, unverhältnismäßig großblumige, zartrosa *G. farreri* ist lieblich schön, aber etwas schwachwüchsig. Toll in seinem karminroten, schwarzgeäugten Blütenschmuck ist das kleine *G. subcaulescens* 'Splendens', und niedlich ist auch das grau-silberblättrige, blaßrosa blühende *G. argenteum.* Aus einer Kreuzung zwischen beiden entstand *G.* × 'Ballerina'; es wird nur 12 bis 15 cm hoch und ist den ganzen Sommer über mit lilarosafarbenen, dunkelgeaderten Blüten geschmückt. Für Trockenhänge sind das nur 10 cm hohe, hellrosablühende *G. sanguineum* var. *prostratum (G. lancastriense)* und das frisch rosablühende, üppiger wachsende *G. endressii* von den Pyrenäen gut brauchbar.

Immer willkommen sind uns Pflanzen mit violettblauen Blüten, dazu gehört auch *G. wallichianum* 'Buxtons Blue', das nur 20 cm hoch wird und durch die weißgeäugten Blüten und die fünflappigen, tiefgezähnten Blätter auffällt. Es blüht erst im August–September.

Im großen Naturgarten verwenden wir das 30 cm hohe, violett mit purpurner Mitte blühende *G. grandiflorum* 'Johnson', und natürlich darf auch das prächtige *G. platypetalum* nicht fehlen; seinem langdauernden, blauvioletten Frühsommerflor folgt die köstliche Herbstfärbung der schönen Blätter. Die robuste und langlebige Staude wird bis 50 cm hoch, breitet sich im Laufe der Jahre aus und benötigt deshalb viel Platz.

Geum, Nelkenwurz (Rosaceae)

Nur wenige Blüten können an Leuchtkraft mit dem wunderbaren Orangerot von *G. coccineum* 'Borisii' und der halbgefülltblühenden Sorte 'Feuermeer' wetteifern. In seiner Balkanheimat wächst *G. coccineum* auf feuchten Gebirgswiesen und in Waldlichtungen zusammen mit Vergißmeinnicht und Sumpfdotterblumen; zu diesen kann man im Garten noch das Kaukasusvergißmeinnicht (*Brunnera macrophylla*) gesellen. An feuchten Stellen soll man auch das leider in Vergessenheit geratene *G. rivale* 'Leonard' mit seinen hübschen Kupferglöckchen setzen. Die Bergnelkenwurz, *G. montanum,* und ihre Hybride *G.* × *rhaeticum (G. montanum* × *G. reptans)* pflanzt der Liebhaber zwischen die Flächen des stengellosen Enzians. Eigenartig ist auch das amerikanische *G. triflorum* mit jeweils drei nickenden, trübroten Blütenglöckchen an einem 20 cm hohen Stengel über seidigbehaarten Fiederblättern.

Gillenia trifoliata, Dreiblattspiere (Rosaceae)

Das duftige, weiße Blütenkleid im Juni-Juli und der ganze Aufbau der 50 bis 80 cm hohen nordamerikanischen Staude sind so reizvoll, daß man sie in Sonne wie Halbschatten viel mehr verwenden sollte. Sie wächst in jedem nicht zu schweren Gartenboden; schön in Verbindung mit Bergkiefern und Türkenbundlilien; auch als haltbare Schnittblume wertvoll.

Globularia, Kugelblume (Globulariaceae)

Kugelblumen sind Kleinstauden oder Halbsträucher mit dunkelgrünen, ledrigen Blättern und ballförmigen Blütenköpfen. Zweifellos sind die famosen Mattenbildner, die blaublühende *G. cordifolia* der Alpen und die ähnliche, aber kräftig stahlblau blühende *G. meridionalis* vom Balkan, die wertvollsten. Zusammen mit *Dryas* lassen sich ganz alpin wirkende Teppiche schaffen. Zierlicher, geradezu ein Wunder an Anspruchslosigkeit, ist *G. nana (G. repens)*, die mit feinem Zweiggeflecht den Fels überspinnt. Die buschig wachsenden *G. elongata, G. nudicaulis* und *G. trichosantha* ergeben, wenn dicht gepflanzt, wirkungsvolle, dunkelgrüne Flächen und einen schönen Untergrund für Wildtulpen.

Der Liebhaber setzt in Felslöcher die siebenbürgische *G. petraea (G. transsilvanica)*, die reichblühende, kleine Büschel bildet. Auch *G. aretioides* vom Kaukasus ist eine Felsenpflanze; auf ihre Blüten wird man zwar in der Regel vergebens warten, aber an den festgefügten, graugrünen Kissen, die gleich Moospolstern in voller Sonne auf dem Stein sitzen,

1

Gypsophila, Schleierkraut
(Caryophyllaceae)

Das Kriechende Schleierkraut *(G. repens)*, von Natur aus ein kalkliebender Besiedler von Geröllfluren europäischer Gebirge, ist eine willkommene Steingartenpflanze. Ab Mai bis Juli sind ihre dunkelgrünbeblätterten, lagernden Triebe mit weißen Blütchen überschüttet. Schöne Varianten davon sind die zartrosa 'Rosea' und die kräftiger gefärbte 'Rosa Schönheit'. Besonders für Trockenmauern vorzüglich geeignet sind die starkwachsenden, spätblühenden, gefüllten Sorten 'Rosenschleier' und 'Pink Star'.

(1) Geranium subcaulescens, ein kleiner Storchschnabel vom Balkan.
Die chinesischen Herbstenziane verdanken wir englischen Sammlern: (6) Gentiana sino-ornata wurde von George Forrest 1911 und (5) G. farreri von Reginald Farrer 1916 eingeführt. Durch Kreuzungen mit anderen Arten entstanden in Schottland erste Hybriden. Schweizer und Deutsche züchteten weiter, so daß schon über 70 Sorten im Handel sind. Die Farbskala reicht von Ultramarin bis Weiß (2, 3, 4). G. clusii 'Coelestina' (7) eine himmelblaue Form des Stengellosen Enzians, blüht im Frühling.

hat man seinen Spaß. *G. cerastioides* vom Himalaja ist eine Polsterpflanze mit behaarten Blättern und kurzgestielten, weißen, rosageaderten Blütchen.

Haberlea und Ramonda (Gesneriaceae)

Beide Gattungen sind zusammen genannt, da sie derselben Familie angehören und dieselben Ansprüche stellen: absonnigen Stand in Trockenmauer- oder Felsfugen und humoses, aber kalkhaltiges Erdreich. *Haberlea rhodopensis* hat glyzinenblaue, die Sorte 'Virginalis' weiße, trichterförmig-glockige Blüten, *Ramonda nathaliae* meist vierteilige und *R. myconii* (*R. pyrenaica*) fünfteilige radförmige, violette Blüten. Man pflanze sie möglichst vertikal, so wie sie auch an ihrem natürlichen Standort vorkommen, gebe ihnen kleine Farne (*Asplenium trichomanes* und *A. viride*) als Nachbarn, und man wird nie satt werden, ihre seltsame Schönheit zu bewundern.

Hacquetia, Schaftdolde, Goldteller (Umbelliferae)

An schattigen, humosen Stellen, dort, wo wir Schneerosen, Leberblümchen und Lungenkraut angesiedelt haben, wird sich auch *H. epipactis* wohlfühlen und mit ihren kleinen, gelben Blütenscheiben, über 10 cm hohem Blattbüschel dazu beitragen, den Frühling noch lustiger und bunter zu gestalten.

Hedysarum, Süßklee (Leguminosae)

H. hedysaroides (*H. obscurum*) bildet 40 bis 50 cm hohe Büschel und schmückt sie im Sommer mit purpurroten Blütentrauben; es ist eine Liebhaberpflanze, die man zwischen Kriechwacholder und Bergkiefern in volle Sonne setzt. Rassiger und begehrenswerter ist das strauchige *H. multijugum* aus Turkestan. Locker baut es, etwa 1 m hoch, sein Zweiggerüst auf und besetzt es mit graugrünen Fiederblättern und von Juni bis August mit karminpurpurnen, schlanken Blütenständen – eine Prachtpflanze für den Trockenhang zwischen *Yucca, Avena sempervirens* und anderen graublättrigen Ziergräsern.

Helichrysum, Strohblume (Compositae)

Wer nur die bunten Einjahrsstrohblumen kennt, wird überrascht sein, daß es auch staudige Arten gibt. *H. plicatum, H. thianshanicum* und die Hybride 'Schwefellicht' sind weißfilzige, starkwüchsige Mattenbildner mit gelben, 20 bis 30 cm hohen Blütenständen für Trockenhänge, die sie von Sommer bis Herbst schmücken.

Recht nett ist das 10 cm hohe, rasige *H. bellidioides* aus Neuseeland mit weißen Blüten, und eine edle, seltene Felsenpflanze für geschützte Sonnenplätze ist das kleinbüschelig wachsende *H. sibthorpii* (*H. virgineum*) vom Athos mit rosig-weißen Immortellenblüten und weißwolligen Blättern.

Noch kompakter ist *H. milfordiae* vom Basutoland (Südafrika). Es bildet dichtgeschlossene, grauwollig behaarte Polster und trägt auf ganz kurzen Stengeln auffallend große, weiße Blüten. Die dicken zugespitzten Knospen sind rosa. Es ist wirklich eine Kostbarkeit, die aber an vollsonniger Stelle in nach Osten gerichteten Felsspalten auf gut dräniertem Boden willig wächst, absolut winterhart und eine der schönsten Steingartenpflanzen ist.

Das zierliche und dünngliedrige *H. frigidum*, das korsische Edelweiß, die kuriosen kleinen Sträuchlein *H. coralloides* und *H. selago* aus Neuseeland und das wüchsigere, graublättrige, sehr schön gelb blühende *H. orientale* vom Mittelmeergebiet eignen sich besonders für das Alpinenhaus.

Heliosperma, Strahlensame (Caryophyllaceae)

H. alpestre (*Silene alpestris*) von den südöstlichen Kalkalpen gehört mit zu den besten Steingartenpflanzen. Im Frühsommer spannt es über seinen glänzend grünen Blattrasen aus zierlich geschnittenen Blüten wochenlang einen 10 cm hohen, schneeweißen Baldachin. Auch die gefüllt blühende Form 'Pleniflorum' ist recht nett; beide sind überaus genügsam, und man hat nur darauf zu achten, daß sie sich durch ihre unterirdischen Ausläufer nicht allzusehr ausbreiten.

Helleborus, Nieswurz, Schneerose (Ranunculaceae)

H. niger, der strahlend schöne Winterblüher aus den Alpen, schenkte uns mit der spätherbst-blühenden Form 'Praecox' und der großblumigen ssp. *macranthus* der Südalpen einen köstlichen Gartenschatz. Pflanze sie zusammen mit Bergkiefern, rosa Seidelbast und der Schneeheide, mit der schwefelgelb blühenden Wildform der Kissenprimel, mit blauen Leberblümchen und Gedenkemein.

Hübsch sind auch die *Helleborus*-Hybriden, die aus *H. olympicus, H. abchasicus* und anderen entstanden sind und von cremegelb über rosa bis dunkelrot im zeitigen Frühling blühen und mächtige Horste bilden. Als dekorative wintergrüne Blattpflanzen sind die grünlich blühenden *H. foetidus* und *H. corsicus* beachtenswert.

Alle Schneerosen sind am glücklichsten, wenn sie etwas absonnig und in kalkhaltigem, nicht zu leichtem Boden stehen.

Hepatica, Leberblümchen (Ranunculaceae)

H. nobilis (*H. triloba, Anemone hepatica*), das blaue Leberblümchen unserer Wälder, ist mit der lieblichste Frühlingsverkünder. Wir pflanzen es, zusammen mit seiner weißen und rosa Spielart, neben Schneerosen, Seidelbast und Schlüsselblumen. Auch die selten gewordenen gefülltblühenden Formen sind nett und haben ihre Liebhaber. *H. angulosa,* das siebenbürgische Leberblümchen, ist viel wüchsiger und blüht zwei Wochen früher. Beide lieben Kalk und wollen lange Jahre ungestört stehen bleiben. Von *A. angulosa* ist die Sorte 'Buis' empfehlenswert, da sie viel intensiver reinblau blüht als die Art.

Herniaria, Bruchkraut (Caryophyllaceae)

H. serpyllifolia ist ein guter Bodendecker, dessen flachen, dunkelgrünen Teppich man mit kleinen Blumenzwiebeln bestecken kann. Unscheinbare, gelbliche Blütchen.

Heuchera, Purpurglöckchen (Saxifragaceae)

Die aus Nordamerika stammenden Kleinstauden, die mit dunkelgrünen Blättern halbkugelige Büschel bilden, aus denen im Sommer mit zierlichen Glöckchen besetzte 40 bis 60 cm hohe Rispen emporsprießen, sind auch für den Steingarten willkommen. Besonders schätzen wir die leuchtend rotblühenden Sorten von *H.* × *brizoides,* z.B. 'Feuerregen', 'Rakete' und 'Red Spangles'. Hübsch sind aber auch die rosafarbenen: 'Gracillima', 'Scintillation' und 'Weserlachs'. Am besten gedeihen sie in neutralen Böden, in sonnigen bis halbschattigen Lagen. Schöne Begleitpflanzen sind blauer Lein, *Veronica* und Glockenblumen.

× *Heucherella tiarelloides* 'Bridget Bloom' (aus einer Kreuzung *Heuchera* × *Tiarella* entstanden), Ausläufer bildend und mit rosigem Flor über schöngezeichneten Blättern, ist ein reizender Dauerblüher, von Juni bis August erfreuend, liebt Halbschatten und humosen Boden. Hübsch in Gemeinschaft mit Farnen und *Saxifraga rotundifolia.*

Hieracium, Habichtskraut (Compositae)

Von dieser in der Natur in großer Zahl vertretenen Gattung kommen für uns nur wenige in Betracht. *H. bombyciferum* aus Spanien, mit weißfilzig behaarten Blättern dichte Polster bildend und im Sommer gelb blühend, kann mit zur Füllung sonniger Trockenmauer- und Felsfugen verwendet werden. Alpenpflanzenfreunde schätzen *H. villosum* wegen der seidenzottigen Behaarung der lockeren Blattrosetten, die besonders, wenn von Morgentau benetzt, silbrig schimmernd auffallen und

Ramonda myconii ist eine wunderschöne Felsbewohnerin. Mit Haberlea und der sehr seltenen Jankaea zählt sie als Tertiärrelikt zur tropischen Pflanzenfamilie der Gesneriaceen.

(1) Helichrysum milfordiae, eine Schönheit für jeden besonnten Steingarten. (2) Hosta venusta, eine japanische Zwergfunkie für viele beschattete Plätze. Blaublumen (Cyananthus) sind Glockenblumengewächse vom Himalaja. (3) C. lobatus mit glänzenden Blüten im Sommer ist schön, aber anspruchsvoll.

wegen der ansehnlichen sattgelben Blütenköpfe im Sommer. Als Fels- und Mattensiedler in den Bergen sind Silberwurz, Alpenaster und Kugelblumen auch im Garten die gegebenen Begleiter. *H.* × *rubrum*, 20 cm hoch und im Sommer orangerot blühend, ist nur ein bescheidener Wucherer und zudem steril, kann deshalb auch durch Samenwurf nicht lästig werden, was bei dem höheren *H. aurantiacum,* vor dem gewarnt werden muß, nicht zutrifft.

Horminum, Drachenmaul (Labiatae)

H. pyrenaicum, nicht nur in den Pyrenäen, sondern auch in den Alpen heimisch, ist keine auffallende Schönheit, aber mit seinen runzligen Blattrosetten und blauvioletten Lippenblüten im Mai-Juli ein anspruchsloser Lückenbüßer.

Hosta, Funkie, Herzlilie (Liliaceae)

Von diesen unverwüstlichen Schattenstauden gibt es eine Fülle mannigfaltiger Arten und Sorten, die besonders durch ihr schönes Laub auffallen. Die meisten sind für Steingärten zu groß, aber es gibt auch einige kleinwüchsige, die sich an beschatteten Stellen gut verwenden lassen. So z. B. die zierliche *H. venusta* und *H. ventricosa* 'Minima'. Üppiger wächst *H. lancifolia,* sie bildet 30 cm hohe glänzendgrüne, dichte Blattbüschel, die im Sommer von schlanken Stengeln mit hellvioletten Glockenblüten überragt werden.

Houstonia, Porzellansternchen, Rubiaceae

H. caerulea 'Millard's Var.' und *H. serpyllifolia,* beide aus Nordamerika, gehören mit zu den entzückendsten und zierlichsten Steingartenpflanzen; aber nur dort, wo man kalkfreien Boden und einen halbschattigen, kühlen Platz bieten kann, gedeihen sie und breiten im Frühling über ihre Polsterchen und Rasen ihren himmelblauen Miniatur-Sternenteppich aus.

Hutchinsia auerswaldii, Gemskresse (Cruciferae)

Mit diesem kleinen Kreuzblütler aus den Pyrenäen, der im Frühling seine dunkelgrünen Büschelchen mit weißen Blüten schmückt, kann man feuchte Steinfugen in Sonne und Schatten beleben.

Hypsella reniformis, Hypsella (Campanulaceae)

Ein Bodenbedecker aus Chile mit frischgrünen, rundlichen Blättern und kurzstieligen, lobelienartigen, zartrosafarbenen rötlich gestrichelten Blütchen im Sommer; liebt kühlen Standort und verlangt Winterschutz.

Incarvillea, Freilandgloxinie (Bignoniaceae)

I. compacta und *I. mairei (I. grandiflora)* mit großen, gelbschlundigen dunkelrosa Blüten auf kurzen Stielen, die höhere *I. delavayi* (40 bis 50 cm) mit rosaroten und die Sorte 'Bees Pink' mit hellrosa Blüten im Juni sind wirklich ganz verblüffende chinesische Gebirgspflanzen. Sie verlangen eine besondere Umgebung und erhöhten Standort, um voll zur Wirkung kommen zu können.

Bergenien, Fächerahorne und China-Wacholder sind für sie gute Nachbarn. Der Boden für die rübenartigen, fleischigen Wurzelstöcke sei tiefgründig und nicht zu trocken, der Standort am besten leicht beschattet. Die Pflanzen ziehen im Sommer ein. Winterschutz durch eine Laubdecke und Folie ist ratsam.

Inula, Alant (Compositae)

I. ensifolia 'Compacta', wegen ihrer lanzettlich zugespitzten Blätter Schwertalant genannt, ist ein Durstkünstler erster Klasse. Man sieht die ordentlichen, im Sommer unermüdlich gelbblühenden, 20 cm hohen Büschel überall sehr gerne, vor allem auch auf Terrassen zwischen Platten. Locker im Wuchs, 50 bis 60 cm hoch ist *I. orientalis (I. glandulosa),* sie trägt große, feinstrahlige, orangegelbe Blüten und steht schön neben *Geranium platypetalum.*

Iris, Schwertlilie (Iridaceae)

Das Kapitel Iris birgt eine Welt voller Schönheiten. Ganz entzückend sind die nur 10 cm hohen, frühblühenden Zwiebeliris Vorderasiens: die gelbblühenden *I. danfordiae* und die seltsame und kostbare Hybride 'Katherine Hodgkin'. Die rare *I. winogradowii* vom Kaukasus gedeiht, im Gegensatz zu den anderen Zwiebeliris besser, wenn die Pflanzstelle im Sommer nicht zu trocken ist. Reizend ist die zierliche *I. reticulata,* von der es verschiedene schöne, sich gut bestockende Sorten in Violett, Hellblau und Purpur gibt. Die früheste von allen Iris ist die dunkelblaue, großblumige *I. histrioides* 'Major', der bald die himmelblaue, dunkler gefleckte *I. histrio* var. *aintabensis* folgt. Alle blühen schon im März und werden oft vom Schneesturm überrascht, was sie aber nicht hindert, unverzagt weiterzublühen. Sämtliche Zwiebeliris können nur im Herbst gepflanzt werden. Besitzern eines Alpinenhauses ist zu empfehlen, auch etliche Töpfe und Schalen mit diesen Vorfrühlings-Schwertlilien zu bepflanzen. Unter dem schützenden Glasdach kommen sie früher zur Blüte als im

Freien und entfalten hier, vor den Unbilden des winterlichen Wetters bewahrt, ihre volle Schönheit. Zudem bringt das genaue und mühelose Betrachten der grazilen Blüten auf Tischen oder Bankbeeten besondere Freude.

Seltsam und dekorativ wirken die 30 bis 60 cm hohen Juno-Iris Zentralasiens, es sind Zwiebelpflanzen mit fleischigen Wurzeln und lauchartigem Blattwerk. Dazu gehören die im April blühende niedrige Hybride *I.* × *sindpers* und die üppigere hellkobaltblaue *I. graeberiana*. Bald folgen dann mit ihrem Flor die höheren Arten, die bleichgelbe *I. bucharica*, die chromgelbe *I. orchioides* und die dankbare, milchweißblühende *I. willmottiae* 'Alba'.

Besonders lieblich sind die Kamm-Iris, *I. cristata* und die noch kleinere, nur 5 bis 8 cm hohe *I. lacustris* aus Nordamerika. Sie flechten mit ihren oberflächlich dahinkriechenden Rhizomen hellgrüne, zartbeblätterte Matten und durchsetzen sie mit porzellanblauen Blütchen. Ostasiatische Verwandte davon sind die zwergige, rosalilablühende *I. gracilipes*, die höhere *I. tectorum* und die schöne, weißblühende *I. tectorum* 'Album'. Die wintergrüne *I. japonica* mit ganz entzückenden lichtblauen, gelbgezeichneten Blüten ist leider nicht ganz hart, aber ein Schmuckstück für das Alpinenhaus.

Ein kleiner, zarter Frühlingsblüher ist die leider so empfindliche und seltene *I. flavissima (I. arenaria)*, die man am besten in eine flache Mulde mit fast reinem Sand bettet.

Ungemein reichblühend ist *I. pumila* in ihren verschiedenen Farbenspielarten und Gartenhybriden, besonders dann, wenn sie recht sonnig und trocken stehen. Sie sind so genügsam, daß man sie sogar zur Bepflanzung von Trockenmauern verwenden kann. Eine edle, kleine Schwertlilie vom Balkan, ebenfalls ein Hungerkünstler, ist auch *I. reichenbachii* mit reingelben Blüten.

Anders im Wuchs, grasartige Horste bildend, sind die nach Pflaumen duftende *I. graminea, I. ruthenica* und *I. humilis* und die 40 bis 70 cm hohen, zierlichen, chinesischen *I. forrestii* und *I. wilsonii* mit hellgelben und *I. chrysographes* mit dunkelvioletten Blüten. Sie eignen sich besonders zur Randbepflanzung von Wasserbecken und Rinnsalen. In größeren Anlagen können hier auch *I. sanguinea (I. orientalis)*-Sorten, vor allem die prächtigen, weißen 'Snow Queen' und 'White Swirl', Verwendung finden.

Jasione, Sandglöckchen (Campanulaceae)

J. perennis entwickelt frischgrüne, rasige Horste und besteckt sie im Sommer mit kornblumenblauen, kugeligen Blütenköpfen auf 20 cm langen Stengeln; hübsch zwischen Thymian, aber kalkfliehend.

Jeffersonia dubia siehe *Plagiorhegma dubium*
Kentranthus siehe *Centranthus*

Kirengeshoma palmata, Wachsglocke (Saxifragaceae)

Wer etwas Besonderes für einen Schattenhang sucht, der wähle diese in Blatt und Blüte auffallende Japanerin. Sie blüht erst im August-September. Da die glockigen, fleischigen, gelben Blüten etwas hängen, ist es vorteilhaft, die 60 cm hohe breitbuschige Staude erhöht zu setzen.

Kniphofia, Fackellilie, Tritome (Liliaceae)

Nur *K. galpinii* von Transvaal ist für Steingärten zu empfehlen. Aus grasartig feinem Blätterbüschel entspringen im Sommer 50 bis 60 cm hohe, hellorange Blütenraketen. Sie paßt sowohl in das Trockenheitsmotiv zu Palmlilie und blaugrauen Gräsern wie in Wassernähe, darf aber nicht naß stehen. Schutz vor Frost und Nässe im Winter.

Lamium, Taubnessel (Labiatae)

L. galeobdolon 'Florentinum', ist wegen der auffallenden Silberzeichnung der Blätter wertvoll, wuchert aber und braucht deshalb sehr viel Platz. Sie ist für den Schattenhang

1

größerer Anlagen als Bodenbedecker gut zu verwenden. Harmloser ist die 20 cm hohe Sorte 'Silberteppich', sie hat scharfgezackte, weiße, grüngenetzte Blätter. Beide sind nur Blattschmuckstauden. Durch Blüte und Blätter auffallend sind die Gartenformen der gefleckten Taubnessel, *L. maculatum*: 'Argenteum', Blätter weißgefleckt und rötlich blühend, 'Album' mit weißen und 'Roseum' mit hübschen rosa Blüten. Alle sind zur Bodenbegrünung nicht allzu schattiger Stellen geeignet. *L. orvala*, eine aufrechtwachsende, 60 cm hohe Taubnessel Südeuropas mit großen, bräunlichroten Blüten, ist für Liebhaber seltsamer Wildstauden empfehlenswert. Sie ist, wie alle anderen genannten, anspruchslos.

Lathyrus vernus, Frühlingsplatterbse (Leguminosae)

In der Schattenecke darf diese 30 bis 50 cm hohe, ungemein dauerhafte und hübsche heimische Staude, auch in der hellrosa blühenden Form 'Roseus', neben Seidelbast und Primeln nicht fehlen.

Leontopodium, Edelweiß (Compositae)

Das Alpen-Edelweiß, *L. alpinum,* ist im Garten gewöhnlich eine Enttäuschung, denn es blüht meist eher grau als weiß. Dankbarere und reichere, schneeweiße Blüher sind verschiedene asiatische Arten, z. B. *L. calocepha-*

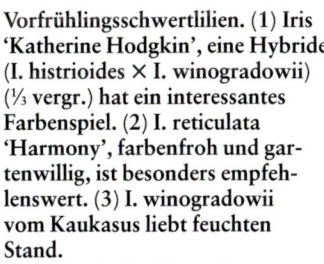

Vorfrühlingsschwertlilien. (1) Iris 'Katherine Hodgkin', eine Hybride (I. histrioides × I. winogradowii) (⅓ vergr.) hat ein interessantes Farbenspiel. (2) I. reticulata 'Harmony', farbenfroh und gartenwillig, ist besonders empfehlenswert. (3) I. winogradowii vom Kaukasus liebt feuchten Stand.
Lewisien sind schöne, aber anspruchsvolle Liebhaberpflanzen, die am besten dort gedeihen, wo kalkfreier Boden vorhanden ist. (4) Lewisia tweedyi aus den Rocky Mountains zieht nach der Blüte ein und verlangt dann Trockenheit. (5) Eine Lewisia cotyledon var. howellii-Hybride.

lum, L. souliei und *L. palibinianum* sowie die schönsten Sorten 'Mignon' und 'Silberstern'. Alle beanspruchen volles Licht, durchlässigen, kalkschottrigen, aber nicht zu nährstoffarmen Rasenboden und werden am besten alle 2 Jahre geteilt und umgepflanzt.

Leuzea rhapontica siehe bei *Centaurea*

Lewisia, Bitterwurz (Portulacaceae)

Rosa-weiß gestreift wie das amerikanische Banner sind die Blüten dieser amerikanischen Gebirgspflanze, *L. cotyledon*. Sie will kalkarmen Boden, absonnigen Stand zwischen Steinen und ist empfindlich gegen Nässe. Zu ungeahnter Schönheit entwickelt sich diese im Mai-Juni blühende, immergrüne Rosettenpflanze und ihre verschiedenen Verwandten und Kreuzungen, im Alpinenhaus. Prächtig im Farbenspiel, das sich vom warmen Rosa über Orange bis zu gelben Tönen erstreckt, sind die als 'Sunset Strain' bezeichneten Hybriden. Auch die in verzweigten Rispensträußen reichblühende himbeerrote Sorte 'George Henley' ist schön.

Limonium, Meerlavendel (Plumbaginaceae)

L. latifolium ist eine sehr dauerhafte Staude mit grundständiger Blattrosette und 60 cm hohem lilablauem Blütenschleier im Juli-September. Diese Dünenpflanze paßt am besten in den Naturgarten zwischen Gräser und Edeldisteln. *L. gougetianum* und *L. minutum* sind reizende, zwergige Arten für das Alpinenhaus.

Linaria, Leinkraut (Scrophulariaceae)

Alle Leinkräuter sind mehr oder weniger gefährliche Wanderer. Man lasse sich niemals dazu verleiten, das an sich so reizende Zymbelkraut (früher *L. cymbalaria*, heute *Cymbalaria muralis*) in den Steingarten zu setzen, denn es wird dort zum gefährlichen Unkraut. Wertvoll ist es aber für sich allein zur Belebung von schattigen Mauern, Wandbrunnen und dergleichen. Auch mit der großblütigeren *Cymbalaria (Linaria) pallida* ist nicht zu spaßen, sie ist am besten in der Trockenmauer untergebracht, wo sie bald alle Fugen mit Blättern und violetten Blüten schmückt.

Harmlos und lieblich ist *L. alpina*, das Alpenleinkraut, das als Geröllsiedler recht durchlässigen, kiesigen Boden liebt und sich durch Selbstaussaat verbreitet. Für große Trockenhänge ist schließlich *L. dalmatica* mit ihren bis 1 m hohen, gelben, großblumigen Blütenkerzen gut geeignet.

Linum, Lein (Linaceae)

Das köstlichste, satteste Blau hat *L. narbonense*. *L. austriacum* blüht azurblau, und noch heller ist *L. perenne,* von der es auch eine sehr großblütige Form, 'Tetra', gibt. Letztere haben leider den Fehler, daß ihre Blüten alltäglich nur bis Mittag halten. Prächtig sind auch *L. hypericifolium* vom Kaukasus mit großen, lilarosa Blüten, der Gelbe Lein, *L. flavum* 'Compactum' mit der nur 10 cm hohen Sorte 'Goldzwerg', und das leuchtende gelbe *L. campanulatum*. Ganz niedrig, mattenartig wachsend ist *L. iberidifolium (L. elegans)* vom Athos. Auch das zierliche *L. salsoloides* mit nadelförmigen Blättern, niederliegenden Trieben und rosigweißen Blüten ist nett.

Alle sind willige Wachser, sofern sie freien Stand haben; die blaublühenden sind willkommene Nachbarn zu gelben Blühern.

Lithodora siehe bei *Lithospermum*

Lithospermum, Steinsame (Boraginaceae)

Größere, beschattete Hänge kann man mit unserem heimischen *L. purpurocaeruleum* (heute *Buglossoides purpurocaerulea*) besiedeln, das mit seinen Ausläufern schnell den Boden überspinnt und im Mai enzianblau blüht. Noch schöner und edler sind die halbholzigen Arten, z. B. das kleine, büschelige *L. oleifolium* (heute *Lithodora oleifolia*) aus

Spanien mit rosigen und himmelblauen Blüten. Die Krone der Gattung ist aber *L. diffusum* (heute *Lithodora diffusa*) 'Heavenly Blue', aus ihren Blüten strahlt uns das köstlichste Blau in seltener Leuchtkraft entgegen. Leider ist dieses Juwel nicht vollkommen winterhart, und man tut gut, Stecklingspflanzen im Haus zu durchwintern. Ein weiterer Nachteil ist, daß es nur in kalkfreiem Boden gedeiht. Die Pflanze ist aber wirklich jede Mühe wert. Prächtig, wenn ihr enzianblauer Teppich vor karminroten Japanazaleen liegt.

Lotus, Hornklee (Leguminosae)

Die nur 10 cm hohe, gefülltblühende Form des heimischen Hornklees, *L. corniculatus* 'Plenus' beglückt uns im Sommer mit reichem, langdauerndem goldenem Flor.

Lychnis, Lichtnelke (Caryophyllaceae)

Die schönste für den Steingarten ist *L. flosjovis*, die Jupiter-Lichtnelke. Mit ihren graufilzigen Blatthorsten und rosa Blütendolden auf 30 bis 50 cm hohen Stielen ist sie, wenn mit blauem Lein zusammengepflanzt, eine liebliche Angelegenheit, die man sich nicht entgehen lassen sollte. Eine ungemein starke Farbe ist das Karminrot von *L. coronaria*, das man hier und dort am Sonnenhang aufleuchten lassen kann und am besten durch Gräser etwas mildert.

Auch *L. viscaria* (*Viscaria vulgaris*) 'Plena', die gefülltblühende Pechnelke, ist mit ihrer karminroten Blütenfülle im Frühsommer ein besonderer Blickfang. Sie paßt am besten in dekorative Anlagen. Ein Zwerg der Gattung ist die nur 10 cm hohe Alpenpechnelke, *L. alpina*; aus grasartigen Blattbüschelchen entspringen im Mai hellpurpurne Blütenkerzen. Sie ist kalkscheu, deshalb setzt man sie, wo der Boden nicht von Natur aus neutral ist, am besten an einen sonnigen Platz mit vorbereitetem sauerem Boden, in die Gesellschaft von Arnika, Bartglockenblume und Zwergrhododendron.

Lysimachia, Felberich, Gilbweiderich (Primulaceae)

Vor allem verwenden wir die kriechende, sich mit sattgelben Blütenschalen schmückende *L. nummularia*, um an feuchten Stellen zwischen Trittplatten den Boden zu begrünen. *L. nummularia* 'Aurea' bildet flache, goldgelbblättrige Matten. Der Goldfelberich, *L. punctata*, ist ein 80 cm hoher, wertvoller, sommerlicher Dauerblüher, der sich in großen Naturgartenpartien gut zwischen Gehölzen verwenden läßt, aber viel Platz benötigt, da er etwas wuchert.

Marrubium, Andorn (Labiatae)

M. supinum aus Spanien und *M. velutinum* aus Griechenland blühen unscheinbar, sie haben aber so verlockend weichwollige, rundliche Blätter, daß es eine Freude ist, sie anzufassen. Die graugrünen, flachen Polster lieben volle Sonne und trockenen Stand.

Matthiola, Levkoje (Cruciferae)

M. vallesiaca, die Felsenlevkoje, ist bestimmt keine bestrickende Schönheit, aber mit ihrem graugrünen Blätterkleid und den hellila, duftenden Blüten doch ein beachtenswertes, kleines 15 cm hohes Pflänzchen, das man gerne im recht schottrigen Boden umherzigeunern läßt.

Mazus, Lippenmäulchen (Scrophulariaceae)

Der polsterförmig wachsende *M. pumilio* aus Neuseeland und besonders der stark kriechende *M. stolonifer* aus Japan lieben feuchten, moorigen Boden, den sie freudig mit frischgrünem, kleinblättrigem Rasen dicht überziehen und mit niedlichen, gepunkteten, lila Lippenblüten besetzen. *M. radicans* von Neuseeland spinnt einen fast erdbraunen, flachen Blatt-Teppich und hat weißliche Blüten. Hübsche Liebhaberpflanzen für das Moorbeet und feuchte, flache Uferränder.

Mimulus cupreus und *Calceolaria* sind passende Nachbarn.

Meconopsis, Scheinmohn (Papaveraceae)

M. cambrica mit gelben oder orangefarbenen Blüten ist eine leicht-, ja leider allzu willig wachsende und umherwandernde Pflanze aus den Pyrenäen, die nur für größere Anlagen in Betracht kommt.

Prächtige, anspruchsvolle Gewächse sind ihre Verwandten von den Hochgebirgen Asiens, die nicht nur durch ihre seidigen Blüten, sondern auch durch die schönen, behaarten Blattrosetten den Pflanzenfreund begeistern können. Alle lieben kühlen, luftfeuchten Standort, vor allem Schutz vor starker Mittagssonne und durchlässigen, lehmig-humosen Boden und während der Vegetationszeit viel Feuchtigkeit. Die meisten, so auch die gelbborstige, stahlblaublühende, niedrige *M. rudis*, sterben nach der Blüte ab. Auffallend schön durch ihre großen, bauchigen, gelben Blütenschalen ist die niedrige, frühblühende *M. integrifolia* aus Tibet. Mannshoch werden die rosafarbenen bis weinroten Blütenkandelaber von *M. napaulensis* und die reingelben *M. regia* aus Nepal. Die prachtvolle goldzottig behaarte Blattrosette letzterer muß vor Winternässe, am besten durch Überdachung, geschützt werden. Mehrjährig sind die köstlich blaublühenden, 80 cm hohen *M. betonicifolia (M. baileyi)* und die prächtige, reinblaue Gartenzüchtung *M.* × *sheldonii*. Wenn diese im Juni ihre himmelblauen „Mohnblumen" neben chinesischen Alpenrosen im lichten Schatten eines Fächerahorns erheben, wirken sie wie Märchenblüten.

Melandrium siehe *Silene*

Mentha, Minze (Labiatae)

Freunde würziger Kräuterdüfte sei empfohlen, in feuchten Felsnischen die winzige *M. requienii* aus Korsika anzusiedeln; sie wird willig den Winkel moosartig begrünen. Streicht man über ihren flachen Blatteppich, so erfüllt sie die Luft mit erfrischendem Wohlgeruch.

Mertensia, Blauglöckchen (Boraginaceae)

Wer blaue Blumen liebt, darf sie nicht vergessen, weder die prächtige, Halbschatten liebende, 40 cm hohe *M. virginica (M. pulmonarioides)* aus Nordamerika mit ihren himmelblauen Glöckchenbüscheln Ende April, noch die kleine, nur 15 cm hohe, sonnenliebende, mattenbildende *M. primuloides* vom Himalaja mit ihrem enzianblauen Flor.

Meum athamanticum, Bärwurz (Umbelliferae)

Die Bärwurz mit ihrem frischgrünen, feingliedrigen Blatthorst, der im Juni weiße Schirmdolden trägt, läßt sich in große Natursteingärten gut eingliedern. Sie liebt kalkarmen, tiefgründigen Boden; passende Nachbarpflanzen sind: *Eryngium alpinum*, *Crepis aurea*, *Gentiana lutea*, *Genista pilosa* und *Hieracium*.

Micromeria, Micromerie (Labiatae)

M. croatica, *M. microphylla* u. a. sind niedliche, rosa, sommerblühende Büschelchen mit bescheidensten Ansprüchen; für Felslöcher.

Mimulus, Gauklerblume (Scrophulariaceae)

Unersetzlich ist das prächtige, reine Kupferorange des echten *M. cupreus*, es ist mit die schönste Blütenfarbe, die es gibt. Man setze das nur 10 cm hohe Pflänzchen an mäßig feuchte, aber sonnige Stellen in Felswinkeln und Ufern neben *Houstonia* oder *Mazus*. Wenn es ihr behagt, sät sie sich selbst weiter aus. Vor *M. luteus*, dem Wucherer, sei gewarnt.

Minuartia, Miere (Caryophyllaceae)

Die wertvollste ist wohl *M. laricifolia*. Anspruchslos an Boden und Standort, bedeckt sie ihren nadelblättrigen, stumpfgrünen Rasen von Juni bis September mit weißen Blütchen. Niedlich mit ihren kleinen, weißen Sternchen auf duftigen, kugeligen Büschelchen ist auch die 10 cm hohe *M. verna*, sie sitzt gern in einer Felsspalte, will aber kalkarmen Boden. Ein fauler Blüher, aber wegen der gern in Felsfugen wachsenden, großen moosartigen, dichten Polster beachtenswert ist *M. graminifolia (Alsine rosanii)*.

Mitchella, Rebhuhnbeere (Rubiaceae)

M. repens, eine reizende, wintergrüne Pflanze Japans und Nordamerikas, überspinnt mit ihren mit ovalen Blättchen besetzten, kriechenden Trieben den Boden; den rosafarbenen Blütchen folgen scharlachrote, glänzende Beeren. Sie liebt kühle, beschattete Lage und reinen Humusboden und fühlt sich daher im Moorbeet unter *Rhododendron* sehr wohl.

Mitella, Bischofskäppchen (Saxifragaceae)

M. caulescens, *M. diphylla* und *M. pentandra* sind, ebenso wie *Tiarella cordifolia* und die langblühende, rosigweiße *T. wherryi*, hübsche amerikanische Schattenpflanzen und Humuswurzler, die Gestein und Boden schnell überspinnen und im Mai-Juni zierliche, weiße Blütenträubchen tragen.

Moehringia muscosa, Moormiere (Caryophyllaceae)

In absonnige Felsspalten setzen wir zur Auflockerung neben Ramondien und Kleinfarne gern die Moosmiere; ihre frischgrünen, zarten Büschel schmückt sie im Sommer mit vierstrahligen, weißen Blütensternchen.

Morina, Kardendistel (Dipsacaceae)

Für große Felsgärten und Naturgartenpartien kann es kaum eine dekorativere Staude geben als *M. longifolia*. Es ist ein festlicher Anblick, wenn sie im Frühsommer ihre 1 m hohen, dikken, weißrosa Blütenkerzen über dem stachligen Blätterhorst trägt. Noch bizarrer, empfindlicher und seltener ist die *M. persica*, sie will aber unbedingt auf gut durchlässigem Boden stehen und liebt Kalk. Solch erlesene Gestalten stehen am besten für sich allein vor einem Koniferenhintergrund.

Mulgedium alpinum siehe *Cicerbita alpina*

Myosotis, Vergißmeinnicht (Boraginaceae)

An Uferrändern, ins flache Wasser setzen wir in kleinen Anlagen das zwergige *M. caespitosa (M. rehsteineri)*, es bildet 3 bis 5 cm hohe, liebliche Vergißmeinnicht-Rasen. In größeren Anlagen kann an solcher Stelle auch das Sumpf-Vergißmeinnicht, *M. scorpioides (M. palustris)*, in seinen Gartensorten Verwendung finden. Rosenprimeln und Sumpfdotterblumen gebe man ihnen als Nachbarn. Gänzlich verschieden in Gestalt und Verwendbarkeit ist das nur 2 bis 5 cm hohe, rosettig wachsende, weißblühende *M. decora* aus Neuseeland; es verlangt schottrigen Boden und verträgt keine stehende Nässe.

Nepeta × faassenii, Katzenminze (Labiatae)

Dieser 30 cm hohe, unermüdliche, blaue Sommerblüher ist in seiner Anspruchslosigkeit so recht dazu geeignet, bunte, größere Sonnenhänge mit seinem Blaugrau zu untermalen. Die 50 cm hohe Sorte 'Six Hills Giant' blüht leuchtendlila. Die reinblaue Sorte 'Blauknirps' wird nur 20 cm hoch. Bei einem rechtzeitigen Rückschnitt erzielt man bei allen einen zweiten Flor.

Nierembergia, Weißbecher (Solanaceae)

N. repens (N. rivularis) aus Argentinien liebt feuchten, ja sumpfigen Boden, auf dem sie sich rasch ausbreitet und ihren hellgrünen Blätterrasen mit großen weißen, fast sitzenden Blütenbechern schmückt. Sie verlangt aber Winterschutz.

(1) Die Missouri-Nachtkerze (Oenothera missouriensis), eine altbewährte Staude, entfaltet ab Juli bis September ihre großen Blüten und paßt gut zu Delphinium grandiflorum. (2) Onosma stellulatum, der Goldtropfen, liebt Sonne und Trockenheit.

Oenothera, Nachtkerze (Oenotheraceae)

Am wichtigsten ist die bekannte Missouri-Nachtkerze, O. *missouriensis,* sie braucht allerdings für ihr lagernden Triebe, die riesige, gelbe Blüten tragen, viel Platz. Man kann sie auf Trockenmaueranlagen setzen und darüber herabwallen lassen. O. *caespitosa* ist eine Nachtblüherin mit großen, weißen Blüten, die in die Nachbarschaft von Palmlilie und Opuntien paßt und gern umherwandert, ohne lästig zu werden. O. *tetragona* mit rotbräunlichem Laub und sattgelber Blütenfülle steht schön neben niedrigem, blauem Rittersporn. Besonders farbenfroh ist mit roten Knospen und gelben Blüten die Sorte 'Fyrverkeri'. 'Hohes Licht' blüht besonders reich leuchtendgelb; beide werden 40 bis 50 cm hoch.

Omphalodes, Gedenkemein (Boraginaceae)

In Schattenanlagen lassen wir gern den Boden mit O. *verna* überwuchern und freuen uns alljährlich an dem himmelblauen Frühlingsflor. Ein Sonnenkind ist das 10 bis 15 cm hohe, willig wachsende, büschelige O. *cappadocica* vom Kaukasus, und eine edle Felsenpflanze mit blaugrauen Blättchen und porzellanblauen Blüten ist die griechische O. *luciliae*. Sie steht am besten in humosem Boden in enger, absonniger Felsfuge, aus der sie herabpendeln kann. Schutz vor Schnecken!

Onosma, Goldtropfen, Lotwurz (Boraginaceae)

Die meisten Arten blühen gelb; O. *stellulata* (O. *taurica*) ist wohl die wertvollste davon. Auffallend große, weiße, rosa getuschte Blüten hat das steifborstig behaarte, buschig wachsende O. *albo-rosea,* und fleischrosa blüht das seltene O. *sieheana;* beide stammen aus Kleinasien. Alle wollen trockenen Standort und so viel Sonne und Wärme wie möglich und lagern gern auf Trockenmauern oder wachsen aus deren Fugen heraus, wo sie auch am besten vor Winternässe geschützt

sind. Alle Arten entwickeln sich besonders schön im Alpinenhaus.

Opuntia, Opuntie, Feigenkaktus
(Cactaceae)

Winterharte Kakteen, die Kälte bis zu 30 °C aushalten, sind schon etwas sehr Seltsames. Seltsam ist auch der Anblick dieser runzeligen Stachelgestellen, die erst in der Sommerhitze aus ihrer Lethargie erwachen und dann leuchtende, seidigglänzende, große Blüten hervorbringen. Sie passen nur zu verschiedenen anderen Sukkulenten, Palmlilie, Mähnenerbsenstrauch und ähnlichen Wüstengestalten, in einen besondern prallsonnigen Gartenwinkel. Die gelbblühenden *O. phaeacantha* (*O. camanchica*), *O. polyacantha* (*O. missouriensis*) und die karminrote *O. rhodantha* in verschiedenen Formen, sowie die rosarot blühende *O. rutila* sind die bewährtesten. Alle verlangen gut durchlässigen, sandig-schottrigen Boden und vertragen besonders im Winter keine stehende Nässe.

Orchideen sind kostbare Schätze, die verständnisvolle Pflanzung und Pflege brauchen. Den Betrachter beglückt dann im Mai der reiche Flor von (1) Frauenschuh (Cypripedium calceolus) und (2) Tibet-Orchidee (Pleione limprichtii).
(3) Pleione forrestii aus China ist nicht winterhart und wird mit anderen Arten im Glashaus gehalten.

Orchideen (Orchidaceae)

So überaus reizvoll und begehrenswert auch unsere heimischen Freiland-Orchideen erscheinen, so wollen wir uns doch nicht in Versuchung bringen lassen, sie auszugraben und in den Garten zu pflanzen, denn sie stehen alle unter Naturschutz. Zudem lassen sich die meisten nicht auf die Dauer im Garten halten.

Die gartenwilligste aller Orchideen, die aber eine gute Winterschutzdecke aus Laub benötigt, dürfte *Bletilla striata* aus China sein. Sie ist mit jedem Boden und Standort zufrieden, fühlt sich aber in der Sonne in Rasenerde mit Humusbeimischung am wohlsten. Zwischen bambusartigen Blättern trägt sie an 30 cm langen Stengeln im Sommer schmucke, karminrosa Blüten mit weißen Schwielen auf der Lippe.

Gartenwillig sind auch verschiedene Frauenschuharten, das europäische *Cypripedium calceolus*, das, ebenso wie das ostasiatische *C. macranthum,* mit Kalkschotter durchsetzten, lockeren Boden liebt. Alle folgenden Arten verlangen eine mehr oder weniger kalkarme, humusreiche Erdmischung: *C. cordigerum, C. montanum, C. parviflorum* und *C. pubescens*. Sie wollen leicht beschatteten Standort und mit Quarzkies durchmischten Humusboden. Das großblumige, weißrosa *C. reginae (C. spectabile)* will Moorboden und feucht, sogar sumpfig stehen. Schwierig zu pflegende Arten sind *C. himalaicum* und das extrem kalkfeindliche *C. acaule* aus den Wäldern Nordamerikas.

Ein prächtiger, neuerer Gartenschatz ist *Pleione bulbocodioides (P. limprichtii)*, eine humusliebende Felspflanze aus Ost-Tibet; sie verlangt im Sommer viel Feuchtigkeit und im Winter absolute Trockenheit. Im Laufe der Jahre hat es sich gezeigt, daß diese so tropisch anmutende Orchidee zuverlässig winterhart ist, wenn die Pflanzstelle im Herbst dick mit trockenem Torfmull abgedeckt wird. Wer unsicher ist, nimmt im Herbst die Bulben heraus, überwintert sie im Keller und pflanzt sie im Frühjahr wieder aus. Nicht winterhart sind: *P. formosana*, hellrosa; *P. hookeriana*, zartlila; *P. humilis,* weiß mit dunkel gefleckter Lippe, die seltene, gelbblühende *P. forrestii* u. a. m. Alle sind prächtige Liebhaber-Orchideen für ein im Winter frostfrei gehaltenes Glashaus, in dem sie im Frühjahr zur Blüte kommen. Das Rezept zur erfolgreichen Kultur lautet auch hier: im Winter trocken, im Sommer feucht; Pflanzstoff humusreich und locker.

Origanum, Dost (Labiatae)

O. vulgare 'Compactum' bereitet mit seinen höchstens 20 cm hohen, dichten, rosalilablühenden Büschelchen im Sommer Bienen und Faltern ein Festmahl. Es paßt so recht zu Thymian, Heide, Bergastern und Wacholder. Eine wertvolle Neueinführung aus Kleinasien ist *O. amanum*. Das kaum 10 cm hohe, halbkugelige Büschelchen schmückt sich im Sommer wochenlang mit rosafarbenen, langröhrigen Blüten; ein Schatz für das Alpinenhaus, der aber auch an sonniger Steingartenstelle stehen kann und ganz winterhart ist. *O. × hybridus* ist eine reizende, aromatisch nach Majoran duftende Kleinstaude. Bis 30 cm streckt sie ihre drahtigen Stengel empor, die dicht mit graubehaarten Blättchen besetzt sind und in lockeren Blütendolden enden. Die bläulich-purpurfarbenen Blütenköpfchen erinnern an kleine Hopfendolden. Besonders schön im Alpinenhaus, in dem diese dankbare Pflanze ab Juli bis Weihnachten blüht.

Etwas Entzückendes für das Alpinenhaus oder für sehr geschützte, sonnige Nischen ist *O. dictamnus (Amaracus)*, eine Felsenpflanze Kretas. Sie trägt auf 10 bis 15 cm hohen, mit rundlichen, weißfilzigen Blättchen besetzten Stengeln nickende, hopfenartige, rosa Blütenährchen.

Orostachys spinosa, Sternwurz (Crassulaceae)

Dieser eigenartige, an eine Hauswurz erinnernde Bursche aus der Mongolei sitzt gern auf Tuffsteinblöcken in voller Sonne oder im

Halbschatten. *O. aggregatus* (*O. ivorenge*) eine seltsame, an gewisse Sedum erinnernde Pflanze unsicherer Herkunft und Benennung. Blätter bläulich braungrün in kleinen, gehäuften Rosetten mit dünnen Ausläufern. Blüten unscheinbar, weißlich. Für Sukkulentenliebhaber interessant, verlangt gut durchlässigen Boden und sonnigen Standort.

Oxytropis, Spitzkiel (Leguminosae)

Es gibt davon eine Menge Arten, die aber, wie die bleichgelb blühende *O. campestris,* meist nur reinen Sammlerwert haben. Beachtenswert ist die aus den Zentralalpen stammende, 10 cm hohe *O. halleri* (*O. sericea*). Sie hat seidig behaarte Fiederblätter und violettpurpurne Blüten und liebt schottrigen Boden; man kann sie nur mit Topfballen ansiedeln.

Paeonia, Pfingstrose (Ranunculaceae)

Natürlich sind Pfingstrosen im allgemeinen keine Steingartenpflanzen, aber die höchstens 50 cm große *P. tenuifolia* aus Südosteuropa macht eine Ausnahme. Ihre blutroten, einfachen Blütenschalen sitzen über den feingliedrigen Blattschöpfen; gerne pflanzt man sie am Fuße von Trockenmauern, wo sie wie eine seltsame *Adonis* wirkt und im Mai blüht.

Papaver, Mohn (Papaveraceae)

Der Islandmohn, *P. nudicaule,* besonders die nur 20 cm hohe Sorte 'Gartenzwerg', ist für den Steingarten in seinem lustigen Farbenbunt von Weiß, Gelb und Orangerot der dankbarste und beliebteste. Er läßt sich überall verwenden, und man hat nur darauf zu achten, daß er sich durch Selbstaussaat nicht zu breit macht. Noch gefährlicher ist in dieser Hinsicht der orangegelbe *P. monanthum.* Die echten Alpenmohne, *P. alpinum* und *P. pyrenaicum* mit den verschiedenen weiß- und gelbblühenden Varietäten, sind zierliche empfindliche Geröllsiedler, die sich nur im Schotter wohlfühlen.

Paradisea liliastrum, Paradieslilie (Liliaceae)

Hinter dem verheißungsvollen Namen steht wirklich eine feine, edle Pflanze der Südalpen mit weißen Trichterblüten auf dünnen Stengeln über grasartigen Blättern. Zwischen blauem Lein wirkt sie besonders schön und wächst am besten in kalkarmem Boden. Auf subalpinen Matten kommt sie oft so häufig vor, daß ihr Blütenweiß weithin leuchtet.

Parnassia palustris, Sumpfherzblatt (Saxifragaceae)

Sie ist eine von unseren Wildblumen, in die man sich verlieben kann, denn die weißen Knospenperlen und die fein geaderten Blütenschälchen sind wirklich entzückend schön. Man setzt sie an feuchter Stelle in das Moorbeet neben Mehlprimeln und Binsenlilie und ist beglückt, wenn sich dieses Naturkind bei uns wohlfühlt und im Spätsommer blüht.

Parochetus communis, Blauklee (Leguminosae)

Diese Gebirgspflanze Indiens überspinnt im Laufe des Sommers mit oberirdisch wandernden Trieben und hübschen, sauerkleeartigen Blättern rasch ganze Flächen. Die türkisblauen, einzelstehenden Blüten zeigen sich vornehmlich im Herbst; liebt etwas feuchte, absonnige Plätze. Verlangt guten Winterschutz.

Paronychia, Mauermiere (*Caryophyllaceae*)

P. argentea und *P. kapela* sind genügsame, sich dem Boden und Stein anschmiegende Polsterpflanzen mit weißhäutigen Blüten- und Fruchtköpfchen. Am wertvollsten, auch durch die braune Herbstfärbung, ist die wüchsige *P. serpyllifolia.*

Patrinia, Goldbaldrian (*Valerianaceae*)

Der eigentliche Goldbaldrian ist *P. scabiosaefolia,* der auf bis 1 m hohen Stengeln große, baldrianartige, aber gelbe Blütenschirme trägt und sich schön zwischen Eisenhut, Himmelsleiter usw. und Bergkiefern einfügen läßt. *P. triloba (P. palmata)* dagegen ist nur ein bescheidener, 20 cm hoher Zwerg für halbschattige Lage mit handförmigen Blättern und gelbem Flor von Mai bis Juni.

Pelargonium endlicherianum, Libanon-Storchschnabel (*Geraniaceae*)

Wer für eine extrem sonnige, regengeschützte Nische etwas Besonderes braucht, der versuche diese einzige winterharte Pelargonie aus Kleinasien mit den kuriosen, karminrosa, dunkelgeaderten Blüten. Sie verlangt durchlässigen, mit Tuffsteingries durchsetzten Boden und ist auch für sonnige Trockenmauerfugen und ganz besonders für das Alpinenhaus recht empfehlenswert.

Penstemon, Bartfaden (*Scrophulariaceae*)

Von diesen zum Teil verholzenden, nordamerikanischen Stauden sind in den letzten Jahren eine Menge Arten und Formen zu uns gekommen, so daß es schwer ist, eine Auswahl und Übersicht zu treffen. Mit am wertvollsten sind wohl: *P. alpinus,* purpurblau; *P. barbatus* 'Nanus' rot und rosa; *P. caespitosus,* türkisblau; *P. newberryi,* magentarot; *P. hallii,* leuchtendblau; *P. hirsutus* var. *pygmaeus,* lilarosa; *P. linarioides,* lila; *P. scouleri,* lilapurpur; *P. pinifolius,* scharlachrot; *P. rupicola,* karminrot. Schön sind auch die halbstrauchigen *P. fruticosus* 'Catherine de la Mere', blauviolett und *Penstemon* 'Zürichblau'.

Alle wollen freien Stand, Licht und Sonne und durchlässigen, möglichst kalkarmen Boden. Manche sind raschwüchsig, aber oft nicht sehr langlebig. Ihr Habitus paßt am besten zu anderen amerikanischen Alpinen: *Eriogonum, Eriophyllum, Heuchera, Phlox.* Man kann sie auch in Sukkulentengärtchen verwenden, wo ihr Rot oder Blau neben grauen Artemisien und den Farben von Agaven, *Sedum* und *Yucca* erfrischend wirken.

(1) Origanum dictamnus aus Kreta mit wollig-behaarten Blättchen und rosigen, hopfenartigen Blütenträubchen ist ein Schatz des Alpinenhauses. (2) Papaver monanthum, nur für große Anlagen. (3) Phlox douglasii 'Red Admiral'.

Petasites, Pestwurz (Compositae)

Einer der frühesten Frühlingsverkünder, der unmittelbar nach der Schneeschmelze mit weißen, walzenförmigen Blütensträußen feuchte Stellen des Bergwaldes schmückt, ist *P. albus*. Wir räumen ihm gern im Naturgarten einen Platz zwischen unseren Bergkiefern ein, seine großen Blätter, die sich nach der Blüte entfalten, benötigen aber viel Platz.

Petrocallis pyrenaica, Steinschmückel (Cruciferae)

Auf Felsengraten der Alpen und Pyrenäen heimisch, fühlt sich dieser Kreuzblütler auch im Tiefland auf sonnigen Steinsimsen oder in Steintrögen wohl und macht mit seinen kleinen, blaßlila oder weißen Blütenkissen seinem Namen Ehre.

Petrocoptis pyrenaica, Pyrenäennelke (Caryophyllaceae)

Dieses bescheidene, 10 cm hohe Pflänzchen mit blaugrünen Blättchen und blaßrosa Blüten wohnt gerne in einer absonnigen, humosen Felsspalte und blüht vom Frühling an bis in den Sommer hinein. Dieselben Ansprüche hat die etwas größer und rosa blühende *P. glaucifolia (P. lagascae)* von den Gebirgen Nordspaniens.

Phlox, Phlox, Flammenblume (Polemoniaceae)

Die Flora Nordamerikas schenkte uns mit dieser Gattung einzigartige Blütenstauden. Undenkbar sind uns heute Gärten ohne die

Pracht hoher Staudenphloxe, und ebenso undenkbar sind Steingärten ohne die Frühlingsphlox. In allen möglichen leuchtend frischen Rosa-Tönen, in Lila und Weiß fließen die Blütenfluten der Teppichphloxe, der *P. subulata*-Sorten im April-Mai über Mauern, lagern auf Terrassen und Hängen. Es ist eine Farbenpracht ohnegleichen, so überschäumend und leuchtend, daß sie uns im Naturgarten fast zu toll ist und wir sie viel lieber in dekorativen Anlagen verwenden.

Es gibt vom Teppichphlox viele Sorten. Die besten sind: 'Alexander Surprise', karminrosa, großblumig; 'Lindental', rosa, starkwüchsig; 'Pink Chintz', lachsrosa; 'Rotraud', leuchtendrot; 'Samson', warmrosa; 'Scarlet Flame', karminscharlach; 'Temiscaming', leuchtend purpurrot. Von den weißblühenden sind empfehlenswert die Sorten: 'Schnee' und die starkwüchsige 'White Delight'. Sehr wüchsig ist auch die alte, aber immer noch unentbehrliche schieferblaue 'G. F. Wilson'.

Mehr kompakte Polster bildend und nicht so starkwachsend, daher besser für Tröge und Schalen geeignet, sind die *Phlox douglasii*-Sorten: 'Apollo', lila, besonders kompakt; 'Crackerjack', leuchtend karminrot, früh; 'Iceberg', bläulichweiß, zwergig; 'Pink form', rosa, wüchsig; 'Red Admiral', karminrot, spätblühend; 'Rosa Cushion', rosa; 'Rosa Queen', hellrosa; 'Violet Queen', lila, sehr kompakt; 'Waterloo', karminrot. Neue Sorten sind 'Concorde', karminviolett mit grauem Auge, und 'Galaxy', violett.

Auch die 20 bis 30 cm hohen *P. amoena*, karminrot, *P. divaricata*, lilablau; *P. stolonifera* 'Blue Ridge', heliotropfarben, die neue, schieferblaue 'Chattahoohee' und *P. reptans*, rosa, blühen üppig. Alle haben in Steinkraut, Schleifenblume und Zwergiris-Hybriden entsprechend farbenstarke Nachbarn. Ein kleiner Sonderling durch die mit silbergrauen, anliegenden Blättchen besetzten Triebe und weißen Blütchen ist der hochalpine *P. bryoides*, er kommt im Troggarten am besten zur Geltung.

Phuopsis, Kreuzblatt, Rosenwaldmeister (Rubiaceae)

Die 20 cm hohe *P. stylosa* (*Crucianella stylosa*) ist keine hinreißende Schönheit, außerdem kann sie durch Wuchern gefährlich werden. Sie eignet sich aber für große Trockenmauern, wo ihr rosa, bei der Sorte 'Rubra' purpurrosa Flor im Mai-Juni auch am besten zur Geltung kommt.

Phygelius capensis (Scrophulariaceae)

Am Fuße sonniger Trockenmauern fühlt sich dieser 60 cm hohe Südafrikaner besonders wohl und erfreut uns den ganzen Sommer über mit seinen röhrigen, roten Blüten. Winterschutz durch starke Laubdecke!

Phyteuma, Teufelskralle (Campanulaceae)

Wegen der bogig gekrümmten Narben, die aus den Blüten herausragen, bekam diese Gattung ihren deutschen Namen.

Der Wunschtraum vieler Alpinenfreunde ist *P. comosum* (jetzt *Physoplexis comosa*), die Wunderpflanze der Dolomiten, die aus senkrechtem Fels herausquillt und im Juni bläulichweiße, violettkrallige Blütenschöpfe trägt. Sie läßt sich nur als junge Topfpflanze in absonnigen, engen Tuffsteinlöchern ansiedeln. Vor Schnecken behüten! *P. orbiculare* mit blauen, runden Blütenköpfen und die dunklere *P. scheuchzeri* sind leichtwachsende, 15 bis 20 cm hohe Wildstauden, die man gern zwischen Gräsern verwendet. *P. globulariifolium* und *P. hemisphaericum* sind heikle Hochalpine.

Plagiorhegma dubium (Jeffersonia dubia) (Berberidaceae)

Dieser liebliche, 20 cm hohe Lenzbote aus der Mandschurei mit zartbräunlichen Blattbüscheln und lila Blüten verblüht nur allzu schnell. Er liebt Halbschatten und gehört zu hellgelben Kissenprimeln und Seidelbast.

Plantago, Wegerich (Plantaginaceae)

Nur *P. nivalis* von den Pyrenäen hat Liebhaberwert. Die flache, weißzottige Rosette pflanzen wir vollsonnig und geben Glasschutz vor Winternässe.

Platycodon, Ballonblume (Campanulaceae)

P. grandiflorum 'Mariesii' ist eine 40 cm hohe, lilablau oder weiß, in der Sorte 'Perlmutterschale' auch zartrosa blühende, Variante dieser flachschaligen Glockenblume aus Ostasien. Für den Steingarten am wertvollsten ist *P. grandiflorum* 'Apoyama' von dem japanischen Berg Apoya in Hokkaido, nur 20 cm hoch und buschigwachsend mit riesigen, violettblauen Blüten. Alle sind Sommerblüher, die immer wieder erfreuen.

Pleione siehe Orchideen

Polemonium, Jakobsleiter, Sperrkraut (Polemoniaceae)

Hübsche, frühjahrsblühende Stauden mit frischgrünen Fiederblättern und zarten blauen Blüten von den Bergen Europas und Nordamerikas. Eine Gartenhybride ist das 40 bis 50 cm hohe, himmelblaue *P.* × *richardsonii*; es steht am liebsten an nicht zu trockenen Stellen in Sonne oder Halbschatten. Hübsch sind auch die verschiedenen Farbformen in Weiß ('Album') und Blauviolett ('Superbum'). Auch das nur 30 cm hohe, blaßblaue *P. replans* mit der Sorte 'Blue Pearl' und das fleischfarbene *P. carneum* lassen sich gut verwenden. Beide sind Gebirgspflanzen Nordamerikas.

Polygonatum, Salomonssiegel (Liliaceae)

P. odoratum (P. officinale) und *P. verticillatum,* heimische, 30 bis 50 cm hohe Waldstauden, lassen sich als genügsame Schattenpflanzen unter Gehölzen und zwischen Bergkiefern leicht ansiedeln, desgleichen das nur 15 cm hohe *P. falcatum* aus Japan. Gänzlich anders im Habitus ist das nur wenige cm hohe *P. hookeri* vom Himalaja. Es trägt im April in den Blattachseln aufrechtstehende, lilarosa Blüten, liebt feuchten, humosen Boden und bildet durch Ausläufer dichte Siedlungen.

Polygonum, Knöterich (Polygonaceae)

Am wertvollsten ist der kriechende Himalaja-Knöterich, *P. affine,* mit den schönen englischen Sorten 'Darjeeling Red' und 'Superbum'. Bis in den Herbst hinein schmücken sie ihre schmalblättrigen, dichten Teppiche mit rosa Blütenähren. Sie eignen sich auch sehr gut zum Überwallen von Trockenmauern. *P. tenuicaule* ist eine zwergige Art aus Japan mit aufrechtstehenden, weißen Blütenährchen zwischen mattgrünen, unterseits rötlichbraun getönten Blättern; sie blüht bereits im April, wird kaum höher als 10 cm, liebt etwas absonnigen, nicht zu trockenen Standort und formt mit ihren dicken, flachkriechenden Rhizomen bald kleine, rasige Horste.

Für größere Anlagen ist das 50 cm hohe, etwas wuchernde *P. compactum* 'Roseum' *(P. reynoutria)* durch seine wirkungsvollen, rötlichen Samenstände im Herbst sehr beachtenswert. Auch das 60 cm hohe *P. alpinum,* das sich im Sommer ganz in seinen weißen Blütenschleier hüllt, braucht viel Platz.

Ganz anders im Wuchs ist *P. sphaerostachyum* vom Himalaja, mit dunkelgrünen Blattrosetten und aufrechten, 50 cm hohen, karminroten Blütenähren. Es ist sehr schön und blüht noch im Spätherbst.

Potentilla, Fingerkraut (Rosaceae)

Leider enttäuscht *P. nitida,* das jeden Bergwanderer in den Dolomiten im Frühsommer durch seine pfirsichrosa Blütenfülle begeistert, im Tiefland, denn es will im Garten nicht so reich blühen. Man muß sich mit dem silbergrauen Polsterteppich, mit dem es sich eng dem Fels anschmiegt, begnügen. Noch silberglänzendere Blättchen hat *P. speciosa*

1

2

136

(1) Die Schopfige Teufelskralle (Physoplexis comosa) von den Dolomiten liebt absonnige Standorte und engste Fugen.
(2) Zwei Blütenschätze des Himalaja: Polygonum macrophyllum, der Ährenknöterich, und Inula hookeri, ein Alant mit strahligen, gelben Blütenscheiben.

Beispiele des Formenreichtums der Primeln. (3) Primula vialii aus Westchina liebt humosen Boden.
(4) P. marginata 'Linda Pope', eine schöne Sorte der Meeralpenprimel.
(5) P. vulgaris ssp. sibthorpii, ein anspruchsloser Frühlingsbote.
(6) P. auricula ssp. bauhinii, gartenwillig und reichblühend.

aus Kleinasien, deren kleine Büschelchen gern in sonnigen Felslöchern sitzen. Von den kleinen Mattenpflanzen ist vor allem das Goldfingerkraut, *P. aurea*, besonders die Sorte 'Goldklumpen' mit sattgelben Blüten neben *Veronica prostrata* unentbehrlich. Wirkungsvoll ist besonders die dunklere *P. ternata* (*P. chrysocraspeda*), auch die rasig wachsende *P. ambigua* vom Himalaja mit goldgelben Blüten ist brauchbar, desgleichen die großblättrige, graufilzig behaarte, kompakte *P. fragiformis* und die frühblühende, nur 5 cm hohe *P. verna* 'Nana'. Köstlich sind auch die 40 bis 50 cm hohen Arten vom Himalaja mit teils seidenglänzenden, erdbeerartigen Blättern und schönen Blüten: die gelbe *P. argyrophylla*, die dunkelrote *P. atrosanguinea* mit der scharlachroten Sorte 'Gibson Scarlet', die kirschrosa *P. nepalensis* 'Miss Willmott' (wunderhübsch hinter *Gentiana farreri*) und die dankbar blühende, rote, gelbgerandete Sorte 'Flammenspiel'. Auch die 30 bis 40 cm hohe, reichblühende, reingelbe *P. recta* 'Warrensii' und die weißblühende *P. rupestris* 'Pygmaea' seien nicht vergessen.

Alle Fingerkräuter sind wegen ihres Dauerflors im Sommer beachtenswert und lassen sich leicht im Gesamtbild mit verflechten.

Primula, Primel, Schlüsselblume (Primulaceae)

Das Blumenthema *Primula* ist eines der lieblichsten, das uns die Natur bescherte. Hunderte von Arten gibt es, die meisten stammen aus China, und viele davon sind bei uns geschätzte Gartenpflanzen. Die Primeln unserer Alpen, das Entzücken des Bergwanderers, sind fast alle für den Tieflandgarten ungeeignet. Nur wenige Arten wachsen und blühen so, daß man seine Freunde daran haben kann. Es sind *P. auricula*, die Alpenaurikel, auch die prächtige Südalpenform *bauhinii* mit stark bemehlten Blättern und großem, gelbem Blütenstand, und *P. marginata* mit den stark gezähnelten Blättern und lila Blüten. Beide stehen am besten in Spalten und auf Felsbändern und gedeihen auch vorzüglich in Trockenmauerfugen in Ost- oder Westlage. Auch die süßduftenden Gartenaurikeln (*P.* × *hortensis*) mit ihren wunderfeinen gelblichen, lilafarbenen und braunen Samttönen wachsen am besten an absonnigen Plätzen. Von den Primeln der Alpenmatten wächst *P. farinosa* – übrigens auch die üppigere *P. frondosa* vom Balkan – am besten im Moorbeet und *P. halleri* (*P. longiflora*) in kalkschottrigem Rasenboden. Ganz willig läßt sich die Kissenprimel *P. vulgaris* (*P. acaulis*) in ihrer hellgelben Wildform ansiedeln; sie und vor allem die lilarosa Form *P. vulgaris* ssp. *sibthorpii* sind die allerfrühesten Blüher und erfreuen uns schon im Februar-März. Mit den edlen Gartenzüchtungen von *P. vulgaris* und *P. elatior* in allen Farben lassen sich wunderbare Wirkungen erreichen.

Überaus dankbar ist *P. juliae* vom Kaukasus, die im April ihre Matten mit purpurnen Blüten bedeckt. Von ihr stammen die vielen beliebten, in Purpurtönen farbenstarken und üppigen Juliae-Hybriden (*P.* × *pruhoniciana*), sie entwickeln sich besonders gut, wenn sie genügend feucht stehen.

Von den chinesischen Primeln sind vor allem die frühblühenden Kugelprimeln, *P. denticulata*, in den verschiedenen Sorten in Lila bis Violett, Rosa bis Karminrot und Purpur sowie Reinweiß ebenso unentbehrlich wie die leuchtend karmesinrosablühende Rosenprimel, *P. rosea* 'Gigas'; besonders letztere liebt viel Feuchtigkeit. Die Pagoden- oder Etagenprimeln, *P. beesiana, P. bulleyana, P. cockburniana, P. helodoxa, P. japonica, P. prolifera, P. pulverulenta* und ihre Bastarde sind dankbare und farbenfrohe Frühsommerblüher, desgleichen auch die meist gebblühenden Glockenprimeln: *P. alpicola, P. sikkimensis* und *P. florindae* mit ihren reichen Blütenschöpfen. Köstliche Liebhaberpflanzen sind *P. aurantiaca, P. capitata, P. involucrata, P. nutans, P secundiflora* und *P. vialii*. Längst ist damit die Liste der vielen begehrenswerten Primeln nicht erschöpft, zumal immer neue asiatische Arten und Sorten, vornehmlich auf dem Weg über Englands Gärten, zu uns gelangen. Zu den letzten Bereicherungen zählen die im März rosablühenden, allerliebsten *P. clarkei* aus Kaschmir und *P. warshenewskiana* aus Afghanistan; beide lieben viel Feuchtigkeit.

Alle Primeln wollen, besonders während des Wachstums, eher feucht als trocken stehen, aber vielen ist im Winter Nässe schädlich. Robuste Arten wie *P. japonica* und *P. florindae* nehmen mit jedem Gartenboden vorlieb, empfindlichere verlangen mit Moorboden oder Torf durchsetzte, nahrhafte Rasenerde und sind meist kalkscheu. Alle schätzen Luftfeuchtigkeit und fühlen sich deshalb in Wassernähe und im Halbschatten besonders wohl. Fächerahorne, Farne, Akelei, Elfenblumen und viele andere edle Pflanzen mehr sind die rechten Gegenspieler für diese uns so lieben Pflanzenkinder.

Prunella, Braunelle (Labiatae)

Anspruchslose Dauerblüher, die vom Juli bis September quirlig-kopfige Blütenstände tragen und dichte Matten bilden. Am schönsten sind die großblumigen *P.* × *webbiana*, blauviolett, die hellila 'Loveliness'; und die rosafarbene *P. grandiflora* 'Rosea'; gern gesellen wir dazu auch die weiße *P. grandiflora* 'Alba'.

Pterocephalus parnassii, Felsskabiose (Dipsacaceae)

Diese in Griechenland beheimatete Gebirgspflanze bildet flache, graugrüne Matten, die im Sommer mit kurzgestielten, rosa Skabiosenblüten besetzt sind. Sie liebt Sonne und trockenen Standort und lagert am liebsten über Steinen.

Ptilotrichum siehe *Alyssum*

Pulmonaria, Lungenkraut (Boraginaceae)

Das schmalblättrige Lungenkraut, *P. angustifolia*, ist mit seinen azurblauen Blüten die schönste von diesen Schattenpflanzen, aber auch *P. saccharata* 'Mrs. Moon' ist nicht zu verachten, und wer genügend Platz hat, der pflanze auch noch die anderen; alle sind bescheidene und dankbare Frühjahrsblüher.

Passende Nachbarn sind Elfenblumen, Schneerosen, Winterlinge, kleinere Farne; Märzbecher, Schneeglöckchen, Hundszahn.

Pulsatilla, Pelzanemone, Küchenschelle (Ranunculaceae)

Von den Pelzanemonen oder Küchenschellen ist *P. slavica* die früheste und großblumigste. Schon im März entfalten sich aus den dicken, silberzottigen Knospen die großen, violetten, sich sternförmig ausbreitenden Blüten. Hellila, nickende Glöckchen trägt *P. albana* und dunkelviolett blüht *P. montana*. *P. pratensis* umgibt ihre schwarzvioletten Blütenglöckchen mit einem Glorienschein seidenhaariger Hochblättchen. Gartenkreuzungen von diesen Arten und von *P. vulgaris* ergaben Hybriden mit reichem Farbenspiel von Weiß und Zartlila, Lachsrosa, Rot ('Rote Glocke'), zu Rötlichviolett und Braunrot. Sie lieben alle durchlässigen Kalkboden, luftigen Stand und Sonne. Nur *P. vernalis* verlangt kalkarmen Heideboden; es ist schade, daß dieses Kleinod mit den weißen, goldzottig behaarten Blütenglocken so wenig gartenhold ist.

Ramonda siehe *Haberlea*

Ranunculus, Hahnenfuß (Ranunculaceae)

Eine der schönsten, aber auch noch seltensten Arten ist *R. calandrinioides* vom Atlasgebirge in Marokko. Gleich nach der Schneeschmelze entfaltet er über graugrünen Blättern große rosig-weiße Blüten. Er liebt Feuchtigkeit im Winter und Trockenheit im Sommer. Hübsch ist auch der 20 cm hohe *R. amplexicaulis* mit silberweißen Blütenschalen im Mai-Juni, er will lehmigen Boden und nicht zu trocken stehen, verträgt aber keine Staunässe. Seine Heimat sind die Pyrenäen.

1

2

(1) Die Kugelprimel (Primula denticulata), eine asiatische Gebirgspflanze, die von Afghanistan über den Himalaja bis nach Westchina verbreitet vorkommt, ist schon seit über 100 Jahren eine vertraute und beliebte Frühlingsverkünderin unserer Gärten geworden. Die Wildform blüht lila, aber es gibt davon viele Züchtungen von Reinweiß bis Karminrosa. Die Pflanze überwintert blattlos und breitet, im zeitigen Frühjahr austreibend, flache Blattrosetten aus, in deren Mitte dann schon deutlich sichtbar die Knospenkugel sitzt.
(2) Pulmonaria angustifolia ist eine wertvolle Schattenstaude mit azurblauen Blüten.

Viel anspruchsloser ist der höhere und kleinblütigere *R. aconitifolius* mit weißen Blütenständen über hübschen Blattbüscheln; er wächst in Sonne und Halbschatten und steht am schönsten am Rande von Steingartengewässern. Es gibt auch eine gefülltblühende Form davon. Für sonnige Trockenstellen ist auch der willig wachsende *R. gramineus,* dessen glänzend gelber Flor wunderbar mit *Linum alpinum* zusammenklingt, empfehlenswert. Im Ufersumpf eines größeren Tümpels wirkt der bis über 1 m hohe, prächtige, aber wuchernde, gelbblühende *R. lingua* sehr schön, und ins tiefere Wasser des Beckens setzen wir als reizende Schwimmpflanze den Wasserhahnenfuß, *R. aquatilis.*

Raoulia, Silberkissen (Compositae)

Es sind interessante, ganz flachwüchsige Polsterpflanzen Neuseelands. Die silberweiße *R. hookeri (R. australis)* ist entschieden die wirkungsvollste, aber auch *R. glabra, R. tenuicaulis* und die winzige *R. lutescens* sind für den Liebhaber begehrenswert. Sie wollen sandig durchlässigen Boden, sonnigen Stand und vor allem Schutz vor Winternässe haben. Besonders im Troggarten und in kleinen Anlagen wirken ihre aus winzigen Rosettchen zusammengesetzten Matten schön.

Rosularia pallida, Dickröschen (Crassulaceae)

Eine dichte Rasen bildende Rosettenpflanze aus Kleinasien mit fleischigen, dichbehaarten Blättern und bleichgelben Blüten. Eine Liebhaberpflanze, die am besten im Alpinenhaus wächst.

Rubus, Himbeere, Brombeere (Rosaceae)

Die meisten *Rubus*-Arten sind starkwüchsige Gehölze, aber es gibt auch einige Zwerge.
   R. arcticus, die arktische Himbeere, die nur 10 bis 20 cm hoch werdende Staude mit rosa Blütchen im Frühsommer, verlangt kalkfreie Humuserde und bildet eine hübsche, sommergrüne Bodendecke im Moorbeet. *R. calycinoides* vom Himalaja (Nepal), ist mit seinen kriechenden, wurzelnden Trieben, die dicht mit rundlichen, 3lappigen, dunkelgrünen, runzeligen Blättern besetzt sind, ein ganz flacher Bodendecker. Blüten darf man von ihm kaum erwarten, aber da wintergrün, für nicht zu trockene Stellen mit Humusboden, z.B. vor und zwischen Zwergrhododendron, gut zu gebrauchen.

Ruta, Raute (Rutaceae)

R. patavina (Haplophyllum patavinum) vom Balkan gehört mit zu den dankbarsten Dauerblühern des Sommers, die gelben Blüten stehen in verzweigten Doldensträußen auf 15 bis 30 cm hohen Stielen. Sie liebt kalkhaltigen Boden und viel Sonne; einmal eingewöhnt, wuchert sie munter umher, ohne zu schaden. *R. graveolens,* die Weinraute, paßt mit ihren graugrünen Büscheln gut zu *Yucca* und *Opuntia,* sie wird 50 cm hoch.

Sagina subulata, Sternmoos (Caryophyllaceae)

Zwischen Trittsteinen und Plattenfugen und überall dort, wo es gilt, kurze, sattgrüne Matten zu schaffen, verwenden wir gerne das Sternmoos. An nicht zu prallsonnigen Stellen wächst es am besten, und wenn es im Sommer mit weißen Blütchen betupft ist, sieht es besonders hübsch aus. Das gelbe „Moospolster" von 'Aurea' ist nicht jedermanns Geschmack; beide müssen von Zeit zu Zeit aufgenommen, geteilt und in frische Erde gepflanzt werden.

Salvia, Salbei (Labiatae)

Fast alle Salbei-Arten sind von Natur aus typische Besiedler von Trockenheitsgebieten, und so wirken sie auch im Garten am besten an sonnigen Hängen. *S. officinalis* mit den grauen Büschen, *S. argentea* mit den weißzottigen, breitblättrigen Rosetten, die feinglie-

drige *S. jurisicii* mit den reizvollen, behaarten Blütchen und der von Bienen viel besuchte, violettblaue, sommerliche Dauerblüher *S.* × *superba*, besonders die nur 50 cm hohe Sorte 'Ostfriesland' und die schon ab Mai blühende, dunkelblaue 'Mainacht' sowie die flachwachsende, durch rundlichovale, graugrüne Belaubung und rötliche Hüllkelche auffallende *S. multicaulis* aus Kleinasien sind die empfehlenswertesten. Eigenartig schön ist die zweifarbig-, gelb- und violettblühende *S. bulleyana* aus China; sie liebt, ebenso wie die heimische, schwefelgelbblühende *S. glutinosa*, den Halbschatten. Beide werden 40 bis 60 cm hoch.

Sanguinaria canadensis, Blutwurz (Papaveraceae)

Dieser nur spannhohe Frühlingsbote aus Nordamerika schiebt seine knospenumhüllenden Blatt-Tüten sehr zeitig aus dem Boden hervor. Leider zerflattern die schneeweißen Blütensterne nur allzu schnell, was bei der gefülltblühenden *S. canadensis* 'Multiplex' nicht der Fall ist. Reizvoll ist auch das schöne, buchtig ausgeschnittene Blattwerk, das bis zum Sommer erhalten bleibt. Sie liebt kalkarmen Humusboden und Halbschatten; die bleistiftstarken Rhizome, die bei Verletzung orangerot „bluten", dürfen nur wenige Zentimeter tief gepflanzt werden.

Saponaria, Seifenkraut (Caryophallaceae)

Am beliebtesten und bekanntesten ist *S. ocymoides*, das Rote Seifenkraut, das im Frühsommer seine rosaroten Blütenschleppen ausbreitet. Es sät sich gern selbst weiter aus, und man muß auf der Hut sein, daß es nicht überhand nimmt. Bescheidener im Wuchs, aber reichblühend ist die frischrote *Sapona-*

ria 'Bressingham Hybrid'. Eine Liebhaberpflanze von spanischen Gebirgen ist *S. caespitosa* mit ihren rasigen Polstern, von ihr stammt die wertvolle *S.* × *olivana* ab. Diese bildet feste, grüne Polsterkissen, die im Mai von großen, seidig rosa, fast sitzenden Blüten dicht bedeckt sind. Es ist eine der allerbesten leichtwachsenden Alpinen. Nicht vergessen sei auch der 30 cm hohe Spätsommerblüher *S. hausknechtii* mit großen lilarosa Blüten und die noch schönere, sehr lange blühende, rosafarbene Hybride *S.* × *lempergii* (*S. hausknechtii* × *S. cypria*), eine schöne Nachbarpflanze zu *Satureja montana* und *Perowskia*

(1) Die heimische Küchenschelle (Pulsatilla vulgaris), hier in ihrer ganzen blühenden Pracht.
(2) P. halleri ssp. slavica von den Karpaten, die schönste der Pelzanemonen. (3) Ranunculus calandrinioides, ein auffallend groß- und frühblühender Hahnenfuß aus Marokko. (4) Saponaria lutea, ein gelblich blühendes Seifenkraut aus den Westalpen.

atriplicifolia. Die lockerbüschelig wachsende *S. cypria*, mit großen, fleischrosa Blüten, ist nur für das Alpinenhaus zu empfehlen.

Satureja, Bergminze, Kölle (Labiatae)

Der reiche duftende Flor von *S. montana* gehört mit zum Schönsten des spätsommerlichen Steingartens. Wochenlang sind die breiten Büschel mit weißen Blütchen überschüttet und von Bienen umworben. Kleinere, 30 cm hohe Büschelchen mit lilablauen Blütchen hat *S. montana* var. *subspicata* (*S. pygmaea*). Keine auffallende Schönheit, doch für den Liebhaber auch des Anpflanzens wert, ist der Alpen-Steinquendel, *Acinos alpinus* (*Satureja alpina, Calamintha alpina*), mit nett gezeichneten, purpurvioletten Blütchen und von niederliegendem Wuchs; er paßt gut zu *Gypsophila repens.*

Saxifraga, Steinbrech (Saxifragaceae)

Schon aus dem Wort „Steinbrech" klingt es heraus, daß wir es mit ausgesprochenen Steingartenpflanzen zu tun haben. Über 300 Arten und Hunderte von Gartenhybriden gibt es – ein Pflanzenschatz, der jeden Alpinenfreund begeistert. Wenn Karl Foerster sagt, schon allein der Steinbreche halber braucht man einen Steingarten, so hat er nicht Unrecht. Wie mannigfaltig sind allein schon die Wuchsformen der verschiedenen Untergruppen! Moosartig schwellende Teppiche bilden die einen, andere feste, kleinblättrige oder großrosettige, starre Polsterkissen, wieder andere besitzen weiche, fleischige Blätter. Ihre Blüten stehen einzeln oder zu wenigen auf kurzen Stielen, häufig aber auch in sehr reichblütigen Trauben und Rispen. Von der großen Fülle sei hier nur eine kleine Auslese der hübschesten gegeben.

Eine der frühesten ist *Saxifraga oppositifolia* var. *latina,* die bald nach der Schneeschmelze ihre feingliedrigen, kriechenden Triebchen mit purpurrosa Blüten besetzt. Sie verlangt aber sorgsame Pflege, einen kühlen Standort.

Wahre Juwele sind auch die frühblühenden Polster-Steinbreche *(Kabschia-* und *Engleria-*Saxifragen), die ihre festen Kugelkissen und kleinrosettigen Matten im März-April mit lieblichem Flor schmücken.

Von den Arten und vielen Sorten, die besonders von englischen und schweizer Firmen angeboten werden, hier nur eine beschränkte Auswahl von reichblühenden und schönsten:

weiß: *S. burseriana* und davon die Sorten 'Crenata', 'Gloria' und 'Magna'; *S. marginata* und *S. marginata* var. *rocheliana;* 'Marie Louise';
hellgelb: *S. × apiculata, S. diapensioides* 'Lutea', 'Primrose Bee';
gelb: *S. ferdinandi-coburgii* var. *pravislavi,* 'Haagi', *S. sancta.*
rosa und lilarosa: 'Amitié', 'Arco-Valleyi', 'Cranburne', 'Delia', 'Irwingi', 'Joh. Kellerer', 'Mother of Pearl', 'Myra';
karminrot: *S. × biasoletti, S. grisebachii* 'Wisley', *S. sempervivum,* 'Tristan', 'Winifred.'

Diese Steinbreche wollen keinen vollsonnigen Standort, sondern gedeihen am besten in Ost- oder Nordost-Lage des Steingartens. Am wohlsten fühlen sie sich, wenn man sie an stark geneigten, ja selbst senkrechten Flächen von Tuffsteinen in enge, tiefe Löcher setzt.

Viel mehr Sonne vertragen die kalkbekrusteten Silberrosetten-Steinbreche (Sektion *Euaizoonia),* die mit ihren schmucken, weißen Blütenständen im Mai-Juni direkt feierlich wirken. Von ihnen könen besonders empfohlen werden: Die verschiedenen Formen von *S. aizoon (S. paniculata)* mit weißen oder rosafarbenen Blüten, *S. cochlearis* mit der zierlicheren Gartenform 'Minor'; *S. cotyledon* 'Pyramidalis' (nicht zu trockenen Humusboden), *S. hostii* und *S. lingulata (S. callosa).* Ein erlesenes Schmuckstück ist *S. longifolia,* mit gleichmäßiger, reichblättriger Rosette, die nur einmal, nach Jahren, einen prächtigen Blütenstand entwickelt und dann abstirbt. Dieser „König der Steinbreche" von den Pyrenäen wächst auch im Trockenen.

Mehr schattigen, kühlen und nicht zu trockenen Stand lieben die Moos-Steinbreche (Sektion *Dactyloides).* Sie bilden durch reiche Sprossung ihrer weichblättrigen Rosetten große, moosartige Polster und schmücken diese im Frühling mit wahrem Blütengeschäume. Schön sind vor allem die *S.* Arendsii-Hybriden 'Blütenteppich' (karminrosa), 'Gaiety', lachsrosa; 'Leuchtfeuer', rot; 'Luschtinez', blutrot; 'Schwefelblüte', gelblich-weiß; 'Findling' und 'Schneeteppich', weiß. Und unentbehrlich ist *S. trifurcata* mit ihrem dichten, weißen Blütenschaum. Wertvoll ist auch wegen ihrer bronzeroten Herbstfärbung der dichten „Moospolster" *S. hypnoides* var. *gemmifera.*

Geradezu unentbehrlich sind auch die Schatten-Steinbreche (Gruppe *Robertsoniana*), an deren Spitze das Porzellanblümchen, *S. umbrosa,* mit der besonders reizenden, dunkelrosablühenden 'Elliot' steht. Freunde buntblättriger Pflanzen werden an den Formen 'Variegata' und 'Aureovariegata' ihren Spaß haben. Aber auch *S. cuneifolia* und die niedliche *S. tazetta,* die mit ihren keilförmigen Blättern im Schatten dichte Rasen bilden, sowie die wunderschön lachsrosa blühende Hybride *S.* × *primulaize* 'Salmon' *(S. primuloides* × *aizoides)* seien nicht vergessen. Damit ist aber die Liste der unentbehrlichen Steinbreche noch nicht erschöpft! Wie kleine Levkojen wirken im Juni die gefüllten Blüten des Körner-Steinbrechs, *S. granulata* 'Plena', und gerne setzen wir auch an feuchten, schattigen Plätzen *S. rotundifolia,* den Rundblättrigen Steinbrech; mit seinen reichblühenden, hohen Rispen bringt er uns im Sommer den Wildnisreiz von Quellfluren heimischer Berge in den Garten.

Aus Japan stammt *S. stolonifera* 'Cuscutiformis', ebenfalls ein Schattensteinbrech, der über rotem Gespinst fadenförmiger Ausläufer und braungrüner, hellgeaderter Blätter im Sommer einen lockeren, weißen Blütenschleier trägt.

Den Abschluß bildet der Oktober-Steinbrech, *S. cortusifolia* var. *fortunei,* der als letzter Blüher mit weißem Spitzenkleid über olivgrünen, glänzenden Blättern sein Hochzeitsfest feiert. Man pflanze ihn vorsorglich etwas geschützt, etwa unter den Schirm eines Japan-Ahorns, damit die Blüte vor Nachtfrösten verschont bleibt. Etwas frühblühender ist die Form 'Rubrifolia' mit köstlich rubinroten Blatt- und Blütenstielen.

Scabiosa, Skabiose (Dipsacaceae)

Man sieht es der *S. graminifolia* mit ihren schmalblättrigen Büscheln und hellila Blüten auf den ersten Blick an, daß sie volle Sonne und Wärme liebt. Für Trockenmauern und Südhänge ist sie geradezu unentbehrlich.

Auch *S. japonica* var. *alpina* und *S. lucida* sind sehr brauchbare, 15 bis 20 cm hohe Wildstauden mit violettpurpurnen Blütenköpfen im Sommer.

Schievereckia bornmuelleri (Cruciferae)

Kleinasien ist die Heimat des polsterbildenden, kleinen, weißen Kreuzblütlers des Frühlings, den man jedoch nicht unbedingt besitzen muß.

Schizocodon und Shortia, Fransenglöckchen (Diapensiaceae)

Nur dort, wo kalkfreier Humusboden, genügend Luftfeuchtigkeit und geschützter Standort vorhanden ist, besteht Aussicht, daß diese kleinen, immergrünen, japanischen und amerikanischen Gebirgswald-Stauden *Schizocodon soldanelloides, Shortia galacifolia* und *Sh. uniflora* wachsen werden. Am besten stehen sie zwischen *Rhododendron* oder in einer schattigen Ecke des Alpinenhauses.

Scutellaria, Helmkraut (Labiatae)

Am dankbarsten sind von den niederen Arten *S. orientalis* var. *pinnatifida* mit ihrem grauen, lockeren Teppich und den gelben, ansehnlichen Blüten und die 20 cm hohe, violettblaue, im Juli-August blühende *S. scordifolia* aus Asien. Auch die grünbuschige *S. alpina,* eine kalkstete Pflanze der Süd- und Westalpen, mit blauvioletten, weißlippigen oder rosafarbenen Blüten ist recht hübsch. Von den hohen Arten ist zweifellos die 60 cm hohe *S. baicalensis (S. macrantha)* aus Sibirien mit lilablauen Kerzen von Juli bis September die schönste. Alle sind zufrieden, wenn sie genügend sonnig stehen.

Sedum, Fetthenne (Crassulaceae)

Zahllose Mauern unserer Heimat tragen den Schmuck von *S. acre,* dem Mauerpfeffer, *S. album* f. *murale, S. reflexum* und *S. spurium*

Kabschia-Steinbreche, kleinkrustige Polsterpflanzen, sind mit das Beglückendste im Steingarten. Beim ersten Frühlingsahnen beginnt ihr Blütenfest. Es gibt so viele Schönheiten, daß die Wahl schwerfällt. (1) Saxifraga burseriana und die Saxifraga lilacina-Hybriden (2) 'Rubella', (3) 'Myra', (4) 'Irwingi'.

(1) Saxifraga longifolia von den Pyrenäen entwickelt eine bis 15 cm breite Rosette, die nach Jahren zur Blüte kommt und dann abstirbt. (2) Saxifraga grisebachii ist ein Juwel aus Mazedonien. (3) S. hostii von den südlichen und östlichen Kalkalpen in der typischen Herbstfärbung.

und zeigen aller Welt die rührende Anspruchslosigkeit dieser sukkulenten Pflanzen. Durch weitere Arten dieser Hunger- und Durstkünstler können wir unsere Gartenmauern, Plattenfugen und andere Trockenplätze noch viel reicher schmücken. *S. anacampseros, S. cauticolum, S. ewersii, S. pluricaule* und *S. sieboldii* sind nur einige von vielen. Reizend, besonders für Schalen und Tröge geeignet, sind die kugeligen, blaubereiften, mit weißen Blütensternchen besetzten Polsterchen von *S. dasyphyllum* und *S. dasyphyllum* 'Suendermannii'.

Unentbehrlich als Rasenersatz in Sonne und Halbschatten sind *S. aizoon* ssp. *kamtschaticum* (*S. ellacombianum*), *S. floriferum* mit der schönen Sorte 'Weihenstephaner Gold', *S. hybridum,* und vor allem die verschiedenen Sorten von *S. spurium.* Alle diese sind durch ihre reiche Sommerblüte zugleich wertvolle Bienenfutterpflanzen. Auch *S. album* 'Coral Carpet' mit im Sommer grünen, im Herbst sich rot verfärbenden, dicklichen Blättchen, sowie *S. album* 'Micranthum', das dichte hellgrüne Rasen bildet, sind wüchsige, gute Bodenbedecker. Höhere schmucke Arten sind *S. aizoon, S. spectabile,* 'Carmen' und 'Septemberglut', *S. telephium* ssp. *telephium* und die Sorte 'Herbstfreude'.

Zum Schluß noch etwas besonders Schönes für den Liebhaber: die kleine *S. spathulifolium* 'Purpureum' und die schneeweiße Sorte 'Capa Blanca', die schön rot blühenden, leider aber nach der Blüte absterbenden, nur zweijährigen Rosetten von *S. sempervivoides* und *S. pilosum* sowie das nur einjährige, aber sehr niedliche *S. caeruleum,* das im Sommer ganz dicht mit himmelblauen Blütensternchen übersät ist.

Sempervivella sedoides, Himalaja-Hauswurz (Crassulaceae)

Eine kleine, rasenbildende Rosettenstaude mit weißen 6- bis 8strahligen Blütensternen, die man am besten im Alpinenhaus unterbringt, da sie nicht absolut winterhart ist.

Sempervivum und Jovibarba, Hauswurz, Steinrose (Crassulaceae)

Diese beiden Gattungen, die sich im Habitus sehr ähneln, unterscheiden sich dadurch, daß Semperviven vielstrahlige, ausgebreitete, meist rötlich getönte oder rote Blüten besitzen. *Jovibarba* haben alle gelbe, 6petalige, röhrige, aufrechtstehende Blüten.

In diesen Dickblattgewächsen ist der Gipfel an Anspruchslosigkeit erreicht. Sie können, wie ja bekannt, nur vom eigenen „Miste" zehrend, Generationen hindurch selbst auf Dächern leben. Felsmulden und Mauerfugen geben wir ihnen als Brutstätte, und es ist eine Freude, zu sehen, wie sie sich dort breitmachen und sprossend vermehren. Geradezu ideal geeignet sind sie auch zur Bepflanzung von Troggärten und Steingartenschalen. Welche sind die schönsten? Von den vielen Wildarten vielleicht die weißübersponnene Spinnwebhauswurz, *Sempervivum arachnoideum* var. *tomentosum;* die Rotspitz-Steinwurz, *S. calcareum;* das graufilzige *S. ciliosum* var. *borisii,* und die altbekannte Hauswurz *S. tectorum,* von der es zahlreiche Varianten gibt. Von den *Jovibarba*-Arten sind die Jadesteinwurz, *J. heuffeli* und die Grünkugel-Steinwurz *J. sobolifera,* die sich durch reiche Sprossung rasch ausbreitet, die beliebtesten.

Von Natur aus sind die Semperviven sehr kreuzungswillig, so daß bereits viele Naturhybriden vorkommen. Gärtner und Liebhaber nutzten diese Eigenschaft, um das Naturspiel weiterzutreiben. So wird zur Freude von Sammlern das Sortengetümmel immer größer. Da sind, um nur einige zu nennen, z. B. die mehr- oder weniger silbergrau übersponnenen: 'Alpha', 'Apache', 'Gama', 'Rauhreif' und 'Rheinkiesel'; die graugrünen mit roten Spitzen geschmückten: 'Adlerhorst', 'Apollo', 'Mrs. Giuseppi' und 'Sunset'. Rotbraune bis braunviolette Rosetten besitzen die Sorten 'Granat', 'Othello', 'Rotkopf', 'Rotmantel' und 'Rubens'; grünrosettig sind: 'Grünspecht', 'Ockerwurz' und 'Seerosenstern'.

Besonders die Blüten von Semperviven

werden eifrig von Bienen besucht. Blühende Rosetten sterben ab, haben aber vorher durch Nebenrosetten den Fortbestand der Sippe gesichert.

Senecio, Greiskraut, Kreuzkraut (Compositae)

S. adonidifolius aus den Pyrenäen und Westalpen ist ein 30 cm hoher, dankbarer gelber Sommerblüher mit frischgrünem Blattgitter. Wer kalkfreien Boden hat, versuche den orangefarbenen *S. abrotanifolius* var. *tiroliensis* und *S. incanus* ssp. *carniolicus* neben Zwergwacholder anzusiedeln. Der schönste aber ist *S. capitatus* von den Südalpen mit weißzottiger Rosette und ebensolchem Stengel, rotbraunen Knospen und feurig goldbraunen Blüten. Dieses Prachtstück wirkt und wächst am besten zwischen dunkelgrauem Urgesteinsschiefer im Steintrog.

Shortia siehe *bei Schizocodon*

Sideritis, Gliedkraut (Labiatae)

S. glacialis aus Spanien, ein kleinblättriger, 15 cm hoher, grüner Büschel mit hellgelben Lippenblütchen und die graufilzige, schlanke *S. libanotica* aus Vorderasien eignen sich für Trockenplätze im Naturgarten.

Silene, Leimkraut (Caryophyllaceae)

Wer auf seinen Bergfahrten die rosa Blütenpolster von *S. acaulis* bewundert und diese auch in seinem Garten haben möchte, wird eine Enttäuschung erleben; im Tiefland ist sie nämlich blühfaul und kurzlebig, falls sie nicht immer wieder durch Teilung verjüngt wird. Viel Freude bereitet aber die willig wachsende, im Spätsommer karminrosa blühende, kaukasische *S. schafta* 'Splendens'. Zierlich wirken die lockeren, halbkugeligen Büschel von *S. saxifraga,* wenn sie aus einer Fels- oder Mauerfuge herausquellen. Ihre weißen Blüten sind nur nachts voll entfaltet und rollen sich in den Vormittagsstunden ein. Viel robuster sind die graublättrigen Matten von *S. maritima* 'Weißkehlchen' mit kurzgestielten, weißen Blüten; davon gibt es auch eine reizende gefülltblühende Form, 'Plena', und eine zartrosablühende 'Rosea'. *Silene elisabetha* von den Südalpen trägt über einer Blattrosette auf 20 cm hohen Stengeln im Juni große, karminrosa Blüten. Eine Kostbarkeit für erfahrene Liebhaber, die sie, eingefügt zwischen Kalksteinen, an vollsonniger Stelle pflanzen. Schutz vor Schnecken!

Sisyrinchium, Binsenlilie (Iridaceae)

S. angustifolium (S. anceps) aus Nordamerika ist ein kleines, irisartiges Büschelchen mit violettblauen Blütchen, das wir gerne, ebenso wie das gelbblühende *S. brachypus,* als bescheidenen Lückenfüller mit verwenden. *S. macounianum* 'Album' wird kaum 10 cm hoch und besitzt große, weiße Blüten, die höhere Hybride 'Mrs. Spivey' blüht gelb mit weißem Grund. Beide sind besonders schön und gedeihen am besten in kalkarmen Böden.

Soldanella, Alpenglöckchen, Troddelblume (Primulaceae)

Alpenglöckchen sind mit die lieblichsten und bekanntesten Gebirgspflanzen, die aber leider fast alle im Tieflandsgarten versagen. Nur *S. montana* und die ähnliche, aber mittels dünner Rhizome erfreulicherweise sich ausbreitende *S. villosa* von den Pyrenäen kommen an schattigen Plätzen schön zur Entfaltung, wenn man sie in Nadelhumus setzt. Sie bringen uns im April mit ihren violettblauen Fransenglöckchen neben Seidelbast, Schneerosen und austreibenden Kleinfarnen beglückende Bergwaldstimmung in den Garten.

Solidago, Goldrute (Compositae)

Vor allem in Terrassengärten sind im Spätsommer die Blütenbuschen der 60 bis 70 cm hohen Goldruten-Sorten, z. B. 'Goldwedel',

'Goldenmosa', 'Strahlenkrone' u. a. m. von guter Wirkung. *S. caesia* und *S. virgaurea* 'Nana' passen in Naturgärten zu Wacholder. Zwergige Goldruten für Steingärten und Tröge sind die 10 cm hohe *S. cutleri* (*S. brachystachys*) und die nur 5 cm hohe *S. minutissima*. Alle sind anpruchslos, aber sonnenliebend und wegen des späten Flors wertvoll.

Spigelia marilandica, Feuerenzian (Loganiaceae)

Diese fremdländische Schönheit wird jedem Liebhaber, der sie sah, unvergeßlich bleiben. Es ist eine seltsame, 30 cm hohe Staude aus Nordamerika mit enzianartigen, außen roten, innen gelben, spitzzipfligen Blüten in endständiger aufrechter Traube. Sie blüht im Sommer und verlangt sandigen, feuchten Lehmboden.

Stachys, Ziest (Labiatae)

Für große Anlagen ist *S. olympica* (*S. lanata*), der Wollziest, besonders die Sorte 'Silver Carpet' mit ihren wüchsigen graufilzigen Matten z. B. neben chinesischen Blutberberitzen recht wirkungsvoll und brauchbar. Auch *S. grandiflora* 'Superba' mit üppigen, walzenförmigen, purpurrosa und *S. nivea* mit lockeren, weißen Blütenquirlen sind hier am Gebüschrand am Platze. Von den kleineren Arten ist *S. lavandulifolia* aus Kleinasien sehr beachtenswert. Er ist zwar ein Wucherer, der wenigstens einen halben Quadratmeter Fläche benötigt und volle Sonne verlangt, aber seine seidenzottigen, behaarten, purpurroten Blütenstände sind so schön, daß man ihn nicht missen möchte. In seinen graugrünen Teppich kann man *Allium christophii* pflanzen.

Symphyandra, Steinglocke (Campanulaceae)

S. hofmannii aus Bosnien sät sich, einmal eingepflanzt, gerne von selbst immer wieder aus und errichtet im Juni ihren 60 cm hohen, dichtbehangenen, gelblichweißen Schellenbaum an allen möglichen felsigen Stellen. *S. wanneri* vom Balkan ist anspruchsvoller, will etwas absonnig in Steinfugen stehen und dankt dafür mit lilablauen, großen Trichterblüten auf 10 bis 15 cm hohen Stengeln.

Synthyris stellata, Frühlingsschelle (Scrophulariaceae)

Schon Anfang April sitzt diese nur 20 cm hohe Bergwaldstaude (früher *S. reniformis*) der Rocky Mountains mit ihren lila Blütentürmchen aus dem Boden und erfreut uns damit bis

Freilandsukkulenten, ideale Pflanzen für den Steingärtner. Fast alle fühlen sich dort am wohlsten, wo sie in der Sonne „braten" können. Ein Sinnbild der Genügsamkeit sind die Hauswurze; mit einer Handvoll Erde in Steinlöchern oder Fugen sind sie zufrieden. (2) Sempervivum tectorum 'Atropurpureum', (3) Semperivum 'Sunset'. Mannigfaltig sind die Sedum-Arten: (1) S. pilosum, (4) S. spathulifolium 'Purpureum', (5) S. cauticolum, (6) S. cyaneum 'Rosenteppich', (7) S. spurium 'Atropurpureum'.

Mai. Sie liebt humusreichen Boden und etwas Schatten und paßt reizend zu *Corylopsis pauciflora*.

Telekia speciosissima siehe *Buphthalmum*

Thalictrum, Wiesenraute (Ranunculaceae)

Zwischen Gebüsch an nicht zu trockenen Hängen oder auch am Rande von Wasserflächen wirkt in großzügigen Anlagen *T. aquilegifolium* mit fedrigem, lilarosa oder weißem Blütengewölk wundervoll. Überaus lieblich ist auch das im Sommer blühende, bis über mannshoch werdende *T. dipterocarpum* aus Westchina, man kann es sein lilablaues Blütengeperle zwischen den Gehölzen der Randpflanzung entfalten lassen. Ähnlich ist das schwachwüchsigere, aber großblumigere *diffusiflorum*. Eine bescheidene Wildpflanzenschönheit, nur 10 cm hoch, ist *T. alpinum*. Der Liebhaber setzt es in kalkarmen Boden zwischen *Primula farinosa* in das Moorbeet. Last not least noch eine Neueinführung aus Japan: *T. kiusianum*, ein nur 10 cm hoher Zwerg mit lila Blütenbüschelchen über farnartig-zierlichen Blättern, die sich im Herbst purpurbräunlich verfärben; liebt feuchten, lehmig-humosen Boden.

Thlaspi, Täschelkraut (Cruciferae)

T. stylosum (Noccaea stylosa) ist zwar keine auffallende Schönheit, aber doch recht nett und wegen der frühen blaßlila Blüte im März-April beachtenswert. Sie ist nur 3 bis 5 cm hoch, liebt schottrigen Boden und kann neben anderen kleinen Frühblühern, z.B. neben *Erysimum kotschyanum*, im Steinbeet oder Troggarten stehen.

Tiarella siehe bei *Mitella*

Thymus, Thymian, Quendel (Labiatae)

Diese Bewohner trockener Halden, Felsen und Heiden setzen wir auch an entsprechend sonnige Plätze. Alle sind vorzügliche Bodenbedecker, die allerlei kleine Zwiebelpflanzen unter ihren Matten aufnehmen können. Am schönsten sind die verschiedenen Farbenformen unseres heimischen Quendels, *T. serpyllum:* 'Albus', 'Carneus' und 'Coccineus'. Schön ist auch *T. drucei* var. *pseudolanuginosus* mit seinen grauen Matten. Er ist der üppigste Wachser, und man darf ihn nicht in die Nähe von kleinen Polsterpflanzen setzen, höchstens neben die Zwergglockenblume, die lustig die wollige Decke durchwächst. Graue, gerne über Steine hängende Schleppen, die sich reich mit rosa Blüten schmücken, hat *T. hirsutus* var. *doerfleri* vom Balkan; eine sehr reichblühende, kompaktwachsende Sorte davon ist 'Bressingham Seedling'. Wertvolle, blattschöne Polsterpflanzen sind der graulaubige *T. ciliatus* 'Pubescens' und *T. pygmaeus,* der sattgrüne, dichte Matten bildet. Die halbstrauchigen Büschelchen von *T.* × *citriodorus* 'Aureus' und 'Golden Dwarf' sind leider nicht ganz winterfest.

Townsendia, Felsenmargerite (Compositae)

T. exscapa (T. wilcoxiana), eine zwergige Pflanze aus Nordamerika mit unverhältnismäßig großen Blüten, sieht fast aus wie eine sitzengebliebene Alpenaster. Sie will recht mager zwischen Gestein stehen und wirkt, wenn sonnige Bänder dicht mir ihr besetzt sind, recht putzig. Ähnlich ist die sehr früh lilarosa blühende *T. parryi; T. formosa* wird 10 cm hoch und hat violettblaue Strahlenblüten. Alle sind Liebhaberpflanzen und meist nicht sehr langlebig.

Trachelium (Campanulaceae)

Für Trockenmauerfugen und engste Felsspalten in sonniger bis halbschattiger Lage ist das bulgarische, 10 bis 25 cm hohe, büschelig wachsende *T. rumelianum* mit den hellblauen Blütenköpfchen im Sommer eine willkommene Gabe. Empfindlicher, nicht genügend winterhart und am besten im Alpinenhaus zu halten ist *T. asperuloides* aus Griechenland, es verwandelt seine flachen Polster im Juli in ein lichtblaues, strahliges Blütenkissen. Damit die Pflanze kompakt bleibt, ist es ratsam, sie nach der Blüte zu stutzen.

Tradescantia, Dreimasterblume (Commelinaceae)

T. × *andersoniana* (*T. virginiana*) ist eine 50 cm hohe amerikanische Uferpflanze, die aber nicht unbedingt feucht stehen muß, zur Randbepflanzung für größere Steingartenbecken. Sie sät sich gerne selbst aus, deshalb ist Vorsicht geboten. Es gibt eine Menge Gartensorten (Andersoniana-Hybriden), am schönsten sind die blauen, z.B. 'I. C. Weguelin', himmelblau, und 'Zwanenburg Blue', dunkelazurblau.

Trapa natans, Wassernuß (Hydrocaryaceae)

Im Steingartentümpel versenken wir im Frühjahr einige der kuriosen ankerförmigen Samen der Wassernuß, es entsprießen daraus reizvolle, rosettige Schwimmpflanzen, deren rhombische Blätter sich im Herbst rotbraun färben. Die Pflanze liebt warmes Wasser und viel Sonne, sie ist nur einjährig, sät sich aber in der Regel selbst wieder aus.

Tricyrtis, Krötenlilie (Liliaceae)

Die etwa 50 cm hohen *T. hirta, T. macropoda* und *T. stolonifera* aus Japan sind Schattenstauden mit wundersam purpurbraun gefleckten Blüten in den Blattachseln. Sie blühen im August-September und verlangen eine Winterdecke aus Laub.

Trillium, Dreiblatt, Waldlilie (Liliaceae)

T. grandiflorum, die nordamerikanische Waldlilie, mit großen, weißen, dreiteiligen Blüten über dreiteiligem Blattquirl, blüht bereits im April. Sie liebt Humus und steht sehr schön neben *Mertensia virginica* in der Schattenecke. Eigenartig schön durch die trübroten, nickenden Blüten und düster gefleckten Blätter ist *T. erectum*. Bei *T. sessile* sitzen die ochsenblutroten, bei *T. sessile* var. *californicum* (*T. chloropetalum*) die weißen Blüten über dunkelgescheckten Blattquirlen.

Trollius, Trollblume (Ranunculaceae)

Am Rande größerer Gewässer wirken *T. chinensis* (*T. ledebourii*) sowie die Gartenformen von *T. asiaticus* in Gelb und Orange prachtvoll. In kleineren Anlagen verwenden wir die zwergigen *T. pumilus* und *T. patulus* vom Himalaja sowie den Spätblüher mit offenen, dotterblumenartigen Blüten, *T. yunnanensis* aus Westchina.

Tunica saxifraga, Felsennelke (Caryophyllaceae)

Dieses kaum 20 cm hohe, zierliche, äußerst anspruchslose, schleierkrautartige Pflänzchen ist ein unermüdlicher rosa Dauerblüher für Trockenmauern und alle möglichen anderen Sonnenplätze. Selbst derjenige, der sonst nicht für gefüllte Blüten schwärmt, wird von der reizenden *T. saxifraga* 'Rosette', rosafarben, und der weißen 'Alba Plena' entzückt sein.

Typha, Rohrkolben (Typhaceae)

T. minima, ein zwergiger, nur 40 cm hoher Rohrkolben, hat das richtige Format für den Steingartentümpel. Er will nur 1 bis 3 cm tief im Wasser stehen. Wie alle Rohrkolbenarten liebt auch er zu wuchern, wenn dafür die Möglichkeit gegeben ist.

Uvularia grandiflora, Uvularie (Liliaceae)

Noch gibt es keinen schönen Volksnamen für dieses salomonssiegelartige, gelbblumige Liliengewächs. Es ist eine 30 cm hohe Schattenpflanze Nordamerikas, die im April blüht und viel Trockenheit und auch Sonne vertragen kann.

1

2

(1) Eine Gruppe der prächtigen kleinasiatischen Königskerze (Verbascum bombyciferum), mit Papaver nudicaule, dem Islandmohn, vor Gehölzkulisse.
Eine ganz andere Erscheinung ist
(2) Verbascum 'Letitia', eine in Wisley Gardens (England) entstandene Hybride (V. spinulosum × V. dumulosum), eine Schönheit für das Alpinenhaus, wo sich der bis über 30 cm große Kugelbusch im Mai-Juni mit Blüten geradezu überschüttet.
(3) Viola × florairensis, eine von Correvon (Genf) verbreitete Kreuzung, die sich immer wieder selbst aussät.

Veratrum, Germer (Liliaceae)

Nur in ganz großen Anlagen, am Bergkiefernhang, kommen die gigantischen, bis 2 1/2 m hohen, weißen Kandelaber von *V. californicum* und die schlanken, mannshohen, schwarzbraunen Blütenstände von *V. nigrum* zur rechten Wirkung. Man muß Jungpflanzen setzen und sich etliche Jahre gedulden, bis sie zum Blühen kommen.

Verbascum, Königskerze (Scrophulariaceae)

Fast alle Arten sind stattliche, meist nur zweijährige Pflanzen mit großen, malerischen, graufilzigen Blattrosetten und oft bis über mannshohen, gelben Blütenkerzen, so z. B. das dichtweißwollige *V. bombyciferum, V. densiflorum, V. longifolium* var. *pannosum* und *V. olympicum;* sie kommen nur für große Trockenhänge in Betracht. Zierlicher ist *V. phoeniceum* mit flacher, grüner Blattrosette und bis 60 cm hohem, violettfarbenem Blütenstand. Ein außergewöhnlicher, strauchiger Königskerzenzwerg ist *V. dumulosum* aus Kleinasien; er bildet breite, nur 20 cm hohe, dichtbeblätterte, graufilzige Büschel und schmückt sich im Juni mit kurzen, gelben Blütenkerzen; er verlangt sonnige, trockene Felsfugen und entwickelt sich am schönsten im Alpinenhaus. Ein weiteres Schmuckstück für das Alpinenhaus, das sich aber auch als Freilandpflanze an vollsonnigen, trockenen Plätzen bewährt hat, ist *V.* 'Letitia'. Die durch Kreuzung von *V. dumulosum* und *V. spinosum* entstandene Hybride formt mit dünnen, sparrig ineinanderwachsenden Trieben 20 bis 30 cm hohe, kugelige Büschel, die im Juni mit zierlichen zitronengelben Blüten überschüttet sind.

Veronica, Ehrenpreis (Scrophulariaceae)

Es ist kaum zu glauben, wie viele Ehrenpreis-Arten es gibt! Die graublättrige, lichtblaublühende *V. bombycina* aus Syrien und die azurblaue *V. caespitosa* aus Griechenland sind nur wenige Zentimeter hohe, gegen Nässe empfindliche Zwerge, die am besten in Miniaturgärten und Schalen zur Geltung kommen. Die robuste und dauerhafte *V. armena,* eine der frühesten, ist mit reinblauen Blüten ein köstlicher Partner zur *Tulipa chrysantha.* Früh blüht auch die flache, blaßblaue *V. repens,* die hellila, büschelige *V. schmidtiana* aus Japan und die schöne, grüne Matten bildende *V. satureioides* vom Balkan.

Herrlich ist das Saphirblau der glänzend dunkelgrünblättrigen *V. fruticans (V. saxatilis)* im Mai-Juni. Unentbehrlich sind die 10 cm hohen, im Mai-Juni blühenden Sorten von *V. prostrata,* die weiße 'Alba', 'Mrs. Holt', leuchtendrosa, und 'Spode Blue' sattblau, sowie die höheren, im Juni enzianblau blühenden *V. teucrium*-Sorten: 'Kapitän', 'Knallblau' und 'Shirley Blue'. Beachtenswert sind auch *V. bonarota (Paederota bonarota),* das Blaue Mänderle, mit gedrungenen, nickenden, dunkelblauen und *V. lutea (Paederota lutea),* das Gelbe Mänderle, mit hellgelben, lockeren Blütenähren. Diese beiden Felspflanzen der südlichen Kalkalpen gedeihen auch an absonnigen Plätzen in Steinritzen oder in Trockenmauerfugen recht willig.

Von den Arten mit schlanken Ähren sind die 20 bis 30 cm hohen Sorten von *V. spicata:* die tiefblaue 'Blaufuchs', die dunkelrosa 'Erika' und die weinrote 'Heidekind', die silbergraublättrige, satt violettblau blühende

3

'Saraband' beachtenswert. Besonders prächtig aber ist *V. incana* 'Candidissima' mit violettblauen Ähren und silbergrauen Blättern. Alle genannten *Veronica*-Arten und -Sorten sind ausgesprochene Sonnenkinder, und es gibt viele Möglichkeiten, sie schön in die Pflanzungen mit einzufügen.

Viola, Veilchen (Violaceae)

Wenn man von Veilchen spricht, so denkt man zuerst immer an das köstlich duftende Märzveilchen *V. odorata*, von dem es viele Formen gibt, 'Königin Charlotte' und 'Triumph' sind besonders groß- und reichblühend violettblau und erfreuen uns nochmals durch ihre zweite Blütezeit im Herbst. Von den andersfarbigen Spielarten sind die weiße 'Alba' und die aprikosenfarbige 'Sulphurea' oder 'Irish Elegance' und die purpurrote 'Red Charme' am schönsten.

Duftlos, aber reichblühend ist das üppige amerikanische Pfingstveilchen, *V. papilionacea* mit der sehr schönen, schneeweißen Sorte 'Immaculata'. Niedlich ist das rosige Karpatenveilchen, *V. jooi* und zierlich das gelbblütige Veilchen unserer Alpen, *V. biflora*. Eigenartig durch die tiefspaltig geteilten Blätter ist *V. eizanensis* aus Japan, sie entwickelt nur dann ihre schönen, hellrosa Blüten, wenn man sie in Humusboden pflanzt. Sie alle lieben mehr oder weniger Schatten und Feuchtigkeit, sitzen gerne unter Gebüsch oder in Winkeln unter überhängenden Steinen.

Eine besondere Gruppe sind die Stiefmütterchen, sie wünschen freien Stand, wollen aber lieber nicht für sich allein, sondern in enger Gemeinschaft mit anderen Pflanzen, z.B. mit *Arabis*, wachsen. So bilden *V. cornuta*, das Hornveilchen, in vielen Sorten (eine der schönsten ist die dunkelblaue 'Hansa') von Mai bis September blütenbedeckte Matten.

Reizende Wildstiefmütterchen sind die blaulila *V. bertolonii* von Korsika, die magentarote *V. elegantula* (*V. bosniaca*), *V. stojanovii* aus Bulgarien mit kleinen, gelben und die dankbare *V.* × *florairensis* mit lichtblauen Blüten. Sie sind alle nicht sehr langlebig, säen sich dafür immer wieder selbst aus, sind aber so bescheiden, daß sie niemals lästig werden.

Viscaria siehe bei *Lychnis*
Vitaliana primuliflora siehe *Douglasia*

Waldsteinia, Waldsteinie (Rosaceae)

Waldsteinien sind ebenso anspruchslose wie dauerhafte Waldstauden. Besonders die nur 10 cm hohe *W. ternata* (*W. sibirica*) ist empfehlenswert. An Schatthängen sowie an absonnigen Trockenmauern bilden ihre Blattrasen eine dichte Bodendecke. Der gelbe Erdbeerblütenflor dieser genügsamen Staude wird als Dreingabe dankbar begrüßt. Üppiger, aber für Schattenpartien in größeren Anlagen als Bodendecker brauchbar, ist *W. geoides* aus Ungarn.

Wulfenia, Kuhtritt (Scrophulariaceae)

Von den Wulfenien wird meist nur die derbe *W. carinthiaca* angeboten. Zierlicher ist die seltene *W. baldaccii*, eine Kalkspaltenpflanze Albaniens, und die Hybride *W.* × *suendermannii* sowie die erst neu eingeführte *W. orientalis* aus Kleinasien mit eleganten lilablauen Blütenähren zwischen lockeren Rosetten gelappter Blätter. Die zierlichste Art ist die nur 10 cm hohe *W. amherstiana* vom Himalaja mit hellila Blütchen über einer flachen, runzeligen Blattrosette. Alle lieben Humusboden, wollen eher etwas feuchter als zu trocken stehen.

Zauschneria, Kolibritrompete (Onagraceae)

An vollsonnigen Plätzen, auf Trockenmauern und in regengeschützten Steinnischen siedeln wir gerne *Z. californica* an, um uns von Juli-September am zierlichen, scharlachroten Flor der trompetenförmigen Blütchen zu erfreuen. Noch langröhrigere Blüten hat *Z. cana*, ihre schmal- und graublättrigen Triebe beugen sich unter der Blütenlast herab, deshalb

Tulipa clusiana var. chrysantha und Aubrieta.

pflanzt man sie am besten erhöht. Beide verlangen guten Winterschutz und wirken bezaubernd, wenn sie über blauem Blütenteppich der Bleiwurz stehen.

Zwiebel- und Knollengewächse

Blumenzwiebeln gewinnen von Jahr zu Jahr an Beliebtheit, und es ist erfreulich, daß immer mehr Samenhändler und Gartencenter jetzt auch seltenere Arten anbieten. Besonders für die Kleinblumenzwiebeln bieten sich in Steingärten und auf Terrassenbeeten ideale Pflanzplätze. Der Besitzer eines Kleingewächshauses kann sich schon im Nachwinter am ersten Blumenzwiebelflor ungestört erfreuen, wenn es draußen stürmt und schneit. Die Gefäße, die im Herbst mit Vorfrühlingsalpenveilchen, Krokus, Zwiebeliris, Wildtulpen, Zwergnarzissen usw. besetzt wurden, werden nach gründlichem Angießen zunächst im Freien eingegraben. Erst nach guter Bewurzelung im November oder Dezember sollten sie ins Haus gebracht werden, wo sie am besten in Torfmull eingebettet werden. Bei einsetzender Frühjahrswärme kommen die Pflanzen dann rasch zur Blüte. Erhöht, auf Tischen oder Bankbeeten stehend und so dem Auge nahegebracht, offenbart sich erst die Schönheit mancher kleinen Blüte.

Im Freien sind Zwiebelgewächse liebenswerte Begleiter durch das ganze Gartenjahr. Es beginnt im Februar-März mit dem Flor des Vorfrühlingsalpenveilchens und der Schneeglöckchen und endet im Oktober mit Herbstkrokus und Zeitlose. Dazwischen eingefügt liegt all das folgend Beschriebene.

Allium, Lauch (Liliaceae)

Das Wort Lauch hat einen gewissen „Beigeschmack", mancher Nichtkenner scheut sich deshalb, Bekanntschaft mit diesen Pflanzen zu schließen und ahnt nicht, welche Schönheitswerte dadurch seinem Garten entgehen.

Einer der frühesten Blüher ist der Blauzungenlauch, *A. karataviense,* dessen besondere Schmuckwirkung eher im Austrieb der faltigen, blaugrün-rotbräunlichen Blattüten als in den rosagrauen Blütenbällen liegt. *A. narcissiflorum* mit nickenden Köpfchen rosaroter Blüten und *A. oreophilum (A. ostrowskianum)* in Karminrosa gehören mit zu den schönsten der Gattung. Reizvoll ist *A. cyaneum,* der Enzianlauch, man kann mit seinen grasartigen, hellgrünen, blaublühenden Büschelchen ganze Matten pflanzen. *A. caeruleum* trägt kleine, blaue Blütenkugeln auf kniehohen Stengeln. Prächtig sind die großen, glänzenden lila Sternkugeln von *A. christophii (A. albopilosum)* und die dunkelpurpurroten, mehr flachen Blütenköpfe von *A. atropurpureum,* besonders wenn sie neben *Stipa pennata* stehen. Unentbehrlich ist auch der Goldlauch, *A. moly,* der schön zu *Veronica latifolia* paßt. Wahre Hunger- und Durstkünstler sind *A. pulchellum* und *A. flavum* und die Kleinform *A. flavum* 'Minus'. Sie fühlen sich selbst in engen Spalten wohl und entfalten im Sommer auf dünnen Stengelchen wochenlang ihr lilarosa bzw. hellgelbes Blütenfeuerwerk. Als Spätblüher im August-September, von Bienen und Faltern gerne besucht, ist auch *A. tuberosum (A. senescens)* 'Glaucum' wertvoll. Er trägt über graugrünen Blattbüscheln auf 30 cm langen Stielen halbkugelige, lilarosa Blütenköpfchen.

Alle diese Laucharten sind anspruchslose Gesellen, die ohne Schwierigkeiten gedeihen und nie aufdringlich werden. Aber vor *A. ursinum,* dem Stink- oder Bärenlauch, und den ebenso argen Wucherern *A. paradoxum* und *A. zebdanense* muß gewarnt werden, sie überfluten in wenigen Jahren den ganzen Garten durch Selbstaussaat und Brutzwiebeln.

Arisaema, Feuerkolben (Araceae)

Die Feuerkolben sind kuriose Knollenstauden aus der Aronstabfamilie. Von Natur aus Waldpflanzen, kommen alle nur für Schattenpartien in größeren Naturgärten in Betracht. *A. griffithi* hort. (*A. speciosum*) vom Himalaja hat dekorative dreiteilige Blätter und überrascht durch die grotesken, langschwänzigen, bräunlichen Blütenkapuzen. *A. triphyllum* aus Nordamerika trägt, zwischen gespreizten Blatthänden versteckt, im Frühling zebragestreifte Blütenkappen mit überhängenden Spitzen. *A. consanguineum* aus China schießt zunächst einen bis meterhohen, stockssteifen Trieb empor, der dann am Ende einen großen, vielzipfligen Blattschirm entfaltet. Die grüne Blütenkapuze fällt kaum auf, aber der knallrote, hängende Beerenkolben im Herbst unter dem vergilbenden Blattdach setzt jedermann in Erstaunen. Alle lieben Humusboden, Schatten und Windschutz und stehen gut zwischen Farnen.

Arum, Aronstab (Araceae)

Wer einmal *A. palaestinum* (*A. sanctum*), den schwarzen Aronstab aus Palästina oder *A. nigrum* aus Dalmatien erhalten kann, der möge zugreifen und die Knollen, an geschützter, warmer, leichtbeschatteter Stelle pflanzen. Die im Frühjahr erscheinenden dunklen Blütenlaternen gehören mit zum sonderbarsten Blumenerlebnis. Guter trockener Winterschutz ist notwendig. *A. italicum* ist wegen der dekorativen, weiß-grün marmorierten, pfeilförmigen Blätter empfehlenswert, sie entwickeln sich bereits im Herbst und bleiben den Winter über erhalten; schmuck sind auch die feuerroten Fruchtkolben im Herbst, die, wie die ganze Pflanze, giftig sind.

Bongardia (Berberidaceae)

B. chrysogonum (Leontice chrysogonum) aus Vorderasien ist eine eigenartige Pflanze mit hüsch braungezeichneten, langen Fiederblättern und kurzlebigen, gelben kleinen Blüten an etwa 30 cm langem Stengel. Sie zieht bald nach der Blüte ein. Man lege die Knolle etwa 20 cm tief in eine recht sonnige, trockene, geschützte Nische und gebe guten Winterschutz.

Brimeura amethystina siehe bei *Hyacinthus*
Bulbocodium siehe *Colchicum*

Calochortus, Mormonentulpe (Liliaceae)

Es ist schade, daß diese so reizvollen Zwiebelpflanzen aus Nordamerika nicht genügend winterhart sind. Am ehesten lohnt ein Versuch mit *C. amabilis,* einer Art mit kleinen, hängenden, gelben Blüten und mit *C. flavus (Cyclobothra lutea)* mit interessanten, ebenfalls gelben, innen behaarten, größeren Blüten im Sommer. Beide verlangen viel Sonne und Wärme und besonders im Winter Schutz vor Nässe und Frost.

Camassia, Präriekerze (Liliaceae)

Schön ist der blaßblaue Flor von *C. cusickii* zwischen *Dodecatheon,* und nicht zu verachten sind später die stahlblauen, kleineren Kerzen von *C. quamash (C. esculenta)* 'Orion'. Sie lieben, besonders während der Vegetation, etwas feucht zu stehen.

Chionodoxa, Schneestolz (Liliaceae)

Sie gehören zu den Pflanzen, die wirklich in keinem Garten fehlen dürfen. *C. luciliae* mit himmelblauen, weißgeäugten Sternen und die schöne rosafarbene Sorte 'Pink Giant' erblühen im März zuerst, doch bald folgt auch der enzianblaue, vielblütigere Flor von *C. sardensis* und als Abschluß die großsternige *C. gigantea* in Blau und Weiß. Mit *Eranthis, Adonis amurensis,* gelben und weißen Krokus schließen sie einen farbenfrohen Blütenreigen, den wir überall gern unter Gehölzen oder zwischen Polsterstauden „tanzen" lassen. Ameisen verschleppen die Samen und tragen so zur Verbreitung der Pflanzen bei.

Colchicum, Zeitlose (Liliaceae)

Der Flor der Herbstzeitlosen ist mit der letzte Höhepunkt im Steingartenjahr. *C. bornmuelleri, C. giganteum, C. neapolitanum, C. speciosum* und die Gartenhybriden 'Lilac Wonder', 'The Giant' und 'Violet Queen' sind von den großblumigen und einfachen die schönsten. Gefülltblühende Schönheiten sind: 'Waterlily', *C. autumnale* 'Roseum Plenum' und *C. autumnale* 'Album Plenum'. Von den kleinblumigen Arten sind *C. byzantinum* und *C. cilicicum* besonders bemerkenswert. Eigenartig sind die heikleren lila Frühlingsblüher *C. hydrophyllum, C. libanoticum, C. bulbocodium (Bulbocodium vernum)* und das seltene gelbe *C. luteum.* Alle gedeihen am besten in sandiglehmigem Boden und wollen besonders im Sommer nicht zu feucht stehen. Ihr einziger Nachteil sind die im Frühling sich ausbreitenden großen Blattschöpfe, die im Frühsommer absterben und eine leere Stelle hinterlassen. Alle möglichen Herbstblüher und Herbstfärber sind im Steingarten ihre Nachbarn.

Corbularia bulbocodium siehe bei *Narcissus*

Crocus, Krokus, Safran (Iridaceae)

Krokus gehören mit zum erfreulichsten und lieblichsten, was uns die Natur an Pflanzen beschert hat. In ihnen jubelt im Frühling die erwachende Erde zum Himmel und mit ihnen nimmt sie im Herbst, wenn sich die ersten Fröste einstellen, Abschied vom Blütenjahr.

Viel reizvoller als die großen Gartenkrokus sind die zierlichen, farbenglänzenden Wildarten. Die schönsten Frühlingsblüher in gelben und orange Tönen sind: *C. ancyrensis, C. flavus, C. balansae* 'Zwanenburg', die besonders reichblühenden *C. chrysanthus*-Sorten und der Goldlack-Krokus, *C. angustifolius (C. susianus).* In lila und bläulichen Tönen seien empfohlen: *C. etruscus* 'Zwanenburg', *C. imperati, C. sieberi, C. tomasinianus,* 'Vanguard'. In Weiß: *C. biflorus, C. chrysanthus*

(1, 2) Die zweifache Schmuckwirkung von Arum italicum: das marmorierte Laub im Frühling und die leuchtendroten Fruchtkolben im Herbst.
Es gibt auch herbstblühende Krokusse: (3) Crocus speciosus blüht im September und heißt mit Recht der Prächtige. (4) C. banaticus, auffallend durch die verschieden langen Perigonblätter, blüht im Oktober. (5) C. imperati, einer der schönsten Vorfrühlingskrokusse. (6) Der Hundszahn (Erythronium dens-canis) (vergr.) trägt lilienartige Blüten über braungrün gefleckten Blättern.

'Snow Bunting', *C. fleischeri* (sehr früh), *C. versicolor* 'Picturatus' (besonders spät).

Von den Herbstkrokus-Arten, die meist lilablau blühen (September-November) sind die empfehlenswertesten: *C. speciosus* in all seinen prächtigen Sorten, *C. goulimyi*, *C. kotschyanus (C. zonatus)*, *C. pulchellus*, *C. medius* und *C. banaticus (C. iridiflorus)*.

Überall läßt sich das liebenswerte kleine Volk ansiedeln, sofern der Standort genügend sonnig ist und die Mäuse, ihre schlimmsten Feinde, in Schach gehalten werden. Am liebsten haben wir unsere kleinen Freunde nahe am Hause auf Steinbeeten, wo sie am frühesten zur Blüte kommen und sie uns am nächsten sind. Gut gedeihen Krokusse, wenn sie in lockere Bodendecker (Teppichsedum, Stachelnüßchen) gesetzt werden. Im Rasen hält sich auf die Dauer nur *C. tomasinianus*.

Cyclamen, Alpenveilchen (Primulaceae)

Wie kleine Juwele leuchten die karminroten und rosigweißen frühblühenden *C. coum (C. orbiculatum, C. × atkinsii)* und *C. pseudoibericum* neben Christrosen aus dem Schnee. Im Sommer läßt uns der einschmeichelnde Duft von *C. purpurascens (C. europaeum)* vor ihren rosigen Blütennestern verweilen, und im Herbst grüßt uns das elegante *C. hederifolium (C. neapolitanum)*. Dem reichen zartrosa oder weißen Flor folgt der Aus-

6

trieb des wunderbar geschmückten, wintergrünen „Efeublattes". *C. repandum (C. vernale)* ist nicht winterhart, aber eine hübsche, im Frühling blühende Art für das temperierte Alpinenhaus.

Alle Alpenveilchen wollen leicht beschatteten, warmen, eher trockenen als zu feuchten Stand und kalkhaltigen Humusboden. Die Knollen müssen so tief gelegt werden, daß sie einige Zentimeter mit Erde bedeckt sind. Am hübschesten wirken sie in der Nachbarschaft von Zwergnadelhölzern.

Eranthis, Winterling (Ranunculaceae)

Die gelben, von grüner Halsrüsche umgebenen Kugelköpfe von *E. hyemalis* und die um 10 Tage später folgenden von *E. cilicica* sind so rechte Vorboten des Lenzes. Wer den Flor noch etwas verlängern möchte, der pflanze die großblumige, süßduftende Hybride *E.* × *tubergenii* 'Guinea Gold'. Alle wollen halbschattig unter Büschen sitzen und nicht durch Umgraben gestört werden, wenn sie sich weiter ausbreiten sollen.

Erythronium, Hundszahn (Liliaceae)

Welch ein häßlicher Name für eine solche hübsche Pflanze! In Amerika werden sie Troutlily (Forellenlilie) genannt, weil sie reizvoll marmorierte Blätter besitzen. Dort gibt es auf den Bergwiesen viele Arten, von denen sich bei uns *E. revolutum* mit der schönsten Sorte 'White Beauty' und das klargelbe *E. tuolumnense* und die Hybride zwischen beiden, die Sorte 'Pagoda' bestens bewährt haben. Aber auch die einzige europäische Art, *E. dens-canis,* mit zartlilarosa Blüten ist wunderhübsch. Alle lieben lichten Halbschatten und Humusboden.

Fritillaria, Kaiserkrone, Schachbrettblume (Liliaceae)

Am bekanntesten ist *F. imperialis*, die eigentliche Kaiserkrone, das stolze Blütenzepter des Frühlings. Sie steht schön und dekorativ am Fuße der Trockenmauer oder, in Trupps verteilt, in formalen Terrassengärten. Beste Sorten sind 'Aurora', 'Rubra Maxima' und die gelbe 'Lutea Maxima'.

Ein originelles Blumenkind mit rotbraun gewürfeltem Kleid ist *F. meleagris,* die Schachbrettblume. Sie liebt etwas saueren, feuchten Boden, daher fühlt sie sich im Moorbeet besonders wohl! Man vergesse nicht, neben den Sorten mit dunkelgescheckten Blüten auch weiße zu setzen. Noch kalkscheuer ist *F. camtschatcensis* aus Ostasien und Kanada, sie trägt über den Blattquirlen der bis 40 cm hohen Stengel dunkelbraune, fast schwärzliche Blütenglocken.

Der Liebhaber besonderer, aparter Wildblumenschönheiten verschaffe sich auch andere, kleinblumige Arten, z. B. *F. acmopetala, F. graeca, F. pallidiflora, F. pontica, F. persica, F. pyrenaica* und andere, und er wird Freude finden an den verschiedenartigen, ausdrucksvollen, besonders im Blüteninneren stark geprägten Zeichnungen und Schattierungen der mannigfaltigen Glöckchen. Man setzt sie in sandighumose Erde und, nicht zu flach, im ganz lichten Schatten zwischen Kleingehölze, oder pflegt sie in Töpfen im Alpinenhaus, um ihre Blüten bequem nahe zu sehen. Sie entwickeln sich besonders gut, wenn sie im Frühjahr flüssig gedüngt werden.

Galanthus, Schneeglöckchen (Amaryllidaceae)

Als frühester Blüher erscheint alljährlich, oft schon im Januar, großglockig und pausbakkig, das kleinasiatische Schneeglöckchen *G. elwesii,* auf dem Plan. Erst wenn es im Abklingen ist, folgt unser bekanntes *G. nivalis* und die schönen, großblumigen englischen Sorten 'S. Arnott' und 'Straffan'. Man kann nie genug haben von diesen altvertrauten Frühlingsboten, und es gibt keine Grenzen ihrer Gartenverwendung. Besonders schön unter Seidelbast. Man vermehrt sie durch Teilung der Horste nach der Blüte.

Gladiolus, Gladiole, Siegwurz (Iridaceae)

Die heimische seltene Sumpfwiesenstaude *G. palustris* steht gerne im feuchten Moorboden zwischen *Iris, Trollius* und *Dianthus superbus* am Teichrand, sie trägt im Juli purpurrosa Blüten. Großblumiger und frühblühender sind *G. byzantinus* und *G. communis*; diese Bewohner trockener Fluren Südost-Europas wirken hübsch zwischen Gräsern.

Hyacinthella und Hyacinthus, Hyazinthe (Liliaceae)

Die kleine, leuchtend hellblaue Perlhyazinthe *Hyacinthella azurea (Hyacinthus azureus)* und ihre weiße Form 'Album' sind die frühesten und lieblichsten. Geselle sie zu *Iris danfordiae* und du wirst helle Freude an dem Vorfrühlingsduett haben; auch *Draba bruniifolia* ist ein guter Nachbar für sie.

Die köstliche Duftspenderin *Hyacinthus orientalis* bringt mit ihren frischen Farben heitere Frühlingsstimmung in den Garten. Am besten steht sie in Hausnähe auf Terrassenbeeten und am Fuße von Trockenmauern. Herzblumen, frühe Tulpen, Kaiserkronen und Narzissen sind ihre ebenbürtigen Nachbarn. Hyazinthen sind Giftpflanzen und werden deshalb von Mäusen gemieden.

Hyacinthus amethystinus (Brimeura amethystina) aus Spanien ist ein 20 cm hoher, zierlicher Spätblüher, der durch sein köstliches Blau der kleinen trichterförmigen Glöckchen auffällt, viel zu wenig beachtet und kaum bekannt ist und doch so schön sich zwischen allerlei Pflanzen des Trockenhanges einfügen läßt.

Ipheion uniflorum, Frühlingsstern (Liliaceae)

Diese Frühlingsblume aus Chile, auch *Brodiaea uniflora* oder *Triteleia uniflora* genannt, ist eine entzückende und dazu recht anspruchslose Pflanze. Jedes Blütenblatt ihrer lichtblauen Sterne – farbenkräftiger sind die Sorten 'Violaceum' und 'Wisley Blue' – hat einen dunklen Längsstrich. Die Blätter sehen fast so wie die der Schneeglöckchen aus, erscheinen aber bereits im Herbst. Man legt die Zwiebelhorste am Fuße von Steinen oder in Nischen und gibt in rauhen Lagen etwas Winterschutz.

Iris, Zwiebeliris siehe unter Stauden

Ixiolirion tataricum, Blaulilie (Amaryllidaceae)

Dieses schlankstengelige, 20 cm hohe Amaryllisgewächs (früher *I. montanum*) aus Vorderasien erfreut uns im Juni mit seinen violettblauen Trichterblütchen; es ist ganz winterhart, wenn man genügend tief pflanzt, und läßt sich leicht zwischen lockeren Polsterpflanzen verwenden.

Leucojum, Knotenblume (Amaryllidaceae)

L. vernum, der Märzbecher, fühlt sich im lichten Schatten am wohlsten, aber man kann ihn auch an sonnige Stellen setzen, vorausgesetzt, daß der Standort wenigstens im Frühjahr immer genügend feucht ist. Am Uferrand, z. B. zwischen Rosenprimeln und Dotterblumen, ist er so recht „zuhause" und entwickelt sich zu schönen, reichblühenden Horsten. Hier, zwischen den Blüten verschiedener Sumpfpflanzen, findet auch das im Mai blühende Sommertürchen, *L. aestivum,* seinen Platz. Es kann noch viel mehr Feuchtigkeit vertragen als der Märzbecher, liebt es sogar, im Frühling im flachen Wasser zu stehen. Eine besonders vielblütige Sorte auf 50 cm hohen Stielen ist 'Gravetye Giant'.

Lilium, Lilie (Liliaceae)

In Terrassengärten, vor allen Dingen am Fuße der Mauer, finden *L. candidum, L.* × *hollandicum (L. umbellatum)* und die schönen Midcentury-Hybriden einen zusagenden Platz. In Natursteingärten wirken besonders

1

die verschiedenen Türkenbundlilien recht gut: *L. martagon* in lilarosa, braunroter und weißer Form, die scharlachroten *L. chalcedonicum*, *L. carniolicum* und *L. pumilum*, die orangegelben *L. davidii*, *L. hansonii*, *L. henryi* und die gelben *L. monadelphum*, *L. pyrenaicum* und *L. carniolicum* ssp. *jankae*. Selbst für feuchte, ja sumpfige Plätze gibt es Lilien, z.B. die prächtige, gelbrot geflammte Pantherlilie, *L. pardalinum*.

Alle Lilien fühlen sich in Gemeinschaft von anderen Pflanzen, Stauden und Gehölzen, die ihren „Fuß" beschatten, am wohlsten. Die meisten Arten, außer der Madonnenlilie *(L. candidum)* und dem Türkenbund *(L. martagon)*, sind mehr oder weniger kalkfeindlich; alle verlangen gut durchlässigen Boden.

Ein Schädling, der die Blüte zerfrißt, ist das Lilienhähnchen, ein kleiner lackroter Käfer.

Muscari, Traubenhyazinthe (Liliaceae)

Die wertvollsten Traubenhyazinthen sind *M. armeniacum* mit der hellblauen Sorte 'Cantab' und vor allem auch das zweifarbige hell-dunkelblaue *M. tubergenianum*, eine neuere Einführung aus Nordwest-Persien. Beide wirken schön im Margeritenteppich von *Matricaria oreades*. *M. ambrosiacum (Muscarimia moschatum)* hat mit kleinen

(1) Im feuchten Moorbeet erfreut uns im Frühling das Glockenspiel der Schachbrettblume (Fritillaria meleagris) in zwei Tönen. (2) Feuerlilien (Lilium bulbiferum) und Graslilien (Anthericum liliago) – Traum einer sommerlichen Gebirgswiese im Steingarten. (3) Traubenhyazinthen (Muscari) sind willig gedeihende Zwiebelpflanzen, die man an allen möglichen Stellen verwenden kann. Viele eignen sich zum Verwildern, weil sie reichlich Jungzwiebeln und Samen bilden. Hier das satte Blau von M. armeniacum vor rosa blühendem Zwergrhododendron.

Glöckchen locker besetzte Blütentrauben, die nach obenhin blaßlila, nach unten mattgelb bis bräunlich sind und fremdartig süßlich duften. Die Blütezeit der 20 cm hohen Pflanze, die keine auffallende Schönheit ist, ist im Mai. Am spätesten, bis in den Juni hinein, blüht *M. comosum* mit seinem kuriosen violettblauen, schopfigen Kopfputz und die eigenartige, fedrige Sorte *M. comosum* 'Plumosum'. Sie stehen am liebsten und besten am Sonnenhang zwischen Gräsern.

Narcissus, Narzisse (Amaryllidaceae)

Kaum bei einer anderen Blumenzwiebelgattung wurden in den letzten Jahrzehnten so viele Fortschritte in der Neuheitenzucht erreicht wie bei den Narzissen. Ihre ungeahnte Prachtentfaltung ist bereit, unsere Gärten im Frühling immer noch mehr zu verschönen. Diese großblumigen Trompeten-, Teller-, Schalen- und Dichternarzissen in ihren edlen Sorten lassen sich nicht nur im Park, sondern auch im Terrassengarten prächtig verwenden, wo sie zwischen den frischgrünen und bräunlich austreibenden Staudenbüscheln, neben Kaiserkronen und Herzblumen, oder knospende und bereits blühende Sträucher (*Ribes sanguineum*) umringend, frisch und freudig wirken.

Für kleinere Anlagen, vor allen Dingen für Naturgärten, bietet uns das Narzissenreich zwergige Wildarten und Gartenzüchtungen. *N. asturiensis* (*N. minimus*) die kleinste und früheste Trompeten-Narzisse, blüht schon im März. Dann folgen die lieblichen Reifrock-Narzissen *N. bulbocodium* (*Corbularia bulbocodium*), die schlankblütige Alpenveilchen-Narzisse *N. cyclamineus* mit den verschiedenen Sorten, z. B. 'Dove Wings', zweifarbig hellgelb; die gelben 'February Gold', 'Little Witch' und 'Peeping Tom', die niedliche 'Tete a Tete' und die elfenbeinweiße 'Jenny'. Reizvoll mit ihren bleichen, hängenden Blüten ist auch die Engelstränen-Narzisse *N. triandrus* mit den schönen, üppigeren Sorten 'April Tears', hellgelb;

'Havera' und 'Liberty Bells', gelb, sowie 'Silver Chimes', 'Thalia' und 'Tresamble' in weiß. Frühblühend ist auch die nur 20 cm hohe hellgelbe Naturhybride *N.* × *johnstonii* 'Queen of Spain'. Hübsch sind ferner die kleinen Trompeten-Narzissen: *N. moschatus*, bleichgelb, und *N. nanus* 'Little Beauty' mit zweifarbigen gelb-weißen Blüten sowie die späte, kleinblumige, goldgelbe Jonquille, *N. jonquilla*, die uns schon aus der Ferne durch ihren Duft begrüßt. Entzückend ist die schneeweiße *N. watieri* aus dem marokkanischen Atlas, die man aber am besten als Topfpflanze im Alpinenhaus zieht.

Alle diese Wildnarzissen wollen, ihrer Mittelmeerheimat entsprechend, einen etwas geschützten sonnigen Standort und am besten etwas Winterschutz. Im Frühjahr lieben sie es feucht. Wenn sie dazu mineralischen Dünger erhalten, entwickeln sie sich besonders üppig.

Ornithogalum, Milchstern (Liliaceae)

O. umbellatum breitet seine weißgesternten Blütenschirme in der Frühlingssonne flach über dem Boden aus und paßt gut zu Traubenhyazinthen. An Stelle von *O. nutans*, das mehr als erwünscht verwildert, setzen wir besser das ähnliche *O. pyramidale*. Es entfaltet die weißen, rückseits grüngestreiften Blüten an bis 50 cm langen Stielen erst im Juni und ist so bescheiden, daß es mit einem Platz zwischen Gesträuch vorlieb nimmt.

Oxalis, Sauerklee (Oxalidaceae)

O. adenophylla mit großen, seidigen, lilarosa und *O. enneaphylla* mit wachsweißen Blüten zwischen graugrünen Nestern gefälteter Blätter sind ganz entzückende kleine Pflanzen aus Chile. Aber leider sind sie, ebenso wie so viele Zwiebel- und Knollenpflanzen aus dem südlichen Südamerika, nie von langer Lebensdauer. Unbedingt verlangen sie kalkarmen Humusboden und Winterschutz. Ein Kleinod der Gattung für das Alpinenhaus ist *O. laciniata*, eine nur 5 cm hohe Pflanze mit schuppigem

Rhizom, aus dem im Frühling bräunlichgrüne, rundlich fächerförmige Blätter mit schmalen Abschnitten entsprießen, über denen im Mai–Juni große, purpurblaue, duftende Blüten stehen.

Puschkinia scilloides var. libanotica
(Liliaceae)

Für diesen Frühaufsteher wird noch ein guter Volksname gesucht. Da man an Frühlingsblumen nie genug haben kann, setzen wir auch diesen Zwerg mit seinen lichtblau-weißgestreiften Blütenträubchen zwischen unsere Polsterpflanzen. Wahrscheinlich wird er nicht dort bleiben, sondern dahin wandern, wo es ihm besser paßt; er stört aber nirgendwo und ist von uns überall gerne gesehen.

Rhodohypoxis, Magenta-Stern
(Hypoxidaceae)

R. baurii bildet mit hellmagentaroten und *R. baurii* var. *platypetala* mit weißen, sechsstrahligen Sternen ein sich erstaunlich lang haltendes (Juni bis September), flaches Blumendickicht. Diese Pflanze vom Basutoland in Südafrika verlangt durchlässigen Moorboden und will es im Sommer sehr feucht, im Winter trocken haben – ein Wunsch, den man nicht überall leicht erfüllen kann. Hauptsächlich für klimatisch günstige Gegenden zu empfehlen, aber auch dort winterschutzbedürftig und deshalb am sichersten im Alpinenhaus zu halten.

Roscoea, Scheinorchis, Ingwerorchidee
(Zingiberaceae)

In dieser ostasiatischen Gattung aus der Ingwerfamilie haben wir einen Orchideenersatz. Die fleischigen, tiefgehenden Wurzelstöcke treiben im Mai lauchartige frischgrüne Triebe, die von Juni bis August blühen. Die zweilippigen Blüten werden von einem hochgewölbten Helm überdacht. *R. cautleoides* blüht hellgelb, *R. humeana* purpurweinrot, *R. purpurea* (*R. sikkimensis*) purpurfarben, *R. procera,* großblumig lila mit weißen Streifen. Alle werden 30 bis 40 cm hoch; kleiner und kleinblumiger ist *R. alpina,* sie hat nur Sammlerwert, während alle anderen beachtenswert sind. Im tiefgründigen, lehmig-humosen Boden in leicht beschatteter Lage wachsen sie recht willig. Man pflanze tief und gebe durch dicke Laubschüttung guten Winterschutz.

Scilla, Blaustern (Liliaceae)

Als früheste, oft schon aus dem Schnee lugend, blüht die lichtblaue *S. mischtschenkoana* (*S. tubergeniana*) aus Nordpersien. Im April folgen dann mit ihren tiefblauen Mützchen die bekannte *S. sibirica* mit der besonders schönen, kräftig wachsenden Sorte 'Spring Beauty' und die zierliche, lockersternige, heimische *S. bifolia*. Nach einer Pause von einigen Wochen erhebt schließlich die stattliche *S. hispanica* (*S. campanulata*) aus ihren Blattnestern die vielblütigen hell- und dunkelblauen, rosafarbenen oder weißen Glockenrispen. Sie ist außerordentlich anspruchslos, wächst selbst noch im Schatten und unter Wurzeldruck. Es ist eine Pflanze, die man, wie alle *Scilla* überall gerne sieht und von der man nie genug haben kann. Als späteste Art blüht im Juni mit langröhrigen, eisblauen Blüten *S. pratensis* var. *amethystina* aus Dalmatien.

Sprekelia formosissima, Jakobslilie
(Amaryllidaceae)

Wer etwas Besonderes für seine Exotenecke neben Opuntien und sonstige Sukkulenten sucht, der pflanze Mitte Mai einige Zwiebeln der mexikanischen Jakobslilie. Sie wurden vollkommen trocken und warm im Haus „schlafend" überwintert und werden nun, schon nach kurzer Zeit, erwachen. Schmale „Amaryllis"-Blätter werden aus dem Zwiebelhals treiben, und noch ehe sich diese recht entwickelt haben, wird sich eine schwungvolle, große Blüte entfalten vom schönsten Blut-

rot, das man sich wünschen kann. Im Herbst bringt man die hühnereigroßen, langhalsigen Zwiebeln, die mit einer schwarzpurpurnen, glänzenden, papierdünnen Hülle bekleidet sind, zur Winterruhe wieder ins Haus. Man kann diese exotische Schönheit durch Brutzwiebeln vermehren.

Sternbergia lutea, Sternbergie (Liliaceae)

Dieses seltsame, 10 bis 15 cm hohe Gewächs beschert uns im Herbst, gleichzeitig mit dem Austrieb dunkelgrüner glänzender Blätter, leuchtend gelbe Blütenbecher. Schön neben den Herbstfarben von *Euphorbia polychroma,* grauen Polsterpflanzen und Herbstkrokus. Als Südländerin (Mittelmeergebiet) liebt sie viel Wärme und Sonne und kalkhaltigen Schotterboden; sie will während des Sommers ganz trocken stehen und braucht im Winter eine Schutzdecke, damit ihre Blätter nicht erfrieren.

Tulipa, Tulpe (Liliaceae)

Das Kapitel Tulpe ist, wollte man versuchen, den Stoff auszuschöpfen, so umfassend, daß man ein Buch darüber schreiben müßte. Sie, die Fackelträgerin des Frühlings, in allen Spielarten mit flammenden Farben und oft so erschreckend nüchternen Sortennamen, hat schon vor 300 Jahren die Menschen begeistert

Zwergnarzissen. Narcissus cyclamineus ist durch die lange, röhrige Nebenkrone auffallend. Es gibt von ihr viele Kreuzungen, eine davon ist die Sorte (1) 'February Gold'. (2) Die Reifrocknarzisse (N. bulbocodium) hat ihre Heimat in Spanien und Marokko, wächst auf frühlingsfeuchten Bergwiesen und blüht nach der Schneeschmelze. (3) N. asturiensis (vergr.) aus Portugal und Nordspanien ist die kleinste, aber heikelste von allen. Zwergtulpen Westasiens: (4) Tulipa aucheriana, durch das außergewöhnliche Trübrosa auffallend. (5) T. urumiensis, besonders reichblühend und kurzstielig. (6) Oxalis laciniata aus Patagonien, ein Schatz für das Alpinenhaus.

und berauscht. Wir pflanzen die Tulpen, und zwar nicht nur die Sorten der verschiedenen Zuchtrassen, sondern auch etliche Wildarten, z. B. die riesenblütige, glänzendrote T. *fosteriana* – eine der „tollsten" Tulpen überhaupt – und die nicht weniger leuchtende T. *eichleri* am besten in Hausnähe, auf und am Fuße von Terrassenbeeten.

Auch die neuen Sorten der frühblühenden T. *kaufmanniana*, der kostbaren T. *greigii* und T. *hoogiana* sowie die büschelblütige T. *praestans* verwenden wir am besten in dekorativen Anlagen, denn ihr Farbenfeuer ist im natürlichen Steingarten zu stark. Hier kommen nur kleine und kleinblütigere, aber deshalb bestimmt nicht weniger schöne Arten in Frage. Etwa T. *aucheriana*, dunkelrosa, T. *batalinii*, weichgelb, mit der schönen Sorte 'Bronze Charm', T. *clusiana*, weiß mit roten Streifen und die ebenso elegante, goldige T. *clusiana* var. *chrysantha*, T. *kolpakowskiana*, gelb; T. *linifolia* und T. *maximowiczii*, rot; T. *marjolettii*, primelgelb mit rosa (spätblühend), T. *ostrowskiana*, orangerot; T *pulchella* 'Violacea', ein purpurviolettes „Osterei", die vielblütige, fast sitzende T. *tarda* (T. *dasystemon*) und T. *urumiensis*, goldgelb. Nicht vergessen sollte man die rotblühende T. *sprengeri*, die als späteste aller Tulpen erst im Juni blüht. Alle diese Steppen- und Hügelpflanzen des Orients wirken zwischen Polstern und Gräsern am besten.

Man soll die Tulpen im Steingarten möglichst tief pflanzen, sie ruhig etliche Jahre unberührt stehenlassen und sie erst dann herausnehmen und umlegen, wenn man merkt, daß die Horste magerer und die Pflanzen schwächer werden. Wie wir die Tulpenblüten schätzen, so sehr lieben Mäuse die Zwiebeln. Deshalb ist eine unermüdliche Bekämpfung dieser Nager notwendig.

Gräser

Gräser als Zierpflanzen finden mit Recht immer mehr Beachtung und Wertschätzung im modernen Garten. Vor allem gehören sie auch in Natursteingärten. Zwischen all dem Geblühe bieten sie mit ihren grünen oder grauen Horsten dem Auge angenehme Ruhepunkte. Das luftige Spiel ihrer graziösen Halme hilft über blütenarme Zeiten hinweg, und außerdem sind sie so recht dazu geeignet, die Pflanzungen aufzulockern und „natürlich" erscheinen zu lassen. Zum Glück gibt es für alle Plätze und Lagen, selbst dort, wo eine Blütenstaude versagen würde, noch eine geeignete Grasart. Die meisten Gräser lieben sonnige Standorte.

Der Freund alpiner Kleinpflanzen hat an dem grauwollig behaarten Fuchsschwanz, *Alopecurus lanatus*, dem nur 5 bis 10 cm hohen Knirps vom bithynischen Olymp, seinen Spaß. Die Pflanze ist so genügsam, daß sie selbst auf Tuffelsen wächst.

Vielleicht entzückt ihn auch das Lebendgebärende Alpenrispengras, *Poa alpina* var. *vivipara*, dessen Rispchen von der Schwere der daran schaukelnden Jungpflanzenbrut überhängen.

Zur Schneeheide wird er *Carex montana*, die Berg-Segge, setzen, die sich schon frühzeitig mit kleinen, braungelben Blütenpinseln besteckt; und er wird bestimmt auch *Carex baldensis* mit ihren weißen, kleinen Blütenknäuelchen auf 20 bis 30 cm hohen Stengeln liebgewinnen. Es soll das einzige Gras sein, das nicht durch den Wind, sondern durch Insekten bestäubt wird. Neben Silberwurz, Alpenaster und Edelweiß pflanzen wir gerne die Polster-Segge, *Carex firma*, die als Pionierpflanze der Alpen auf Schotter und Fels siedelt; im Steingarten eignet sie sich zur dunkelgrünen „Pflasterung" des Bodens. Liebhabern „bunter" Gräser, ist auch die Sorte 'Variegata', die gelblichweiß-grüngestreifte Blätter hat, zu empfehlen. Gerade das Gegenteil von der Polster-Segge ist die Rehbraune Segge

Neuseelands, *Carex buchananii*. Ihre dünnhalmigen, rostbraunen Horste sehen für den Nichtkenner „tot" aus. Doch auch sie hat ihre Reize, z. B. wenn wir sie neben die Silberdecke der *Raoulia australis* setzen. Die größte Freude erleben wir an dieser Segge im Winter, wenn der Reif ihre graziösen Halme in ein märchenhaftes weißes „Reihergefieder" verwandelt.

Wichtig sind vor allem die blaugrau getönten Gräser, zumal dann, wenn es darum geht, den Charakter des Gartenteils auf „Trockengebiet" zu stimmen. *F. glacialis (Festuca frigida)* von den Pyrenäen ist ein kleiner Schwingel mit zarthalmigen, bleichblaugrünen Büschelchen. Der Blauschwingel *Festuca cinerea (F. glauca)* und die noch stärker getönte *F. vallesiaca* 'Glaucantha' fallen durch die stark blaugraue Färbung ihrer dichten Büschel auf. Gedämpftere Blaufarben hat *Koeleria glauca*, das Blauschopfgras. Aber am stattlichsten und am meisten geschätzt ist *Avena (Helictotrichon) sempervirens* 'Glauca', der Blaustrahlhafer mit seinen blaugrauen, spießigen Büscheln und über 1 m hoch aufragenden Blütenhalmen, die bei der Sorte 'Saphirsprudel' graziös überhängen. Dieses dekorative Gras läßt sich mannigfaltig, z. B. auch auf Terrassen zwischen dem Plattenbelag oder im Heidegarten verwenden. Auch dem „Wüsten- und Dünenmotiv" verleiht es eine besondere Note. Hier sind auch das sandliebende Silbergras, *Corynephorus (Weingaertneria) canescens*, und die Federgräser, *Stipa pennata*, *S. capillata* und das großartige Reiherfedergras, *S. barbata*, mit seinen lang herabwallenden Silbergrannen am Platze.

Wer weiche, grüne Polstermatten sucht – allerdings nicht als Liegefläche –, der verwende für selbst dürrste Sonnenplätze oder für Halbschatten *Festuca scoparia (F. crinum-ursi* hort.*)*, das Bärenfellgras der Pyrenäen.

Für Schattenparien gibt es einige Hainsimsen, *Luzula*-Arten, die schöne wintergrüne Waldmarbel, *L. sylvatica* mit der frischgrünen Sorte 'Tauernpass' und die gelbgeränderte Form 'Marginata', sowie die nur 20 cm hohe Haarmarbel *L. pilosa* 'Grünfink'. Besonders reizvoll ist die Schneemarbel, *L. nivea*, mit knäneligen, weißen Blütenständen; sie kann auch sehr viel Sonne vertragen. Wertvoll ist auch die Japan-Segge, *Carex morrowii* (*C. japonica* hort.), und die mit hellerem Randstreifen versehene Form 'Variegata'. *Carex grayi*, eine breitblättrige Art aus Nordamerika, überrascht durch die morgensternartigen Fruchtstände; und am prächtigsten ist die seltene *C. fraseri* mit bandförmigen, dunkelgrünen Blättern und blendendweißen Blüten. Letztere verlangt aber ganz kalkfreien, feuchten Humusboden.

Wichtig sind Gräser auch an Uferrändern. Nur in dekorative Anlagen gehören: *Arrhenatherum bulbosum* 'Variegatum', das Gestreifte Knollenbandgras, und das schilfartige Bunte Schwadengras *Glyceria maxima* 'Variegata'. *Carex pseudocyperus* kann im flachen Wasser stehen und wird bis 1 m hoch. Für Beckenränder größerer Gärten sind Chinaschilf-Sorten, so der feinblättrige *Miscanthus sinensis* 'Gracillimus', und das Federborstengras *Pennisetum compressum* (*P. alopecuroides*), auch ein graziöser Bambus wie *Sinarundinaria nitida* oder die winterfestere *S. murielae*, geschätzte Schmuckstücke.

In Sumpfstellen des Moorbeetes pflanzen wir neben Mehlprimeln und Sumpfherzblatt die Kastanienbraune Binse, *Juncus castaneus*, die zur Blütezeit mit ihren rotbraungelben Blütenständen reizend aussieht und Wildpflanzenzauber in den Garten bringt.

Farne

Auch Farne mit ihrem feinen, auflockernden Wedelwerk dürfen im Steingarten nicht fehlen, zumal es für alle möglichen Plätze entsprechende Arten gibt, selbst solche für Sonnenlage. Am bekanntesten von den „Sonnenfarnen" ist die bescheidene Mauerraute, *Asplenium ruta-muraria*, mit ihren krausen,

(1) Oxalis adenophylla, eine erlesene Schönheit aus Chile. (2) Das Reiherfedergras (Stipa barbata) aus Südeuropa besitzt lange, wallende Silbergrannen.
(3) Carex buchananii, wegen der rehbraunen Halme nicht jedermanns Geschmack, aber im winterlichen Reifschmuck begeisternd schön.

(1) Roscoea humeana, ein schönes Ingwergewächs aus Westchina.
Farne sind unersetzlich für schattige Plätze. (2) Cystopteris bulbifera aus Nordamerika. Von den vielen Varianten des Hirschzungenfarns ist besonders beachtenswert (3) Phyllitis scolopendrium 'Marginata'.

graugrünen Blättchen. Sie wächst selbst hoch oben an luftigen Wänden von Kirchtürmen und an unzähligen Mauern in Stadt und Land. Viel hübscher ist der Schriftfarn, *Ceterach officinarum,* ein Kind des Südens und daher besonders wärmeliebend. Wie wohlig er seine kleinen braunbeschuppten Fiederwedelchen, förmlich in der Sonne sich räkelnd, am Fels anschmiegt! Er sitzt gerne in schmalen Fugen oder Tuffsteinlöchern und liebt Kalk. Auch der schlankwedelige und lockerfiedrige nordamerikanisch-mexikanische Felsenfarn, *Pellaea atropurpurea,* schätzt kalkhaltigen Humusboden. Kalkflieher sind *Asplenium septentrionale,* das mit seinen schmalen, fast fadenförmigen Gabelblättchen kleine Büschelchen bildet, und der Pelzfarn *Notholaena marantae.* Dieser hübsche Felssiedler südlicher Alpentäler will recht geschützt und warm stehen und verlangt kalkarmen Boden und Winterschutz. Alle diese seltsamen Sonnenfreunde unter den Farnen lieben trockenen Stand. Wird es ihnen zu trocken, so krümmen sie ihre Wedel zusammen, erwachen aber aus dem Scheintod, sobald die Luft und der Boden wieder feucht sind.

Von den Mauer- und Felsenfarnen für Schattenplätze schätzen wir besonders die folgenden allerliebsten heimischen Kleinfarne: *Asplenium trichomanes,* die Steinfeder, mit schwarzbraun gestielten und *A. viride* mit grüngerippten Wedelchen. Höher und üppiger ist der Blasenfarn, *Cystopteris fragilis,* der es liebt, mit seinen Fiederblättern unter überhängenden Steinen und aus Mauerfugen hervorzulugen, während sein amerikanischer Vetter *C. bulbifera* lieber unten auf dem Boden steht und gerne umherwandert. Er ist durch die schlanken, hellgrünen und braunstengeligen Wedel auffallend. Der Tüpfelfarn, *Polypodium vulgare,* wird nur dort gedeihen, wo ihm kalkarmer Boden gegeben wurde; er fühlt sich dann auch an halbschattigen Stellen wohl. Es gibt von diesem wintergrünen Farn auch Formen mit gegabelten Fiedern; sie sehen dadurch ganz anders aus als die typische Art. Wohl der wertvollste Farn für schattige Mauern ist die Hirschzunge *Phyllitis scolopendrium (Scolopendrium vulgare).* Sie wächst besonders gerne auf Kalkunterlage, sät sich hier auch gerne von selbst weiter aus und entfaltet bei feuchtem Stand prächtige lange Blattzungen. Von ihr gibt es eine Reihe von Wuchsformen mit gekrausten, hahnenkammartigen oder mit gegabelten Spitzen, auch solche mit welligen Rändern und auffallend schmalen Blättern.

Die Mooskräuter *Selaginella helvetica* und *S. underwoodii* sind zwar keine Farne, sollen aber hier erwähnt werden, da sie dieselben Ansprüche wie die Schattenfarne stellen. Man kann sie zur Begrünung von Felsnischen verwenden.

In großen Felsanlagen können an Schattenhängen alle möglichen Waldfarne Verwendung finden, z. B. der stattliche Trichterfarn, *Matteuccia struthiopteris (Struthiopteris germanica),* der aber durch Umherwandern auch lästig werden kann. In kleineren Anlagen wird man gerne einige besonders schöne Farne verwenden, wie etwa *Polystichum setiferum* 'Plumosum Densum' oder *P. setiferum* 'Proliferum' mit ihrem wundervollen, moosartig gefiederten Wedelwerk. Auffallend schön ist auch der Pfauenfederfarn *Adiantum pedatum* aus Nordamerika. Seine handförmigen hellgrünen Wedel wirken ebenso elegant wie die seiner tropischen Verwandten. Für den Steingarten besonders wertvoll ist die zierliche Zwergform 'Imbricatum'. Reizend ist auch der lichtgrüne Schleier von *Adiantum venustum* vom Himalaja. Auch *Osmunda regalis* var. *gracilis,* eine Kleinausgabe des stolzen Königsfarns, und der Perlfarn *Onoclea sensibilis,* sind nicht nur zur Zeit ihres glasartigzarten Austriebes auffallend, sondern den ganzen Sommer über schön. An moorigen, sumpfigen Stellen sind sie am glücklichsten. Auch der Rippenfarn, *Blechnum spicant,* in seiner dunkelgrünen, schlichten Tracht ist schmuck; er wächst aber nur dann, wenn er neutralen Boden, am liebsten Nadelhumus, bekommt. Viel williger wächst bei uns seine kleine Verwandte *Blech-*

num penna-marina aus Neuseeland und Australien. Sie steht am schönsten in absonnigen, breiten Felsspalten. Nicht vergessen seien auch der kalkscheue Buchenfarn *Thelypteris phegopteris,* mit gestreckt dreieckigen, einfachgefiederten Wedeln, dann der Eichenfarn *T. dryopteris* mit seinem heitergrünen Wedelteppich, und *T. robertiana,* der kalkliebende Ruprechtsfarn, den man schon allein seines zierlichen, bläulichgrünen Austriebs wegen nicht übersehen darf.

Laubgehölze

Die Verwendung von Laubgehölzen verlangt Überlegung und Sachkenntnis. Man möge sich nicht verleiten lassen, in Töpfen oder Kunststoffbehältern angebotene kleine Gehölze, sollten sie auch noch so hübsch und verlockend aussehen, für den Steingarten zu erwerben, wenn man sie nicht kennt und nicht genau weiß, welche Ausmaße sie bekommen werden. Ausgepflanzt, vom Zwang des Topfes befreit, entwickelt sich mancher Zwerg unverhofft zum Riesen. Deshalb soll die folgende Zusammenstellung empfehlenswerter Arten und Sorten die Wahl erleichtern.

Acer, Ahorn (Aceraceae)

Von dieser Gattung interessieren uns nur die schwachwüchsigen Fächer-Ahorne Japans. In ihrer Heimat sollen sie Höhen bis zu 8 m erreichen; doch bei uns sind sie so langsamwüchsig, daß sie viele Jahre brauchen, bis sie mannshoch und unter Umständen aus dem Rahmen herausgewachsen sind. Es gibt viele, meist schon seit Jahrhunderten in Japan in Kultur befindliche Varianten von *Acer palmatum,* die in Form und Farbe ihrer 5 bis 11lappigen Blätter verschieden sind. Die vor allem im Austrieb kräftig rotleuchtenden, breitlappigen Formen 'Atropurpureum' und die schmalfingrigen 'Atrolineare', sowie die rotblättrigen Sorten mit feinzerschlissenen Blättern, *A. palmatum* 'Dissectum Atropurpureum' und die dunkelrotblättrige 'Dissectum Garnet' passen am besten in dekorative Anlagen. Im natürlichen Steingarten kann auch die sehr schöne Sorte 'Dissectum Viridis' mit ihren bogig überhängenden Zweigen und fedrigen, frischgrünen, im Herbst gelb und rot färbenden Blättern verwendet werden. Auch *A. japonicum* 'Aconitifolium' (*A. japonicum* 'Parsonsii') mit prächtig fiederschnittiger Belaubung wollen wir nicht vergessen, er ist mit der Edelste der ganzen Gattung und im Austrieb, wie in seinem rot-gelbem Herbstkleid besonders anziehend, wird allerdings im Laufe der Jahre einige Meter hoch.

Besonders im Frühling im Austrieb und zur Zeit ihrer wunderbar leuchtenden Herbstfärbung sind diese Japan-Ahorne tonangebend. Im leichten Schatten, den ihre feingliedrigen Schirmkronen werfen, setzen wir *Anemonopsis macrophylla, Epimedium, Mertensia virginica,* auch *Hypecoum japonicum, Jeffersonia, Saxifraga cortusoides* und andere edle Pflanzen, die es wert sind, in solch vornehmer Nachbarschaft zu stehen. Man pflanzt Fächerahorne am Rande von Wasserbecken und Wasserläufen oder an absonnigen Stellen, da ihr zartes Blattwerk an zugigen, lufttrockenen und brandigen Stellen leicht versengt.

Amorpha nana, Bastardindigo, (Leguminosae)

Dieser nur 50 cm hohe nordamerikanische Zwerg (früher *A. microphylla*) ist keine auffallende Schönheit; er verträgt aber sehr trockenen Stand und blüht im Sommer mit purpurnen Ähren, die mit goldenen Staubfäden betupft sind; im Sukkulentengärtchen gut zu gebrauchen.

Andromeda polifolia, Lavendel- oder Rosmarinheide (Ericaceae)

Als zierliche Moorbewohnerin unserer Heimat verlangt sie im Garten unbedingt feuchten Standort und kalkfreien Moor- oder Hei-

1

deboden. Lieblich sind die rosigen, nickenden Blütenglöckchen, die von Mai bis Juli das 30 cm hohe, immergrüne Büschlein schmücken. Die Form 'Leucantha' blüht weiß, 'Glauca' hat blaugraue Blättchen; besonders beachtenswert sind die kleinbuschigen 'Compacta' und 'Minima'.

Anthyllis hermanniae var. aspalathi
Strauchwundklee (Leguminosae)

Wir verwenden den auch im Alter nur 30 cm hohen Felsenstrauch aus Kreta gerne als Einzelpflanze auf Steinbeeten oder in Trögen, wo sein schirmförmiges, dichtes, im Juni mit gelben Blütchen geschmücktes Zweiggeflecht

In großen Steingärten bieten flächige Bepflanzungen farbenfrohe Motive. (1) Gelber Steinrich (Alyssum), Blaukissen (Aubrieta) und weißer Teppichphlox (Phlox subulata) umgeben einen Japanahorn (Acer palmatum 'Garnet').

(2) Farblicher Dreiklang im Heideteil. Zwischen den schönen Horsten des Blauschwingelgrases (Festuca glauca 'Silberreiher') leuchtet das Gelb von Berberis thunbergii 'Aurea' vor purpurbrauner B. thunbergii 'Atropurpurea Nana'. (3) Mit perlweißen Glöckchen schmückt sich im Moorbeet die Schuppenheide (Cassiope lycopodioides), eine leider nur bedingt winterharte Schönheit.

2

3

über kleinen Teppichen von *Antennaria* und *Raoulia* usw. gut zur Geltung kommt.

Arctostaphylos, Bärentraube (Ericaceae)

A. uva-ursi ist eine hübsche heimische Pflanze. Die rosa Blütchen treten nur wenig in Erscheinung; aber ihre glänzend immergrünen, flachen Schleppen machen sie wertvoll. Schön als Bodenbedecker im Moorbeet oder auch über Felsplatten lagernd und herabhängend.

Artemisia siehe unter Stauden
Astragalus siehe unter Stauden

Berberis, Sauerdorn, Berberitze (Berberidaceae)

Von den etwa 190 Arten dieser Gattung kommen die meisten für den Steingarten nicht oder nur zur Randpflanzung in Frage, da sie rasch zu groß werden. Sehr wertvoll sind aber etliche schwachwüchsige Arten, insbesondere die folgenden immergrünen: *B. buxifolia* 'Pygmaea'; sie eignen sich vornehmlich für architektonische Anlagen. Ihre dunkelgrünen kompakteren Büschel lassen sich auch durch Schnitt entsprechend formen. Locker im Wuchs sind *B.* × *stenophylla* 'Grawley Gem' und *B.* × *stenophylla* 'Irwinii'. *B. candidula* bildet ähnlich *B. verruculosa* breite, kaum meterhohe malerische Büsche mit überhängenden Zweigen. Recht hübsch ist auch die zierliche, nur 15 cm hohe *B. empetrifolia* 'Corallina Compacta' und die bis 50 cm hohe, im April sattgoldgelb blühende, im Herbst blauschwarzfruchtende *B. darwinii* 'Compacta'.

Leider werden diese winterschutzbedürftigen, prächtigen Blüher oft als veredelte Pflanzen geliefert. Wenn die Unterlage (gewöhnliche rotblättrige Berberitze) durchtreibt, diese regelmäßig bis zum Grunde herausschneiden! Von den sommergrünen *Berberis*-Arten ist vor allem *B. thunbergii* mit den gedrungeneren Formen, der grünlaubigen 'Kobold', der gelben 'Aurea' und der rotlaubigen 'Atropurpurea Nana' sehr wertvoll. Die rotblättrigen Formen sind vornehmlich für regelmäßige Anlagen geeignet; alle lassen sich sehr gut im Schnitt halten und als niedrige Hecke verwenden. Hübsch ist im Frühling ihr reicher hellgelber Flor, der an den waagrecht getragenen Zweigen aufgereiht pendelt, und ebenso prächtig wie der korallenrote Beerenschmuck ist die leuchtend dunkelgelbe bis orangerote oder purpurne Herbstfärbung. In milderen Lagen ist auch *B. wilsoniae* für größere Steingärten empfehlenswert; ihre schlanken, spitzbewehrten Zweige werden bis 1 m lang und hängen im Herbst unter der Last zahlreicher lachsroter, kugeliger Beeren von Trockenmauern oder über Steinblöcke herab. Auch die rote Herbstfärbung der kleinen Blättchen ist prächtig.

Betula nana, Zwergbirke (Betulaceae)

Dieses bei uns geschützte Eiszeitrelikt, das in wenigen Mooren unserer Heimat vorkommt, ist eine Charakterpflanze des hohen Nordens. Es ist keine berückende Schönheit, aber ein stiller Freund für Liebhaber, die an den rundlichen, gekerbten Blättchen des nur selten mehr als $1/2$ m hohen, lagernden Sträuchleins ihren Spaß haben. Sauren Humusboden und genügend Feuchtigkeit verlangt es zum Wohlbefinden. *Andromeda polifolia, Linnaea borealis* und Ericaceen der arktischen Flora sind im Moorbeet seine Nachbarn.

Bruckenthalia spiculifolia, Ährenheide (Ericaceae)

Dieses 10 bis 20 cm hohe Heidekräutlein von den Gebirgen SO-Europas verwendet man am besten in Gemeinschaft mit Zwerg-Rhododendron. Es blüht in dichten, walzenförmigen rosa Ähren im Juni-Juli und verlangt Heideerde und sonnigen, trockenen Stand.

Calluna vulgaris, Besenheide (Ericaceae)

Das Heidekraut in seinen verschiedenen Gartenformen braucht absolut kalkfreien Boden;

und schon deshalb ist es zweckmäßig, es in größerer Zahl auf entsprechend vorbereiteten Flächen anzusiedeln. Am schönsten wirkt es in einer Heideecke, die sich vorteilhaft an den Steingarten anschließt. Von den vielen Sorten sind folgende besonders zu empfehlen: die weißblühende, späte 'Alba Searlei', die weiß gefüllte 'Alba Plena', die rosa gefüllten 'County Wicklow', 'H. E. Beale' und 'J. H. Hamilton' (lachs); die rasenförmig wachsende dunkelrosa 'Mullion', die starkwüchsige rote 'Alportii' und die im Sommer gelblich, im Winter kupfrigbelaubte 'Cuprea'. Ein Unikum ist die gedrungene, dichte Polster bildende 'Foxii'; sie wirkt wie eine zwergige Konifere und eignet sich besonders für kalkfreie Steintröge.

Caragana jubata, Mähnen-Erbsenstrauch (Leguminosae)

Eine äußerst ausdrucksvolle und auffällige, seltene Pflanze aus Turkestan, Ost-Sibirien und West-China. Die bis 1 m hohen, wenig verzweigten Triebe wirken im Winter durch die dichte, braunzottige Behaarung und verdorrten Blattspindeln sehr eigenartig, exotisch. Zusammen mit *Yucca, Opuntia, Acaena, Avena (Helictotrichon) sempervirens.*

Caryopteris, Bartblume (Verbenaceae)

Sie ist vor allen Dingen wegen der späten, langen Blütezeit und der violettblauen Blüten, die hübsch zum Graugrün der Blätter passen, sehr wertvoll. Am schönsten sind *C.* × *clandonensis* 'Heavenly Blue', ein lockerer kleiner Busch von 40 bis 60 cm Höhe und die dunkelblaublühende Sorte 'Kew Blue'; straffer im Habitus und höher werdend ist *C. incana* aus China und Japan. Winterschutz!

Cassandra calyculata, Lederblatt (Ericaceae)

Cassandra (Andromeda, Chamaedaphne) calyculata 'Nana' ist eine reizende, nur 30 cm hohe Zwergform der typischen Art; die breiten Büschlein tragen im Frühling an waagerechten, immergrünen Zweigen aufgereiht weiße Glöckchen. Kalkflieher!

Cassiope tetragona, Schuppenheide (Ericaceae)

Dieses eigenartige, kaum spannhohe, immergrüne Zwergsträuchlein der Polarländer mit dunkelgrün beschuppten, aufrechten Zweigchen und weißen, maiglöckchenartigen Blüten gehört, ebenso wie die noch zierlichere kriechende japanische *C. lycopodioides,* sowie die groß- und reichblühenden Hybriden 'Edinburgh' und 'Muirhead', in das Moorbeet oder in den Urgesteinstrog. Alle sind reizvolle, aber empfindliche Liebhaberpflanzen, die nur dort zufriedenstellend gedeihen, wo kühle, feuchte Luft vorherrscht.

Ceanothus fendleri, Säckelblume (*Rhamnaceae*)

Ein niedergestreckter, seltener, dorniger Strauch aus Nordamerika, der im Sommer mit weißen Blüten überschüttet ist. Wunderhübsch am Trockenhang zwischen Gestein neben *Zauschneria, Oenothera missouriensis, Eriophyllum lanatum, Eriogonum, Sedum spathulifolium* und dergleichen sonnenblühenden Pflanzen mehr.

Ceratostigma, Bleiwurz (Plumbaginaceae)

Es ist schade, daß *C. plumbaginoides (Plumbago larpentae),* dieser prächtige Herbstblüher, neben der zungenbrecherischen botanischen Bezeichnung keinen treffenden deutschen Namen hat. Dieser Halbstrauch, der meist stark zurückfriert, aber im Frühjahr stets wieder kräftig austreibt, darf in keinem größeren Steingarten fehlen; er liebt sonnigen, trockenen Standort, gedeiht selbst an dürrsten Plätzen, bildet dichte, 20 cm hohe breitblättrige, im Herbst sich rötlich verfärbende Teppiche und schmückt sie im September-Oktober mit azurblauen Blüten. Schöne Nachbarn sind *Potentilla nepalensis, Colchicum speciosum, Berberis thunbergii* und *Cotoneaster horizontalis*.

C. willmottianum ist mehr verholzend, wird bis 80 cm hoch und blüht lebhaft himmelblau, ist winterschutzbedürftig und nur für klimatisch begünstigte Gegenden empfehlenswert.

Chaenomeles, Zier- oder Japanische Quitte (Rosaceae)

Nur in große, architektonische Steingärten paßt *C. japonica (Cydonia maulei)*, der niederliegende, dornige, bis 1 m hohe Felsenstrauch mit ziegelroten Blüten. Schön zusammen mit *Arabis albida* und *Cytisus × kewensis*.

Chamaedaphne calyculata siehe *Cassandra*

Cistus, Zistrose (Cistaceae)

Von diesen immergrünen Charakterpflanzen der Mittelmeerländer, die aber fast alle unsere Winter nicht aushalten, kommen nur 2 Arten in Frage. Die allerhärteste ist *C. albanicus* von den Bergen Albaniens, ein bis 30 cm hoher, niederliegender Strauch mit hellgrünen Blättern und weißen Schalenblüten. *C. laurifolius* von den Pyrenäen mit ledrigen dunkelgrünen Blättern und weißen Blütenbüscheln im Sommer wird bis 2 m hoch und bildet in großen Anlagen einen schönen Hintergrund für die rotblühende Spornblume (*Centranthus ruber*). Die winterschutzbedürftige Zistrose liebt volle Sonne und einen warmen, kalkhaltigen Boden. Gegen Trockenheit ist sie nicht sehr empfindlich.

Clematis, Waldrebe (Ranunculaceae)

C. alpina, die elegante Alpenwaldrebe, ist in den Alpen wie im Garten mit ihren blau-weißen, nickenden Blüten im Mai ein erlesenes Schmuckstück. Ähnlich, mit vielpetaligen, hellvioletten Blüten wie gefüllt wirkend, ist *C. macropetala* aus China. Sehr reizvolle Motive ergeben sich, wenn man sie in *Rhododendron ambiguum* und *R. concinnum* umherklettern läßt. *C. texensis* mit scharlachroten, krugförmigen Blüten steht am besten am Fuße einer geschützten, sonnigen Trockenmauer, und *C. × jouiniana (heracleifolia × vitalba)* kann große Mauerflächen, über die sie herabhängt, im Spätsommer mit bläulich-weißen Blütenteppichen schmücken. *C. integrifolia* ist staudig, aufrecht wachsend, 50 cm hoch mit violetten, nickenden Blüten im Juni.

Coprosma petriei (Rubiaceae)

Ein Felsstrauch aus Neuseeland, der flache Matten bildet und nur für den Liebhaber von Interesse ist.

Cornus hessei, Zwerghartriegel (Cornaceae)

Dieser knorrige, kuriose, bis 50 cm hohe, einstämmige Busch mit schwärzlich-grünen, im Herbst sich dunkelviolett verfärbenden Blättern ist in England zur Bepflanzung von Troggärten beliebt, bei uns leider ganz in Vergessenheit geraten.

Corokia cotoneaster, Zickzackstrauch, Drahtnetzbusch (Saxifragaceae)

Der äußerst markante, bizarre Geselle aus Neuseeland mit wirrem, kaum beblättertem, weiß-braunem Zweig-Zickzack und kleinen gelben Blütchen wirkt wie ein Miniaturbaum aus einer anderen Welt. Nur in Einzelstellung, etwa im Teppich von *Muehlenbeckia axillaris*, im Steintrog oder im Alpinenhaus, kommt sein Charakterbild ganz zur Geltung. Winterschutz und nur für milde Gegenden, am sichersten im Keller überwintern.

Corylopsis, Scheinhasel (Hamamelidaceae)

C. pauciflora ist ein solch entzückender, feinzweiger Kleinstrauch – er braucht Jahre, bis

Kostbare Kleingehölze, die an den ihnen zusagenden Plätzen im Steingarten besonders schön zur Wirkung kommen. (1) Cytisus hirsutus f. demissus, ein kriechender Geißklee aus Südeuropa. (2) Daphne blagayana mit immergrünen, flachliegenden Trieben blüht im April. (3) Euryops acraeus aus Südafrika ist nur bedingt winterhart.

er Tischhöhe erreicht –, daß wir ihn in keinem Garten missen möchten. Gerade bei erhöhtem Stand, auf dem Steinbeet oder im Steingarten, über dunklem Bronzeteppich von *Ajuga reptans* 'Purpurea' oder zwischen Zwergkoniferen stehend, kommt der reiche, blaßgelbe Glöckenbehang seiner frühen Blüte (März-April) erst zur vollen Geltung. Das ganze Jahr über ist dieser Strauch schön, nach der Blüte durch das hellgrüne, heitere Laub auffallend.

Corylus avellana 'Contorta',
Korkzieherhasel (Betulaceae)

Eine kuriose Laune der Natur, eine Mutation, die 1863 in England aufgefunden wurde. Erhöht gepflanzt, auf Terrassenbeeten, am besten in freier Lage, so daß sich dem Betrachter die Silhoutte der verwegen geschlungenen Triebe gegen den Himmel zeigt und ihr Zweiggeschlängel die Trockenmauer herabringeln kann, wirkt diese Hasel, besonders wenn unbelaubt und bereift, ganz phantastisch. Abgeschnittene, blattlose Zweige bilden „japanisch" wirkenden, unbegrenzt haltbaren Vasenschmuck.

Cotoneaster, Zwergmispel (Rosaceae)

Erst in Verbindung mit Steinen kommt die Schönheit all der mehr oder weniger kriechenden, chinesischen Zwergmispeln voll zur

Geltung. Zur Ausschmückung von Steingärten aller Art, zur malerischen Überwallung und Krönung von Trockenmauern sind uns diese anspruchslosen Sträucher deshalb hochwillkommen. Der Reiz ihrer Wuchsformen wird durch den weißen oder rosigen, von Bienen viel besuchten Flor, bei den folgenden Arten auch durch den reichen roten Beerenbehang erhöht. Die wertvollsten sind:

Immergrüne Zwergmispeln:
congestus, ganz niedrig, sich dem Boden anschmiegend, hellrote Früchte;
conspicuus var. *decorus,* Wuchs ausgebreitet und niedergestreckt, bis 90 cm hoch. Die orangeroten Beeren des Vorjahres schmücken, wenn sie nicht die Amseln geholt haben, den Strauch noch zur Zeit der weißen Blüte im Mai;
dammeri (humifusus), wundervoller Bodenbegrüner, sehr wüchsig;
dammeri var. *radicans* ist noch härter und hat dunklere, glänzendere Blätter;
dammeri 'Skogholm' ist besonders starkwüchsig und eignet sich hervorragend zur Dauerbegrünung großer Flächen;
dammeri 'Coral Beauty', niedriger als 'Skogholm', breitverzweigter Wuchs, sehr reich scharlachrot fruchtend;
dammeri 'Streibs Findling', schwachwüchsiger als die Art, daher für Steingärten besonders geeignet;
microphyllus 'Cochleatus' mit schirmartigem, niedergestrecktem Wuchs;
salicifolius 'Gnom' ist eine mattenartig flachwachsende Sorte mit schmallanzettlichen, dunkelgrünen, im Winter bronzefarbenen Blättern und hellroten Früchten. 'Parkteppich' ist ein stark- und flachwüchsiger Bodenbedecker.
salicifolius 'Repens', niederliegender Strauch, Blätter klein, immergrün, reichfruchtend.
'Streibs Findling', ein dem Boden und Steinen sich anschmiegender Zwergstrauch mit kleinen sattgrünen Blättern und korallenroten Früchten. Eine besonders wertvolle Zwergmispel, auch für Tröge.

Sommergrüne Zwergmispeln:
adpressus, bogig niederliegend, Blätter mit welligem Rand;
adpressus 'Little Gem', dicht kissenförmig wachsend, kleinblättrig;
horizontalis, allbekannte Art mit fischgrätenartig gespreizten Zweigen; besonders wertvoll sind die Sorten 'Coralle', überaus groß- und reichfruchtend, und die schwachwüchsige, sich dem Boden anschmiegende 'Saxatilis'.
praecox, breitwachsend, bis 50 cm hoch, kriechend mit bogig aufstrebenden Zweigen, Blätter mit welligem Rand, im Herbst rotbraun sich färbend, reich fruchtend.

Wertvolle höhere Arten mit bogig überhängendem Wuchs, die sich zur Randpflanzung eignen, sind C. *franchetii,* C. *sternianus* und C. *salicifolius* var. *floccosus.*

Cytisus, Geißklee (Leguminosae)

Wundervoll in ihrem üppigen Blütengold sind im Mai-Juni die nur 20 bis 30 cm hohen Arten von niederliegendem Wuchs: C. *ardoini,* C. × *beanii,* C. *decumbens* und C. *hirsutus* f. *demissus (Chamaecytisus polytrichus).* Etwas höher ist der blaßgelbe, langzweigige C. × *kewensis.* Eigenartig pupurrosa blüht C. *purpureus;* er bildet dunkelgrün belättete, $1/2$ m hohe Dickichte. Der Elfenbeinginster, C. × *praecox* mit dünnen, langüberhängenden Zweigen und reichem, blaßgelbem Flor, mit den Sorten 'Allgold' und 'Goldspeer', intensiv tiefgelb, und 'Hollandia', zweifarbig pupurrot mit rosa, ist hauptsächlich für größere Anlagen oder für den Steingartenhintergrund geeignet. Sein auffallendes Blütengeschäum paßt gut zu Aubrietien und lilablauem Teppichphlox.

Daboecia cantabrica, Irische Heide, Kriechheide (Ericaceae)

Das immergrüne, aber nicht vollkommen winterharte Sträuchlein Irlands, das den ganzen Sommer über bis zum Herbst mit großen purpurnen oder weißen Glöckchen locker behängt ist, gehört mit in die Heideecke. Eine Verbesserung ist *D. cantabrica* 'Praegerae', im Wuchs ganz niedrig und dicht, mit reichem, rosigem Blütenbehang.

Daphne, Seidelbast (Thymelaeaceae)

D. mezereum, der Frühlingsbote und Duftspender unserer Wälder mit purpurnen oder auch weißen Blüten, bildet im Steingarten vor Bergkiefern, zusammen mit Schneerosen und Leberblümchen eine hübsche Gemeinschaft.

Einen bis über 1 m hohen breitwachsenden Busch bildet *D.* × *burkwoodii* 'Sommerset'; es ist eine wertvolle Hybryde zwischen *D. caucasica* und *D. cneorum,* die im Mai-Juni blaßrosa blüht und hübsch neben hellblauen Glockenscilla wirkt. Ein Juwel ist *D. cneorum* 'Major', der 30 cm hohe Rosmarinseidelbast; er verwandelt sich im Mai in ein duftendes, rosiges Blütenkissen.

Ein Kleinod der Südalpen ist *D. petraea.* Als ausgesprochener Felssiedler fühlt er sich nur in engen Spalten wohl; in Kultur gedeiht und blüht er am besten, wenn auf *D. mezereum* veredelt. Im Alpinenhaus oder im Steintrog kommt diese Kostbarkeit am besten zur Geltung. Es ist ein Fest, wenn im Mai-Juni das zwergige, dichtbuschige Sträuchlein mit großen, rosigen Blüten ganz besetzt ist.

Williger wachsend ist *D. arbuscula* aus der Slowakei, ein Felsbewohner; er liebt sonnige, trockene Plätze und schmückt seinen flachen, dunkel beblätterten Busch im Juni mit lilarosa Blütenbüschelchen. Die Königsblume Siebenbürgens, *D. blagayana,* verlangt etwas absonnigen Stand und grüßt schon im April mit gelblichweißen, stark duftenden Blütensträußen. Alle *Daphne* lieben humosen, kalkhaltigen Boden.

Dryas, Silberwurz (Rosaceae)

D. octopetala, die wunderbare Charakterpflanze des Hohen Nordens und der Alpen, will, ihrem natürlichen Vorkommen entsprechend, auch im Garten in voller Sonne ihre flachen und dichten Matten über Gestein breiten. Leider ist der weiße Festschmuck ihrer vielen Blütenschalen im Mai nur von kurzer Dauer. Hübsch ist sie aber auch im Sommer im Schmucke der fedrigen, grauen Samenschöpfe.

D. drummondii aus Nordamerika hat kleine, gelbe, nickende Blüten und dunklere Blätter. Wüchsiger als beide ist die wertvolle Hybride *C.* × *suendermannii* mit cremegelben Blüten. Nur wenn man *Dryas* mit Topfballen und in Humusboden pflanzt, ist man sicher, daß sie anwachsen. Wenn dieser genügsame Pflanzenheld erst einmal Fuß gefaßt hat und in Ruhe gelassen wird, ist er unübertrefflich dauerhaft und dankbar.

Elsholtzia stauntonii, Blauähre (Labiatae)

Wegen seiner späten Blütezeit im September-Oktober wissen wir diesen aromatisch duftenden, anspruchslosen Lippenblütler aus China besonders zu schätzen. Der Halbstrauch wird, wenn er nicht zu üppig im Futter steht, kaum höher als 1 m. Seine lilarosa Blütenähren locken viele Falter herbei. Der Blauzeder-Wacholder, *Juniperus squamata* var. *meyeri,* und die Perlkörbchenstaude, *Anaphalis yedoensis,* sind gute Nachbarn.

Empetrum nigrum, Krähenbeere, Rauschbeere (Empetraceae)

Dieses heideartig wirkende immergrüne Büschchen ist extrem kalkfliehend und wird als Bodendecker im Moorbeet verwendet.

Erica, Echte Heide (Ericaceae)

Die schönste und wertvollste Art ist natürlich *E. carnea* (*E. herbacea*), die Schneeheide. Ebenso wie in den Alpen, wo sie mit Bergkiefern und Alpenrosen ganze Formationen bildet, so wollen wir sie auch im Steingarten verwenden. Sie ist überall und immer schön,

1

besonders reizend zusammen mit *Salix × wehrhahnii*. Ein unschätzbarer Vorteil ist ihre Unempfindlichkeit gegen Kalkboden, d. h., daß sie überall gedeiht, sofern die Erde durchlässig und humusreich ist. Je freier und sonniger der Standplatz, um so reicher die Blüte. Wertvoll auch als Bienenfutter. Von den zahlreichen Gartenformen ist 'Winter Beauty', die schon im Februar blüht, die früheste. Schön sind auch die weißblühenden Sorten 'Silberschmelze' und 'Springwood', sie sind, gleich der kräftig fleischrot blühenden 'Myreton Ruby', sehr starkwachsend. Die bronzeblättrige 'Vivelli' wirkt leicht zu dunkel und fremd.

E. vagans, die leider nicht überall absolut winterharte, sommerblühende Heide gehört in die Heideecke, die Moorheide, *E. tetralix*, und *E. t.* 'Alba' ins Moorbeet.

Erinacea anthyllis (E. pungens), Igelginster (Leguminosae)

Igelginster ist ein treffender Name für diesen 10 bis 30 cm hohen stacheligen, kugeligen Gesellen. Er sitzt gern so trocken wie möglich zwischen Kalksteinen und fühlt sich, wie er es von seiner Heimat her (Spanien und Nordafrika) gewohnt ist, nur wohl, wenn er richtig in der Sonne „braten" kann. Verblüffend sind die lila Blüten im Juli.

Eriogonum, Wollknöterich (Polygonaceae)

Diese anspruchslosen Halbsträucher aus Nordamerika wollen nur viel Sonne und keinen nassen Platz, um glücklich zu sein. *E. umbellatum* mit gelblichweißen Blütenständen

(1) Genista horrida, ein dichter, im Juni blühender Kugelbusch aus dem südlichen Europa. (2) Einfachblühendes Sonnenröschen (Helianthemum 'Lawsons Pink').

ist am bekanntesten; eigenartig schön ist *E. racemosum* mit grauen Blättern und schmalen, aufrechten, rötlichweißen Trauben. Beide gehören an einen Trockenhang neben *Sedum*, Opuntien und andere Trockenkünstler, mit denen sie sich dort wohlfühlen.

Euryops acraeus (Compositae)

Aus Südafrika von den Drakensbergen im Basutoland stammender 15 bis 20 cm hoher Halbstrauch (früher *E. evansii*). Er bildet mit seinen silbriggrau beblätterten Zweigen einen dichten Kugelbusch, der sich im Frühsommer mit gelben Blüten schmückt. Verlangt geschützten, vollsonnigen, trockenen Platz und neutralen, durchlässigen Boden. Winterschutz!

Fagus sylvatica 'Tortuosa', Süntelbuche (Fagaceae)

Diese malerisch breit und gedrungen wachsende Schirmform unserer Rotbuche, deren Zweig-Zickzack immer wieder im Bogen sich zur Erde neigt, braucht Jahre bis sie mannshoch ist. Trotzdem paßt sie nur in sehr große Anlagen, wo sie neben Felsblöcken großartig zur Wirkung kommt.

Forsythia, Forsythie, Goldglöckchen (Oleaceae)

Von diesem altbekannten Prachtstrauch des Frühlings gibt es jetzt auch eine Zwergform, die knapp 50 cm hoch wird und sich vorzüglich für Stein- und Terrassengärten eignet: *Forsythia* 'Bronxensis' (Selektion Weber). An sonnigen Plätzen alljährlich reichblühend, ein willkommener Partner zu Aubrietien und Polsterphlox.

Gaultheria, Scheinbeere (Ericaceae)

Die kriechende *G. procumbens,* die Rebhuhnbeere, mit ihren eiförmigen, glänzenden Blättern und leuchtend roten Beeren und die kleinbuschige, weißfrüchtige *G. miqueliana* sind hübsche kleine Immergrüne für das Moorbeet oder die Heideecke. Beide sind äußerst kalkfeindlich.

Genista, Ginster (Leguminosae)

Von der so vielgestaltigen Ginster-Sippe wählen wir für den Steingarten aus: *G. lydia*, den kleinen, dünnzweigigen Busch mit einer Fülle goldgelber Blüten im Juni; *G. radiata*, den Strahlenginster, mit graugrünen, gabelig verzweigten Trieben; *G. horrida*, den dichtdornigen Polsterstrauch, der aussieht wie ein riesiger, olivgrüner Igel; *G. pilosa*, den Sandginster, mit seinen niederliegenden, schlanken Zweigen; *G. hispanica*, das dichte, sattgrüne Dornengeflecht, das zur Blütezeit sich in einen goldenen Teppich verwandelt; *G. sagittalis*, den flach dahinkriechenden Flügelginster und seine Zwergausgabe var. *minor* (*G. delphinensis*) und *G. villarsii*, der mit krausem Zweiggeflecht sich dem Boden anschmiegt. Hübsch ist auch die nur 20 bis 30 cm hohe, gefülltblühende Form des Färberginsters, *G. tinctoria* 'Plena', sowie die reichblühende, allerdings bis 1 m hohe 'Royal Gold'. Alle blühen gelb, alle lieben Sonne und trockenen, leichten Boden und wirken als echte Wildsträucher am besten im Naturgartenmotiv neben Lein, Ehrenpreis, Lavendel, Wacholder und Bergkiefern.

Hamamelis, Zaubernuß (Hamamelidaceae)

Welcher Blumenliebhaber wird sich diesen märchenhaften Winterblüher nicht gönnen? Wenn auch im Alter 4 bis 5 m hohe, breit ausladende, „Bäume" bildend, so lohnt es doch, junge blühfähige Exemplare auf Steinbeete oder im Steingarten anzupflanzen, denn sie brauchen viele Jahre, bis sie dort aus dem Rahmen herauswachsen. Die goldgelbe *H. japonica* und die schwefelgelbe var. *zuccariniana* und die rötlichorange 'Jelena', die zudem durch prächtige Herbstfärbung auffällt, sind durch ihren abstehenden Zweigaufbau hier am wertvollsten. Schön in Gemeinschaft mit chinesischem Wacholder (*Juniperus squamata* 'Meyeri', *J. chinensis* 'Pfitzeriana') und frühesten Stauden und Blumenzwiebeln. Hamamelis stellen keine besonderen Ansprüche an den Boden. Sie blühen reich, wenn sie möglichst sonnig stehen.

Hebe, Neuseeland-Ehrenpreis (Scrophulariaceae)

Diese eigenartigen, immergrünen Strauchveroniken Neuseelands mit ihren teils schuppig beblätterten Trieben (*H. armstrongii*, *H. hectori*, *H. cupressoides*), teils mit blaugrauen oder grünen, fleischigen, rundlichen Blättchen besetzt (*H. anomala*, *H. buxifolia*, *H. carnosula*), halten bei uns nur mit Winterschutz und in geschützten Lagen im Freien aus. Ihr Habitus ist so fremd und eigen, daß sie am besten isoliert auf dem Bodenteppich von *Cotula squalida* stehen. Alle lieben Sonne und durchlässigen, sandigen Boden und öfteres Überbrausen und Wässern während des Sommers.

Hedera helix, Efeu (Araliaceae)

Unter den vielen Gartenformen des Efeu scheinen 'Conglomerata', 'Erecta' und 'Minima', drei entzückende Zwerge, für den Steingarten und für Miniaturgärten in Trögen, Schalen und Fensterkästen wie geschaffen. Sie sind mit jedem Boden zufrieden, verlangen aber Schutz vor Wintersonne.

Helianthemum, Sonnenröschen (Cistaceae)

Keine Steinanlage und Trockenmauer ist ohne diese zwergigen, sommerblühenden Halbsträucher denkbar. Eine Menge von einfachblühenden Sorten in Weiß bis Dunkelrot, in gelben, braunen und orange Tönen gibt es. Ihre einzigen Nachteile: nicht vollkommene Winterhärte und zu rasches Verblühen. Es ist ratsam, nach dem Verblühen sofort die Büschelchen kräftig zurückschneiden. Während die an sich reizvolleren Blüten der einfachen Sorten nur immer einen halben Tag dauern und sich um die Mittagszeit entblättern, halten die gefüllten ('Cerise Queen', 'Gelbe Perle' und 'Rubin') viel länger. Empfehlenswerte einfachblühende Sorten sind 'Blutströpfchen', 'Bronzeteppich', 'Golden Queen', 'Lawsons Pink', hellrosa, 'Sterntaler', goldgelb und 'Wisley Primrose', hellgelb. Es sind Sonnenkinder, die sich nur in vollem Licht wohlfühlen und keine Nässe vertragen. Vor allen Dingen ist Tannenreisigschutz gegen Wintersonne notwendig.

H. italicum ssp. *alpestre*, das prachtvolle, grüne, dichte Teppiche bildet und goldgelb blüht, sowie das in kleinen Büscheln wachsende *H. lunulatum* sind reizende, harte Wildarten, die man über dem Sortenreichtum der Hybriden nicht vergessen sollte.

Hertia cheirifolia (Compositae)

Dieser bis 50 cm hohe halbstrauchige Korbblütler (früher *Othonnopsis cheirifolia*) aus Nordafrika mit spatelförmigen, ledrigen, ausdauernden, graugrünen Blättern und gelben Blüten im Sommer ist unter normalen Verhältnissen winterhart. Man setzt ihn neben Palmlilien, Freilandopuntien und anderen Sukkulenten am Trockenhang.

Hypericum, Johanniskraut (Guttiferae)

Ein prächtiger, großblumiger, wuchernder Bodenbedecker für sonnige und schattige Plätze ist *H. calycinum*. Wenn er vor Wintersonne und strenger Kälte geschützt steht, sind seine ovalen Blätter wintergrün. Im Gegensatz dazu sind aber alle anderen Arten recht sonnenliebend. *H. patulum* aus China ist ein halbimmergrüner, 80 cm hoher, kugeliger Busch; davon schätzen wir besonders die reichblühende Sorte 'Hidcote' als dankbaren unermüdlichen Sommerblüher. Schön sind auch die im Mai-Juni blühenden, mehr staudigen, kleinen Arten des Balkans: *H. polyphyllum, H. olympicum* und *H. rhodopeum* und das feinblättrige *H. coris* von den See-Alpen. Alle blühen gelb und sind durch die feinstrahligen Staubfäden auffallend. Sie sind äußerst genügsam, nur stehende Nässe vertragen sie nicht.

Iberis, Schleifenblume (Cruciferae)

Die immergrünen, üppigen Buschen, die zur Blütezeit wie Schneeflecken wirken, gehören mit zu den bekanntesten und wertvollsten Pflanzen für alle Steingärten. Für Trockenmauern sind die wüchsigeren Sorten von *I. sempervirens,* 'Schneeflocke' und 'Findel', geeignet, für Steinbeete und kleinere Anlagen die gedrungene 'Zwergschneeflocke', und für Einfassungen, die im Schnitt gehalten werden, hat sich am besten *I. sempervirens* var. *garrexiana* bewährt. Der Liebhaber hat außerdem seinen Spaß an der frühen, locker wachsenden, niederliegenden, kleinen *I. saxatilis*, die auch das richtige Format für Troggärten hat.

Jasminum, Jasmin (Oleaceae)

Bekannt ist *J. nudiflorum,* der Winterjasmin, der in milden Gegenden besonders geeignet ist, von großen Mauern oder Felshängen herabzufluten und der seine grünen Ruten oft schon im Januar reich mit gelben Blüten besetzt. Damit sein Flor nicht allzu früh von der Wintersonne herausgelockt wird und dann frostgefährdet ist, pflanzt man ihn am besten möglichst absonnig. Anders im Habitus ist *J. parkeri* vom Himalaja, ein nur 30 cm hohes Büschelchen, das erst im Juni gelbe Blüten trägt. Man setzt diesen Zwerg an sonnige, trockene Stellen, damit das Holz gut ausreifen kann und gibt ihm guten Winterschutz oder man pflegt ihn im Alpinenhaus.

Kalmia, Lorbeerrose (Ericaceae)

Kalmienblüten gehören mit zu den lieblichsten Gebilden Floras. Wir pflanzen die 60 cm hohe *K. angustifolia* oder auch die niedliche, 20 bis 30 cm hohe *K. polifolia* 'Rubra' ins feuchte Moorbeet, und wir werden an diesen reizenden Immergrünen unsere helle Freude haben. Sie verlangen aber unbedingt kalkfreien Boden.

Lavandula, Lavendel (Labiatae)

Lavendel gehört schon allein des Duftes und des sommerlichen Falterspiels um seine lilafarbenen Blüten wegen in jeden sonnigen Steingarten. Am schönsten sind *L. angustifolia (L. vera)* 'Hidcote Giant', starkwachsend und die niedrigen, frühblühenden Sorten 'Munstead' und 'Hidcote Blue'.

Ledum, Porst (Ericaceae)

Für feuchte Moorbeete oder den sumpfigen Rand des Steingartentümpels ist uns *L. groenlandicum* 'Compactum', das im Mai mit würzig duftenden, weißen Blüten seine breiten immergrünen Büschel schmückt und wie ein Rhododendron wirkt, sehr willkommen. Kalkfrei!

Leiophyllum buxifolium, Sandmyrte (Ericaceae)

Dieses myrtenähnliche, glänzend immergrüne, kaum mehr als 25 cm hohe Büschlein schmückt sich im Mai-Juni mit zahlreichen rosa Knospen und weißen Blütchen; noch niedriger ist die var. *procumbens*. An sonniger oder halbschattiger Stelle des Steinbeets oder im Heidegarten wirkt dieser liebe Pflanzengast aus USA ganz entzückend. Er verlangt kalkfreie, sandige Erde.

Linnaea borealis, Moosglöckchen (Caprifoliaceae)

Wie in ihrer nordischen Heimat und in den Arven- und Lärchenwäldern der Alpen, so liebt diese zierliche, mit dünnen Trieben kriechende Pflanze auch im Garten kalkfreien, humosen Boden und schattigen, frischen Standort. Wir lassen von ihr auf dem Moorbeet zwischen Zwerg-Alpenrosen den Boden, Findlingssteine und Astknüppel überspinnen und sind glücklich, wenn sich dieses Eiszeitrelikt bei uns wohlfühlt und seine zarten, rosigen Zwillingsblüten (Linnes Wappenblume) im Frühsommer auf dünnen Stielchen trägt. Sehr viel wüchsiger und gartenwilliger ist die amerikanische *L. borealis* var. *americana*.

Loiseleuria procumbens, Alpenazalee (Ericaceae)

Die Alpenazalee, auch Teppichrose oder Felsenröschen genannt, ein arktischalpines, rasenbildendes, kriechendes Sträuchlein windgefegter Bergkuppen und Tundren, ist an ihren natürlichen Standorten im Schmucke ihrer rosaroten Blüten so entzückend, daß sich der Liebhaber immer wieder um ihre Gunst in seinem Garten bemüht. Es ist aber eine etwas

(1) **Hypericum polyphyllum** und (2) **Moltkia × intermedia** sind zwei gute Farbennachbarn und wertvolle Sommerblüher. Beide verlangen vollsonnige Standorte und vertragen große Trockenheit. (3) Absonniger Steingartenhang mit Fächerahorn, Muschelzypresse, Rhododendron und Schneeheide.

spröde Schöne; ihre Forderungen sind: kalkfreier Heideboden, freier luftiger Stand, während des Sommers häufiges Übersprühen mit Regenwasser und nur mäßige Bodenfeuchtigkeit. All das kann man am besten im Urgesteinstrog bieten, auch so zierliche Nachbarn wie die seltene *Cassiope lycopodioides* und kleinste Zwergweiden.

Lonicera, Heckenkirsche, Geißblatt (Caprifoliaceae)

Von diesen Wildsträuchern eignen sich die heimische *L. coerulea,* die entzückende *L. syringantha* aus China und die duftende, winterblühende *L.* × *purpusii* zur Hintergrundgestaltung zwischen Koniferen. *L. nitida* 'Graziosa', eine dichte, winterharte Immergrüne mit abstrebend ausgebreitetem Wuchs, wirkt gut als „Unterholz" von *Hamamelis*. *L. spinosa* var. *albertii* aus Turkestan mit langen, dünnen, blaugrün beblätterten Zweigen und lilarosa Blüten im Mai lassen wir über Mauern oder in großen Anlagen von höchsten Stellen über Felsen herabhängen. Alte Pflanzen bilden malerische, über meterbreite, dichte Büsche mit halbkugeliger Krone und langer Zweigschleppe.

Malus sargentii, Zierapfel (Rosaceae)

Ein japanischer Wildapfel, der einen nur etwa 2 m hohen, sparrigen Busch bildet, im Mai reinweiß blüht, im Herbst kleine, dunkelrote Äpfelchen trägt und sein Laub gelbrot verfärbt, ist vor allem für dekorative Anlagen empfehlenswert. Zwergiger im Wuchs und reichblühender ist die Sorte 'Tina'. Sehr hübsch ist auch *M. sieboldii (M. toringo)* mit hängender Zweigtracht, blaßrosa Flor und erbsengroßen, rotgelben Äpfelchen. Breitausladend wächst die grünlichweiß, gefüllt blühende Sorte 'Fuji', die aber im Alter bis 6 m hoch wird.

Menziesia ciliicalyx (Ericaceae)

Dieses 30 bis 60 cm hohe, sommergrüne Sträuchlein aus Japan, das im Mai entzückende rosa Blütenglöckchen trägt, verlangt kalkfreien Humusboden und paßt gut zu Zwergrhododendron und den chinesischen Herbstenzianen.

Moltkia, Blautröpfchen (Boraginaceae)

Reines Blau, die wertvollste Blütenfarbe, leuchtet uns im Sommer in den nickenden Blütchen der *Moltkia petraea* entgegen. Wer je das Glück hatte, diesen bis 50 cm hohen Felsenstrauch an einem seiner Heimatstandorte, etwa in den nordalbanischen Bergen, in Massen zu erleben, der wird immer für seine Verbreitung im Garten werben. Weniger verholzend ist *M. suffruticosa (M. graminifolia);* sie trägt im Juni über ihren dunkelgrünen schmalblättrigen Matten leuchtend blauviolette Blüten. Besonders wertvoll ist die Hybride zwischen beiden, da sehr reich und kräftig blaublühend, *M.* × *intermedia*. Ihre Ansprüche sind bescheiden: volle Sonne und trockener Stand zwischen Steinfugen von Trockenmauern oder geneigten Steingartenflächen mit schottrigem Boden sind ihr recht. Auch für große Steintröge zu empfehlen.

Muehlenbeckia axillaris, Polsterknöterich (Polygonaceae)

Wie mit einem Fell überdeckt dieser winzige, durch Ausläufer sprossende, 5 bis 10 cm hohe, sommergrüne Zwergstrauch Boden und Gestein. Die winzigen, runden, olivgrü-

Teil der auf Seite 19 und 20 gezeigten Anlage. Cryptomeria japonica 'Spiralis', eine malerische Form der Tempeltanne, das Blütenkissen einer Pfingstnelke und davor das graugrüne Tropaeolum polyphyllum (bei uns nicht hart).

nen Blättchen verfärben sich im Herbst rostbraun. Um eine volle Wirkung zu erreichen, müssen größere, möglichst bewegte Flächen (wenigstens 1 bis 2 m²) mit diesem neuseeländischen Teppichbildner besetzt werden; schöner Untergrund für *Corokia cotoneaster.*

Nothofagus antarctica, Scheinbuche (Fagaceae)

Für den Liebhaber bizarrer Zweigformen ist diese entfernte Verwandte unserer Buche vom südlichen Südamerika bemerkenswert. Sie wird bei uns kaum höher als 3 m. Die kleinen, welligen Blätter färben sich im Herbst rostbraun. Besonders in größeren Anlagen auf erhöhtem Stand wirkungsvoll.

Ononis, Hauhechel (Leguminosae)

O. fruticosa und *rotundifolia* sind charaktervolle, bis 60 cm hohe, kalkliebende Büschchen, die von Felshängen und Geröllhalden Südeuropas stammen und sich im Sommer mit lieblichen rosa „Erbsenblüten" schmükken. Nicht vergessen sei auch die staudige *O. natrix* mit schmucken gelben, rötlich gestreiften Blüten. Alle sind für den Wildnis-Steingarten begehrenswert und reizvoll, besonders zwischen Lein, Lavendel, graublättrigen Stauden und hübschen Gräsern.

Othonnopsis cheirifolia siehe *Hertia*

Pachysandra (Buxaceae)

Noch fehlt ein passender deutscher Name für *P. terminalis,* die unverwüstlichste, aus Japan stammende Immergrüne. Ihre dunkelgrün beblätterten Triebe bilden geschlossene, 20 cm hohe Teppiche, empfehlenswert besonders die Sorte 'Green Carpet', die sich ausgezeichnet als Bodenbedeckung für Schattenlagen oder Einfassungen selbst an ungünstigen Plätzen eignet. *P. procumbens* aus Nordamerika mit matten, bräunlichgrünen Blättern ist viel schwachwüchsiger und weniger wertvoll.

Paxistima, Dicknarbe (Celastraceae)

Nordamerika ist die Heimat von *P. canbyi* und *P. myrsinites,* den immergrünen, unscheinbar blühenden, niederliegenden Sträuchlein, die im Halbschatten in humosem Boden willig wachsen, aber ohne besondere Schönheitswerte sind.

Pernettya mucronata, Torfmyrte (Ericaceae)

Von Feuerland stammende Immergrüne mit derben, zugespitzten kleinen Blättern und schlanken, bis 50 cm langen Trieben, die sich im Herbst und Winter unter der Last der kugeligen, purpurnen oder weißen Beeren herabbeugen. Sehr empfehlenswert sind die reichfruchtenden Sorten 'Bell's Seedling' und die breitwüchsige 'Signaal' für die Heideecke oder das Moorbeet, sie sind aber winterschutzbedürftig und verlangen kalkfreien, feuchten Boden.

Perovskia, Blauraute, Silberstrauch (Labiatae)

Von diesen Halbsträuchern Westasiens ist *P. atriplicifolia* 'Blue Spire' am wertvollsten. Mit ihren schlanken Trieben schlägt sie von August bis Oktober ein lockeres, duftig blaugraues Blütenrad von 1 m Höhe; sie ist für größere Anlagen unentbehrlich und dort besonders hübsch neben *Berberis thunbergii*. *P. abrotanoides* wird nicht so hoch und blüht bereits im Juli-August. Beide frieren ohne Schaden zu leiden alljährlich zurück und treiben, wenn durch Laubschüttung geschützt, wieder kräftig aus und kommen zur Blüte.

Petrophytum caespitosum, Rasenspiere (Rosaceae)

Dicht dem Boden und dem Gestein sich anschmiegender, flacher, dichtrasiger Halbstrauch aus Nordamerika (synonym *Spiraea caespitosa).* Obwohl die bis 10 cm langen, aufrechten, schmutzig gelblichweißen Blü-

(1) Der heimische Almrausch (Rhododendron hirsutum) am Naturstandort in den Kalkalpen – er wächst ebenso auf Dolomit. (2) Der Zwerg-Kreuzdorn (Rhamnus pumilus) ist in den Kalkgebirgen von Spanien über die Alpen bis zum Apennin verbreitet. Er ist ein felsbewohnender, sommergrüner Spalierstrauch ohne Dornen. In Spalten und Löchern steiler Wände wurzelnd, preßt er verkrampft sein knorriges, stark verästeltes Gezweige an den Fels. Den unscheinbaren, im Juni-Juli erscheinenden Blüten folgen kugelige, blauschwarze Beeren. Der Liebhaber schätzt dieses skurrile Gehölz und verwendet es seinem Naturstandort entsprechend im Garten.

tenähren keine auffallende Farbe haben, ist die dauerhafte Pflanze liebenswert und für Trockenmauern und Steinbeete in voller Sonne wertvoll.

Phyllodoce, Moosheide (Ericaceae)

P. empetriformis, der 20 cm hohe, hübsche heideähnliche Zwergstrauch mit dicht beblätterten Trieben und reichem rosa Glöckchenflor im Mai gehört mit in die Pflanzengemeinschaft des Moorbeetes.

Pieris (Ericaceae)

Die breitbuschige *P. floribunda* und die aufrechte *P. japonica,* insbesondere in der Kleinform 'Pygmaea', und *P. taiwanensis,* alles prächtige Immergrüne mit milchweißem Glöckchengehänge im Frühling und reizvollem, rötlichem Austrieb, passen als Jungpflanzen vorzüglich in das Moorbeet.

Polygala, Kreuzblume (Polygalaceae)

Schade, daß *P. chamaebuxus,* das liebliche, kaum 20 cm hoch werdende immergrüne Halbsträuchlein der Alpen und des Jura mit ledrigen, glänzenden Blättchen und weiß-gelben Blüten im zeitigen Frühling so wenig gartenfreundlich ist. Auch die so schöne *P. chamaebuxus* var. *grandiflora (P. rhodoptera)* der Südalpen mit purpurrot geflügelten Blüten kann man nicht als leichtwachsend rühmen. Am willigsten gedeiht die spanische, schmalblättrige, rosenrot blühende *P. vayredae.* Alle lieben humosen, kiesigen Boden.

Potentilla, Fingerkraut (Rosaceae)

Die strauchigen Fingerkräuter *P. fruticosa,* vor allem die schönen kleinbuschigen 60 bis 80 cm hohen goldgelb blühenden Formen: 'Arbuscula', 'Farreri', die flachwachsenden 'Abbottswood', 'Goldteppich', und 'Pyrenaica', die dichtbuschige, nur 40 bis 60 cm hohe 'Kobold', die kupferfarbig blühende 'Tangerine' und die cremeweiße 'Falkenburg' sind wertvolle, anspruchslose, sommerliche Dauerblüher des Gartens, die man für Steingärten gar nicht genug empfehlen kann. Hübsch und eigenartig ist auch die niederliegende *P. fruticosa* var. *mandshurica* mit seidig behaarten Blättchen und weißen Blüten; pflanze sie neben einen Steinblock, dem sie sich anschmiegt.

Prunus, Kirsche (Rosaceae)

P. fruticosa 'Pendula', die Zwergkirsche, schmückt im Frühjahr ihre kriechenden Zweige mit schlehenähnlichen weißen Blüten; die dunkelroten Früchte sind unter den elliptischen Blättern versteckt und kommen nicht zur Geltung. Hübscher Herbstfärber.

In *P. pumila* var. *depressa,* der Sandkirsche aus Nordamerika, steht uns ein weiterer flachwachsender und niederliegender, etwa 50 cm hoher und 2 m breiter Strauch zur Verfügung, der vor allen Dingen durch die brillante rote Herbstfärbung seiner elliptischen Blätter wertvoll ist. Beide Pflanzen sind gut für große Steingartenhänge verwendbar und besonders wirkungsvoll in Verbindung mit der Blauraute.

P. subhirtella 'Pendula Rubra', eine Hängeform der frühesten japanischen Zierkirsche, ist, wenn auf kurze Stämme veredelt, vor allem für dekorative Steingärten eine Festgabe. Pflanzt man sie oberhalb von Trockenmauern, über die ihr feines Zweiggehänge herabrieseln kann, so wird jedermann seine Freude daran haben, denn sie ist die edelste Hängekirsche. Ihr duftiger, rosaroter Flor im März stimmt so heiter wie ein frohes Frühlingslied.

P. tenella (Amygdalus nana), die Zwergmandel, die auf dem Balkan stellenweise ganze Kalkhügel erobert hat, läßt diese im Frühjahr, wie von rosigem Licht bestrahlt, erglühen. Eine Schönheitssteigerung für den Garten ist die durch leuchtend rosaroten Flor auffallende Auslese 'Fire Hill', sie ist besonders auf Trockenmauern neben *Iberis* und *Phlox subulata* 'Lilacina' wunderschön.

Rhamnus pumilus, Zwerg-Kreuzdorn (Rhamnaceae)

An japanische Zwergbäumchen erinnert dieser ausgesprochene Felssiedler der Kalkalpen, ein sommergrüner Spalierstrauch, der, engen Spalten entspringend, mit knorrigen Ästchen schlangengleich sich dem Fels anschmiegt und diesen mit dunkelgrünen, rundlichen Blättern bekleidet. Man pflanze ihn als junge Topfpflanze in eine tiefe Felsenspalte, und man wird sein ganzes Leben lang Freude an ihm haben.

Rhododendron, Alpenrose (Ericaceae)

Wollte man all die kleineren und kleinen Rhododendron-Arten und -Sorten aufzählen und beschreiben, die wie geschaffen sind, unsere Steingärten mit festlichem Blütenschmuck zu krönen oder durch ihr immergrünes Kleid winterliche Gartenfreude zu bereiten, so ließe sich mit diesem Thema allein ein kleines Bändchen füllen.

Die folgende Aufzählung und Auswahl will keinen Anspruch auf Vollständigkeit erheben. Die Zahlen beziehen sich auf die Höhen in Zentimeter; die Blütezeit ist bei allen, wenn nicht anders angegeben, im Mai-Juni.

Immergrüne Arten, „echte" *Rhododendron:*
calostrotum, hellpurpurn, April, 20 bis 30
chryseum, hellgelb, Mai, 30 bis 50
ferrugineum, rostblättrige Alpenrose, rot, 60 bis 80
forrestii (repens)-Hybriden (Züchter Hobbie), glühend rot, April-Mai, 20 bis 60
hirsutum, Almrausch, hellrot, 60 bis 80
hippophaeoides, lavendelblau, Mai, 80 bis 100
impeditum, dunkellila, Mai, 20 bis 30
impeditum 'Azurika', 'Blue Tit', 'Blue Wonder', violettblau, April–Mai, 30 bis 40
impeditum 'Moerheim', dunkellila, April-Mai, 40 bis 50, früher als die Art
keleticum, violettrot, 15 bis 20
'Lavendula', lila, Mai, 50 bis 60
× *myrtifolium (R. minus × hirsutum),* rosa, 80 bis 100
× *praecox × (R. dauricum × ciliatum),* lilarosa, März, 80 bis 120
radicans, purpurn, Mai, 15 bis 20
× *radistrotum (R. radicans × calostrotum),* rotpurpurn, Mai 15 bis 20
'Robert Seleger', eine schwachwachsende *R. keleticum*-Hybride mit ziemlich großen, zartrosa Blüten im Mai.
russatum, dunkelviolett, Mai, 50 bis 80
williamsianum, rosa glockig, fauler Blüher, hat aber sehr schöne Belaubung und prächtig rotbraunen Austrieb, dicht- und breitbuschig, April-Mai, 30 bis 80
williamsianum-Hybriden, reich blühend, in verschiedenen rosa und hellroten Tönen, Mai, 50 bis 80, auffallend im Austrieb.
yakusimanum-Hybriden, weiß, gelb, rosa, Mai–Juni, 30 bis 50; auch durch die schöne Belaubung auffallend.

Halb-immergrüne und sommergrüne Arten „Azaleen", Blütezeit Mai:
× *arendsii* in verschiedenen Sorten, rosa, lila und purpur, 80 bis 120
× *aronense,* verschiedene Sorten mit kleinen bis mittelgroßen Blüten in Rosa, Lachs, Karmin und Lila, Mai-Juni, 30 bis 50
camtschaticum, purpurn, Juni-September, 10 bis 30
'Hatsugiri', purpurrot, 'Hinodegiri', rubinrot, 'Hinomayo', rosa, 30 bis 50
obtusum var. *amoenum,* lachsrosa bis rot, 30 bis 50
× *multiflorum,* lilarosa, Mai, 20 bis 30

Sehr hübsch sind auch die gedrungen wachsenden, klein- aber reichblühenden Diamant-Azaleen in den Farben rot, rosa, lachs und purpur.

Alle Arten verlangen unbedingt kalkfreien Boden und nicht zu trockenen Stand. Wer Näheres wissen möchte, greife zu den Veröffentlichungen der Deutschen Rhododendron-Gesellschaft. Siehe auch Kapitel Moorbeet.

Rhodothamnus chamaecistus, Zwergalpenrose (Ericaceae)

Das langsam wachsende, 10 bis 30 cm hohe, zierliche, alpine Sträuchlein, das sich im Mai mit unverhältnismäßig großen rosafarbenen, flachschaligen Blüten schmückt, verlangt im Garten eine absonnige, kühle Felsennische und mit Kalkschotter durchsetzten Moor- und Heideboden.

Ribes alpinum 'Pumilum', Zwergalpenjohannisbeere (Saxifragaceae)

Nur des frühen, frischgrünen Austriebes halber wird man diesen 1 m hohen Kleinstrauch, der sich vorzüglich für niedere Hecken eignet, gelegentlich auch am Steingartenrande verwenden.

Rosa, Wildrosen (Rosaceae)

Alle die verschiedenen Wildrosen in ihrer köstlichen, leider immer nur zu schnell entblätternden Blütenpracht können in großen Anlagen in die Randpflanzung mit eingesprengt werden. Im Steingarten selbst, an sonnigster und trockener Stelle, pflanzen wir – wenn erhältlich – in kiesig-sandigen Boden *Rosa persica* (*R. berberifolia*). Ihre kaum verzweigten Triebe tragen ungefiederte, blaugrüne, rundliche Blätter und endständige gelbe Blüten mit rotbraunem Grundfleck. Eine Besonderheit für den Liebhaber!

Die gefülltblühenden Miniatur- oder Kußröschen, *Rosa chinensis* 'Minima', kommen am besten in günstigen Lagen in Schalen, Steintrögen oder auf Terrassenbeeten zur Geltung.

Rubus, Brombeere (Rosaceae)

Rubus henryi und *R. bambusarum*, interessante Immergrüne mit tieflappigen, hübschen Blättern und starkwachsenden Trieben, eignen sich nur zur Ausschmückung großer Felshänge und hoher Mauern. Auch der aufrech-

(1) Die Zwergalpenrose (Rhodothamnus chamaecistus) wächst in den Kalkalpen. (2) Salix lanata, eine der schönsten Zwergweiden, hier im Austrieb.

te, über 2 m hohe *R. biflorus* vom Himalaja, der durch seine weißbereifte Rinde auffällt, kommt nur für große Anlagen in der Randpflanzung in Betracht. *R. calycinoides,* eine Gebirgspflanze aus Formosa, bildet mit seinen kriechenden, wurzelnden Trieben und rundlichen, dreilappigen Blättern ganz flache immergrüne Matten. Liebt Moorboden und Halbschatten.

Salix, Zwergweiden (Salicaceae)

Die alpinen Weiden spielen im Garten längst nicht die hervortretende Rolle wie im Hochgebirge, wo sie zwischen Alpenrose und Knieholz als kleine Büsche bestandbildend auftreten oder als Spaliersträucher den Fels überdecken. *S. waldsteiniana* (*S. arbuscula*), 50 cm hoch, wirkt auch im Natursteingarten besonders im Frühjahr durch ihre gelbgrüne Berindung neben Schneeheide und Alpenrosen recht nett. Die schönste Kätzchenweide für den Steingarten ist zweifellos *S. hastata*

'Wehrhahnii', ein breitwachsender, bis 80 cm hoher, dunkelrindiger Busch mit schneeweißen, watteartigen Kätzchen.

Prächtig ist auch der weißwollige Austrieb und der im Mai folgende gelbe Kätzchenschmuck der arktischen *S. lanata*. Wir pflanzen sie am besten im Moorbeet so, daß sie sich über einen dunklen Urgesteinsblock lagert. Hier oder im Trog verwenden wir auch die entzückenden Zwergweiden *S. reticulata* und *S. serpyllifolia*, die sich im Tiefland leider nicht so zur vollen Schönheit entfalten wie im Gebirge, wo sie dichte Spalierrasen bilden. Niedlich wie ein japanisches Zwergbäumchen ist die sehr langsam wachsende, aus Schottland stammende *S. × boydii*. Alle anderen Zwergweiden sind entbehrlich.

Santolina, Heiligenkraut (Compositae)

Diese 30 bis 40 cm hohen Halbsträucher, wintergrüne Charakterpflanzen Südeuropas, wollen auch bei uns das, was sie von ihrer Heimat her gewohnt sind: viel Sonne, Licht und Luft und keine stehende Nässe. Am besten wirken sie im Garten auf Trockenmauern oder zwischen den Platten auf Terrassen neben *Alyssum, Sedum* und *Sempervivum;* auch als Beeteinfassung für formale Anlagen sind sie brauchbar. Neben der graublättrigen *S. chamaecyparissus* kommt die grünlaubige *S. rosmarinifolia (virens)* und die besonders reichblühende hellgelbe *S. × lindavica* in Frage. Alle sind nicht absolut winterhart und erfrieren bei strenger Kälte.

Sarcococca humilis, Schleimbeere (Buxaceae)

Dieser immergrüne, bis 50 cm hohe Ausläufer treibende Zwergstrauch schmückt sich im Frühling mit kleinen, weißen, duftenden Blüten und im Herbst mit schwarzen Beerenkugeln. Er verlangt humosen Boden und Schatten. Sein spitzblättriges, dunkelgrünes Dikkicht kann als schöner Hintergrund für kleine Blütenstauden, z.B. *Astilbe simplicifolia*-Hybriden und *Polygonum tenuicaule* verwendet werden.

Spiraea, Spierstrauch (Rosaceae)

S. bullata, der gedrungene, 40 cm hohe Zwerg aus Japan mit steifen Trieben, runzligen, dunkelgrünen Blättern und dunkelrosa Blütenschirmen, ist ein etwas fremd anmutender Geselle, der am besten auf Steinbeeten und Trokkenmauerterrassen steht. Sympathischer ist *S. japonica* var. *alpina,* ein 20 bis 30 cm hohes buschiges Sträuchlein, das sich im Sommer wochenlang mit rosigen Blütenschirmen schmückt und auch durch hübsche Herbstfärbung auffällt und neuerdings als *S. j.* 'Little Princess' angeboten wird. Noch kompakter im Wuchs ist die Sorte 'Nyewoods Varietät'. Ein kleiner Wildfang, der sich gerne mehr Platz erobert als man ihm zugestehen möchte, ist die nur 20 cm hohe, im Juni weißblühende *S. decumbens* von den Südalpen. Man kann sie sogar aus Trockenmauern herausspriessen lassen. Sie wächst auch an absonnigen Plätzen, entwickelt dort aber nur wenige ihrer halbkugeligen Blütendolden.

Syringa meyeri, Zwergflieder (Oleaceae)

Dieser langsamwüchsige und schon als kleine Pflanze blühende Flieder aus Nordchina, der kaum mehr als 1 m hoch wird, ist leider noch zu wenig bekannt, obwohl er mit zu den hübschesten Kleinsträuchern gehört. Er hieß früher *S. palibiniana* hort. Der reichverzweigte, breitpyramidal wachsende Busch hat eiförmige Blätter und trägt im Mai-Juni etwa 8 cm lange Rispen violettrosafarbener Blütchen. Eine Hybride davon, die schon als Jungpflanze blüht und bis 1,50 m hoch wird, ist *Syringa* 'José'. Eine Pflanze, die anspruchslos ist, nie enttäuscht, nur Freude bereitet und sich überall verwenden läßt.

Teucrium, Gamander (Labiatae)

T. chamaedrys, ein bis 30 cm hoher, nicht immer ganz winterharter Halbstrauch mit immergrünen, glänzenden Blättchen und purpurnen Blüten ist in freier Anordnung am schönsten in der Heideecke in Verbindung mit Ginster oder in architektonischen Anlagen wertvoll als geschnittene Einfassung.

T. subspinosum aus Kleinasien, ein kleines Sträuchlein mit stechenden Zweigspitzen, graugrünen Blättchen und rosa Blüten eignet sich vorzüglich für das Alpinenhaus.

Viburnum, Schneeball (Caprifoliaceae)

Der bekannte Gartenschneeball hat ein Zwergenkind: *V. opulus* 'Nanum' *(V. opulus* 'Pygmaeum'). Es ist ein ganz dichter, hexenbesenartiger, vom hellgrünen Blättermantel umhüllter, breit am Boden hockender, 30 bis 40 cm hoher Busch, von dem man keine Blüten erwarten darf. Gelegentlich, etwa auf einer Plattenterrasse, findet sich auch für dieses Kuriosum Verwendung. Bis 1 m hoch, aber reichblühender und rotfruchtend ist *V. opulus* 'Compactum'.

Ganz anders, voller Wildnisreize seiner fernen chinesischen Bergheimat, ist *V. davidii,* eine der allerwertvollsten Immergrünen! Prächtig wirken seine handflächengroßen, sattgrünen und glänzenden Blätter im Winter; eine farbige Köstlichkeit ist sein grünlichblauer, rotgestielter Beerenschmuck im Herbst. Man pflanze den bei uns nur $^1\!/_2$ m hohen breitlagernden Strauch am besten an vor Wintersonne geschützten Stellen.

V. fragrans 'Nanum' ist ein dichtbuschiger, 60 bis 80 cm hoher Frühblüher aus China, der uns vor Laubausbruch im März mit duftendem, rosigweißem Flor erfreut, hübsch vor Nadelhölzern und wenn von frühen Zwiebelgewächsen umringt. Der gültige Name des Duftschneeballs ist jetzt V. *farreri;* er wurde 1909 von Reginald Farrer gesammelt.

Der Clou der Schneeballgattung aber ist V. *carlesii* aus Korea, ein langsamwachsender, ziemlich dichtverzweigter, sommergrüner Strauch, der im Mai beim Austrieb seiner graugrünen Blätter süß duftende, rosa-weiße Blütensträuße trägt. Dieser vollkommen winterharte Strauch, der viele Jahre braucht, bis er 1 m und höher geworden ist, aber schon als kleine Pflanze blüht, gehört mit zum Erlesensten, was wir im Garten haben können. Wir pflanzen ihn gerne auf das Terrassenbeet am Hause, um seiner Lieblichkeit ganz nahe zu sein. Von ganz besonderer Schönheit ist die Sorte 'Aurora'.

Vinca, Singrün, Immergrün (Apocynaceae)

Lobworte über das allbekannte und beliebte Immergrün, V. *minor,* erübrigen sich wohl, aber man soll wissen, daß die Sorte 'Bowles Variety' die schönste, dunkelste und reinste Blütenfarbe hat. Breite seinen blauen Teppich unter einem Forsythienbusch aus! V. *major,* der großblättrige und großblumige ungestüme Wachser, soll unter und zwischen den Gehölzen am Steingartenrand und am Schattenhang den Boden beleben. Für Liebhaber buntblättriger Pflanzen ist S. *major* 'Variegata' sehr zu empfehlen.

Yucca, Palmlilie (Agavaceae)

Die breitblättrige Y. *filamentosa,* die schmalblättrige, starre Y. *glauca* und als Zwischenglied die Hybride aus beiden, Y. × *karlsruhensis,* sind allesamt wohl genügend winterharte, dekorative Erscheinungen; aber ihr Wüstentypus wirkt doch so außerordentlich fremd, daß man sie nicht ohne weiteres im Steingarten plazieren kann. Sie verlangen eine Gartenszenerie für sich: Sand und Findlingssteine; als Begleitpflanzen Freilandopuntien, *Festuca glauca, Eryngium maritimum, Perovskia, Zauschneria* und *Oenothera* sowie alle möglichen Sukkulenten.

Nadelgehölze (Koniferen)

Mit Zwergkoniferen lassen sich Blickpunkte setzen. Deshalb sollten sie in jedem Steingarten verwendet werden. Ihre mannigfaltigen Gestalten überbrücken blütenarme Zeiten und ihr immergrünes, in verschiedensten Tönungen variierendes Nadelkleid erfreut während der langen Wintermonate, besonders auch dann, wenn es vom Reif überzuckert, oder mit Schnee verbrämt ist. Nahezu von allen Koniferen gibt es Zwergformen, und das Sortiment vergrößert sich von Jahr zu Jahr, somit auch der Liebhaberkreis. Beim Kauf sollte man darauf achten, nur wurzelechte, vegetativ vermehrte Pflanzen zu erwerben, da auf raschwüchsige Unterlagen veredelte Exemplare bald zu groß werden.

Abies, Tanne (Pinaceae)

A. *balsamea* f. *hudsonica,* eine hochalpine Zwergform der Balsamtanne von den White Mountains in New Hampshire, USA, mit breitem Wuchs, dichtzweigig, dunkelgrün benadelt und A. *balsamea* 'Nana', kugelig sich formend, sind beide sehr langsam wachsend, hübsch und empfehlenswert.

A. *koreana,* die Koreatanne, schon als junge Pflanze reich fruchtend und im Schmucke der kleinen, violettpurpurnen, zylindrischen Zapfen verlockend schön, eignet sich aber nur für größere Steingärten und muß auch dort nach einigen Jahren, wenn mannshoch geworden, entfernt werden. Langsam wachsende Zwergformen sind 'Compact Dwarf' und 'Pikkolo'.

A. *procera* 'Glauca Prostrata', malerisch unregelmäßig niedergestreckt wachsende Form der blaugrau benadelten Edeltanne aus

Kalifornien; sehr schön, verlangt aber kalkarmen Boden.

Chamaecyparis, Scheinzypresse
(Cupressaceae)

Von *C. lawsoniana,* der bekannten Lebensbaumzypresse Kaliforniens, gibt es eine Reihe verschiedener, zwergiger Wuchsformen: die blaugrüne, dicht breitkegelförmige 'Forstekkensis'; die breitkugelige, kurzzweigige 'Globosa'; die dichtgedrängte, blaugrüne, zwergige Kegel bildende 'Minima Glauca'; die dichte, grüne Kugel der 'Nana' und die grüne, breitwachsende Zwergform der 'Tamariscifolia'. *C. lawsoniana* 'Fletcheri' mit fedriger blaugrauer Bezweigung bildet dichte Pyramiden.

Ganz besonders reizvoll und beliebt sind die Zwergformen der japanischen Feuerzypresse, *C. obtusa,* so z. B. 'Compacta', eine dicht verzweigte Kegelform; 'Nana', eine ganz niedrige, sehr langsam wachsende, flache Zwergform; 'Nana Gracilis', die zierliche Zwergkegelform mit glänzend dunkelgrünen, dichten, fächer- und tütenförmig gedrehten Zweigchen und 'Pygmaea', die zierlichste von allen mit fächerförmigen, über dem Boden sich ausbreitenden Zweigen. Diese Zwerg-Feuerzypressen verwenden die Japaner gerne als Topfpflanzen und ziehen daraus durch besondere Kulturkniffe die berühmten japanischen Zwergbäumchen, die sog. Bonsai, die bei einem Alter von 100 Jahren oft nur die Höhe von 40 bis 80 cm aufweisen.

Auch von der Sawara-Scheinzypresse, *C. pisifera,* gibt es einige Formen, die sich für unsere Zwecke eignen: 'Filifera Nana' mit grünen und 'Filifera Nana Aurea' mit goldbunten, fadenförmig überhängenden Zweigspitzen. Pudelartige, wuschelige, blaugrau benadelte Büschel, die sich später kegelig formen, bildet die besonders schöne Sorte 'Squarrosa Boulevard'.

Alle erwähnten Scheinzypressen eignen sich besonders für architektonische Anlagen, für Schalen und Tröge, für Steinbeete und als Ter-

rassenschmuck in Hausnähe. In Naturgärten wirken sie meist zu fremd.

Cryptomeria japonica, Sicheltanne
(Taxodiaceae)

Auch von diesem stattlichen Baum japanischer Tempelhaine sind einige Zwergformen aus Japan zu uns gekommen: 'Bandai-Sugi' mit unregelmäßigen, knäueligen, bläulichgrünen Trieben; 'Jindai-Sugi' mit frischgrüner, feinnadeliger Bezweigung und dichtem, eiförmigem Wuchs; 'Compacta', eine dichte, blaugrüne Kegelform; die besonders winterharte 'Globosa Nana' und schließlich die kurztriebige, im Sommer freudiggrüne, im

3

(1) Zwergfichte (Picea abies 'Pumila Glauca'). (2) Zwergform der Spanischen Tanne (Abies pinsapo), die leider nicht überall winterhart ist. (3) Eine der wertvollsten Zwergkoniferen ist Juniperus squamata 'Blue Star', die als Hexenbesen an einem der hochwüchsigen Blauzeder-Wacholder aus China gefunden wurde. Die sehr schwachwüchsige, dichtzweigige Pflanze wirkt durch ihre silbriggraue Färbung zu jeder Jahreszeit anziehend schön. Hier steht der Blauzeder-Wacholder recht hübsch neben Lavendel und Sedum 'Herbstfreude', davor die letzten Blüten von Cyclamen hederifolium und Hypericum polyphyllum.

Winter bräunliche Sorte 'Vilmoriniana'.

Da die Sicheltannen eine vor Wintersonne und scharfen Winden geschützte Lage beanspruchen, kommen sie besonders in klimatisch begünstigten Gegenden in Frage. Für ihre Verwendung gilt dasselbe wie das bei *Chamaecyparis* Gesagte.

Ephedra, Meerträubel (Ephedraceae)

Eigenartige, schachtelhalm- oder ginsterartig wirkende Pflanzen für den Liebhaber. *E. gerardiana* und *E. gerardiana* var. *sikkimensis* aus China sind hart und anspruchslos. Am wertvollsten ist die zwergige nur 10 cm hohe, rotfruchtende *E. minima* aus Tibet.

Juniperus, Wacholder (Cupressaceae)

Unser hochwachsender Heide-Wacholder, *J. communis*, hat eine Liliputform: *J. communis* 'Compressa'. Dieser Gnom ist außerordentlich schwachwüchsig, seine kleinen, blaugrauen Säulen lassen sich vor allem für Steintröge und -beete gut verwenden.

Von ganz anderem Habitus sind die verschiedenen niederliegenden Wacholder-Arten und Formen, die sich malerisch im Naturgarten einfügen lassen, z. B. der hellgrüne, flache *Juniperus communis* 'Hornibrookii' und der goldgelb- und bronzefarbige *J. communis* 'Depressa Aurea'. Wertvoll ist auch der bekannte Zwerg- oder Alpenwacholder, *Juniperus communis* var. *saxatilis (J. nana)* mit der grobnadeligen, graugrünen Form 'Repanda' und der bronzefarbenen 'Aurea'. Den flachsten Wuchs von allen Wacholdern hat der am Boden dahinkriechende und ihn bedeckende, nordamerikanische *J. horizontalis* mit der blaugrünen Form 'Glauca', der helleren, stahlblauen 'Douglasii', der auffallend blaugrauen 'Wiltonii' und der fedrigen, braungrünen 'Plumosa'; sie sind besonders reizvoll, wenn ihre Schleppen über Steinblöcke fließen.

J. sabina, der ausgebreitet wachsende Sadebaum mit aufstrebenden Zweigen ist besonders wertvoll in seiner gedrungenen, niederliegenden, schwachwüchsigeren Form 'Cupressifolia'. Schön ist auch die, allerdings bis 50 cm hoch werdende Sorte, 'Tamariscifolia'. Wüchsiger und noch höher, durch ihre abstrebenden Äste charakteristisch, ist *J. chinensis* mit der bekannten, malerischen Form 'Pfitzeriana'. Man sollte diese starkwüchsige Pflanze aber nur für größere Anlagen verwenden. Etwas schwachwüchsiger ist die bläulichgrüne *J. chinensis* 'Sargentii' aus Nord-Japan. Eine andere Wuchsform – bogenförmige Äste mit kurzen Seitenzweigchen – hat *J. chinensis* 'Plumosa' und ihre goldbraune Form 'Aurea'. Letztere wirkt besonders im Winter mit Schnee- und Reifschmuck auffallend schön. Eine wertvolle Zwergform ist die aus japanischen Gärten stammende *J. chinensis* 'Blaauw'.

Aufstrebenden, auseinanderklaffenden Wuchs und hell blaugraue Tracht hat der Blauzeder-Wacholder. *J. squamata* 'Meyeri' aus China, und auffallend hübsch ist die breitpyramidale *J. squamata* 'Wilsonii' mit hellgraugrünem Nadelkleid, beide werden jedoch im Alter einige Meter hoch. Hübsche, blaugraue Zwerge sind aber die Sorten 'Blue Carpet' und 'Blue Star'; beide sind für Stein- und Heidegärten wertvoll, letztere wegen ihres langsamen, dichten Wuchses auch für kleinere Anlagen und Tröge empfehlenswert.

Auch vom Virginischen Wacholder, *J. virginiana*, gibt es Zwergformen, z. B. die kugelbuschigen 'Globosa', 'Nana Compacta' und 'Kobold'.

Larix, Lärche (Pinaceae)

L. kaempferi (leptolepis) 'Pendula' ist eine malerische Hängeform der japanischen Lärche, die leider nur immer zu hoch veredelt wird. Nimmt man der heimische Lärche *Larix decidua* öfter die Spitze, so entwickelt sie einen knieholzartigen, niederliegenden Wuchs. Beide Lärchen lassen sich so vorteilhaft in großen Felsanlagen verwenden.

Microbiota decussata (Cupressaceae)

Diese Neueinführung aus Südostsibirien, ist eine thuja-ähnliche Erscheinung mit flach dem Boden aufliegenden, stark verzweigten, im Sommer grünen, im Winter kupferfarbenen Trieben mit überhängenden Spitzen. Winterhart und starkwüchsig, daher nur für große Anlagen geeignet, wo sie bald quadratmetergroße Flächen bedeckt.

Microcachrys tetragona (Podocarpaceae)

Eine kleine, dem Boden aufliegende, immergrüne Konifere aus Tasmanien. Zweige peitschenförmig, vierkantig mit bräunlichgrünen, schuppenförmigen Blättchen besetzt und endständigen, eiförmigen, braunen Blütenzäpfchen. Keine Schönheit, aber für Freunde grotesker und seltener Pflanzen begehrenswert für den Troggarten oder das Alpinenhaus.

Picea, Fichte (Pinaceae)

Fichten sind als Waldbäume jedermann vertraut. Weniger bekannt ist, daß es davon auch zahlreiche Mutationen gibt.

Von unserer heimischen Fichte, *Picea abies (P. excelsa),* sind etwa 100 verschiedene, abweichende Wuchsformen bekannt, darunter viele Zwergformen, von denen folgende die wichtigsten sind: 'Clanbrassiliana', 'Echiniformis', 'Little Gem', 'Mariae-orffiae', 'Maxwellii', 'Merkii', 'Pumila Glauca', 'Pygmaea' und 'Remonti'. Alle bilden dichte, langsamwachsende, kugelige oder breitkegelige Büsche. Flach ausgebreiteten Wuchs haben: 'Nidiformis', 'Procumbens', 'Tabuliformis' und 'Repens'. Auch die Hängeformen 'Pendula' und 'Inversa' sowie die malerische gestauchte 'Acrocona' lassen sich in großen Anlagen gut verwenden.

P. glauca 'Conica', die bekannte Zuckerhutfichte, ist nur für umfangreiche Anlagen zu empfehlen, da sie im Laufe der Zeit bis über mannshoch wird. Eine schwachwüchsige Mutation davon, ein wirklicher Zwerg, ist die Sorte 'Laurin'; ihre feinnadeligen Jahrestriebe sind kaum 1 cm lang, sodaß 12jährige Exemplare erst etwa 20 cm hoch sind. Auch für Tröge ist diese pyramidalwachsende Zwergzuckerhutfichte eine erlesene Kostbarkeit. Schwachwüchsig ist auch *P. g.* 'Echiniformis'. Blaue Kissenfichte hat man sie wegen ihres mehr in die Breite gehenden Wuchses und der blaugrünen Benadlung benannt.

P. mariana 'Nana' ist eine fein graugrün benadelte, kegel- oder kissenförmige Zwergform der amerikanischen Schwarz-Fichte. *P. omorika* 'Gnom' und 'Minima' sind dichtbuschige Zwergformen der schlanken Omorikafichte. *P. pungens* 'Glauca Nana' ist eine kissenartige Zwergform, 'Glauca Procumbens', mit breit niedergestreckten, teils den Boden aufliegenden, intensiv blaugrau benadelten Zweigen, eine sehr dekorativ wirkende Variante der Blaufichte für große Felsengärten.

Pinus, Kiefer (Pinaceae)

Von der Bergkiefer oder Latsche, *P. mugo (P. montana)* ist besonders die gedrungene Varietät *pumilio* mit den Sorten 'Hesse', 'Mops' und 'Gnom' wichtig. Weitere brauchbare Zwergkiefern sind: die dunkelgrün benadelten *P. leucodermis* 'Schmidtii', eine auffallend hübsche, kugelbuschig und langsamwüchsige Form der Schlangenhautkiefer Mazedoniens; die Schwarzkiefern-Zwerge *P. nigra* 'Helga' und 'Pygmaea' sowie die gedrungen und flachwachsende Zwergform der Hakenkiefer *P. uncinata* 'Paradekissen'. Ein graugrünes Nadelkleid besitzen die Zwergsorten unserer Waldkiefer *P. sylvestris* 'Albyna' mit flachliegenden, leicht ansteigenden Trieben, die kleinkugelige *P. s.* 'Beuvronensis' und die wüchsigere, aufrechtwachsende *P. s.* 'Glauca Compacta'. Alle bisher genannten Kiefern gedeihen willig in jedem Boden, lieben aber Kalk. Schön, aber anspruchsvoller, da mehr oder weniger kalkscheu, sind: *P. cembra* 'Compacta Glauca' eine langsamwachsende Kegelform der Arve; die ostasiatische Kriechkiefer *P. pumilia* in den Sorten 'Saphir' und 'Dwarf Blue' mit auffallend blaugrauen Nadeln und die feinnadelige *P. strobus* 'Nana' und die kugelig wachsende *P. strobus* 'Krügers Liliput' aus Nordamerika.

Podocarpus, Steineibe (Podocarpaceae)

Von dieser auf der Südhalbkugel verbreiteten Koniferengattung ist nur *P. lawrencei (P. alpinus)* aus Tasmanien bei uns winterhart. Es ist eine etwas an Taxus erinnernde, schwachwüchsige, buschige Pflanze mit dichter, zuerst heller, dann dunkelgrüner, zugespitzter Benadlung. Für Raritätenliebhaber zur Trogbepflanzung und das Alpinenhaus interessant.

Pseudotsuga, Douglastanne (Pinaceae)

Eine sehr brauchbare, blaugrüne, breitlagernde Zwergform ist *P. menziesii* 'Fletcheri', die schon allein wegen ihres aromatischen Nadelduftes empfehlenswert ist. *P. menziesii* 'Compacta Glauca' ist eine schwachwüchsige, kurznadelige, bläulichgrüne Kegelform.

Taxus, Eibe (Taxaceae)

T. baccata 'Prostrata' und 'Repandens' sind mit ihren kriechenden und niederliegenden, weit ausgebreiteten Ästen die schönsten Eibenformen für große Steingärten. Für kleinere Gärten eignen sich die Zwergformen der Japanischen Eibe, *T. cuspidata* 'Nana' und 'Nidiformis'. Alle sind für Schattenplätze wertvoll.

Thuja, Lebensbaum (Cupressaceae)

Mehr oder weniger kugelige Wuchsformen, die sich vornehmlich für architektonische Anlagen eignen, sind *T. occidentalis* 'Globosa', 'Mecki', 'Recurva Nana' und 'Umbraculifera'. *T.* 'Ellwangeriana Rheingold' bildet goldgelbe, dichte, breitkegelförmige Büsche, wird aber bis 2 m hoch.

Thujopsis, Hibalebensbaum (Cupressaceae)

T. dolabrata 'Nana' ist eine feinzweigige Zwergausgabe des schönen, breitbuschig wachsenden japanischen Nadelbaumes, der durch das Silbermuster auf der Unterseite seiner flachschuppigen Zweigchen immer wieder begeistert.

1

(1) Besonders reizvoll sind Zwergkoniferen im Austrieb. Wie mit lichtgrünen Perlen sind dann die Fichten besetzt, und die Bergkiefern tragen schlanken Kerzenschmuck. Ein grasiger Hang wurde mit Nestfichten (Picea abies 'Nidiformis') und schwachwüchsigen Latschen (Pinus mugo ssp. pumilio) bepflanzt. Im Herbst werden die roten Beeren des Cotoneaster horizontalis das Motiv farbig beleben. Links am Hang steht ein Kriechwacholder.
(2) Die aus Ostasien stammende Kriechkiefer Pinus pumila 'Glauca' ist im Schmuck ihrer roten, männlichen Blütenknospen im Frühjahr eine Augenweide.

Tsuga, Hemlockstanne, Schierlingstanne (Pinaceae)

Von *Tsuga canadensis,* der eleganten nordamerikanischen Konifere, die humosen, kalkarmen Boden liebt, aber schattenverträglich ist, gibt es viele sehr hübsche Zwergformen, z.B. 'Gracilis Oldenburg', 'Jeddeloh', 'Minima' und 'Nana'. Manche sind so schwachwüchsig und niedlich klein, wie die Sorte 'Minuta', daß man sie gerne für Troggärten verwendet. Sehr dekorativ sind auch die sog. Pendula-Formen mit ihren in Kaskaden herabwallenden Zweigen; als „grüne Wasserfälle" kann man sie in die Kulisse großer Felsengärten hineinkomponieren.

Vermehrung des Pflanzenmaterials

Das mannigfaltige Pflanzenmaterial des Steingartens an Stauden, Blumenzwiebeln und Gehölzen stellt in der Anzucht und Vermehrung so vielseitige Ansprüche, daß hier nur in großen Umrissen auf das wichtigste hingewiesen werden kann. Wer Näheres wissen möchte, greife zur Spezialliteratur, z. B. „Die Freiland-Schmuckstauden", „Pflanzen vermehren leicht gemacht" und „Gehölzvermehrung" (alle Verlag Eugen Ulmer).

Stauden

Aussaat

Die wichtigste Vermehrungsart vieler Steingartenstauden ist die Aussaat. Die naturrichtigste wäre auf jeden Fall, jeweils möglichst bald nach der Ernte und Reife auszusäen. Da dies der Arbeitsverzettelung halber nicht durchführbar ist, sät man mit wenigen Ausnahmen alles im Dezember bis Januar aus. Zur Aussaat verwendet man am besten recht gut abgelagerte, sandige, vorher gedämpfte Erde und saubere Töpfe und Schalen. Die Aussaaten senkt man mäusesicher in einen Kasten im Freien ein, läßt sie gut durchfrieren und einschneien und deckt dann den Kasten mit Fenstern zu. Sobald mildes, sonniges Wetter einsetzt, beginnt unter dem Glasschutz im März die Keimung. Die Keimzeit ist sehr unterschiedlich, mit am frühesten kommen die *Cruciferae*, mit am spätesten (zum Teil oft erst übers Jahr) die *Ranunculaceae*. Die Keimlinge werden möglichst bald in Kistchen oder Schalen pikiert und erhalten zunächst wieder Glasschutz im kalten Frühbeetkasten und werden natürlich je nach Bedarf bei Sonne schattiert. Nach gründlicher Abhärtung der Jungpflanzen werden die robusteren Arten auf Freilandbeete ausgepflanzt, die gegen Verpflanzen empfindlicheren Arten aber in Töpfchen gesetzt.

Vornehmlich durch Aussaat werden vermehrt (* keimt am besten bei Aussaat sofort nach der Ernte):

Adonis *
Allium
Androsace*
Anemone narcissiflora
Aquilegia
Asphodeline
Astragalus
Athamantha
Callianthemum
Carlina
Corydalis*
Cyananthus
Cyclamen
Dictamnus
Dodecatheon
Draba
Fritillaria
Gentiana
Haberlea
Helleborus*
Incarvillea
Jeffersonia*
Leontopodium
Lewisia*
Lilium
Linum
Meconopsis
Meum
Morina
Oenothera
Onosma
Penstemon
Plantago nivalis
Polemonium
Primula*
Pulsatilla
Ramonda
Roscoea
Saxifraga grisebachii, longifolia
Silene
Tunica
Verbascum
Viola
Wahlenbergia

Die vielverwendete Zuckerhutfichte (Picea glauca 'Conica') ist für kleine Gärten zu starkwüchsig.

Stecklinge

Bei Stauden, die nur selten Samen ansetzen (Sorten mit gefüllten Blüten), sowie bei Gartenformen, die meist bei Aussaat nicht sortenecht kommen und die sich von Natur aus schlecht oder nicht ergiebig teilen lassen, ist man häufig auf Stecklingsvermehrung angewiesen.

Die Stecklinge werden in Schalen oder Kistchen in Sand mit Torfmullbeimischung gesteckt und finden im geschlossenen Freilandkasten Aufstellung. Spezialbetriebe vermehren natürlich in großem Maßstab und stecken direkt in vorbereitete Kästen. Der Liebhaber begnügt sich mit Schalen und füllt sie nur zur Hälfte an, damit die Stecklinge mit einer Glasscheibe bedeckt werden können. Die Schalen werden am Zimmerfenster oder auch im Freien an einem halbschattigen Platz aufgestellt. Wichtig ist in allen Fällen, daß der Sand gleichmäßig festgepreßt wird und die Stecklinge sorgfältig angedrückt werden, damit sie guten Halt haben. Werden die Stecklinge gleichmäßig feucht, jedoch nicht naß gehalten, bei Sonnenschein schattiert und bei Bedarf vorsichtig gelüftet, so bewurzeln sie sich meist recht regelmäßig. Bei schwerwurzelnden Stecklingen verwendet man vorteilhaft Bewurzelungshormone.

Für manche Stauden ist der Frühsommer, für andere der Herbst die beste Zeit der Stecklingsvermehrung.

Frühsommervermehrung
Der beste Zeitpunkt ist meist nach der Blüte, ehe die Jungtriebe zu sehr verhärtet sind.

Ein Blickfang für große Anlagen, da bis über 2 m hoch werdend, ist Thuja occidentalis 'Rheingold'. Im Austrieb ist sie bronzefarben und wird dann hellgelb.

Achillea-Arten und -Formen
Aethionema 'Warley Rose'
Alyssum saxatile-Formen
Anchusa angustissima
Androsace lanuginosa
Arabis albida-Sorten
Azorella trifurcata
Campanula carpatica-Sorten
Dianthus caesius- und *plumarius*-Sorten
Gypsophila repens 'Rosenschleier'
Heuchera-Sorten
Lithodora diffusa 'Heavenly Blue'
Oenothera missouriensis
Penstemon (vornehmlich die halbstrauchigen Arten)
Phlox-Arten und -Sorten
Saponaria-Arten und -Formen
Satureja
Trachelium rumelianum (auch durch Aussaat)
Tunica saxifraga 'Plena'
Veronica-Arten
Zauschneria californica

Herbstvermehrung
Möglichst erst im Oktober-November vermehren, die Stecklingsschalen kommen unter Glas in einen kalten Kasten, der bei Frost und im Winter mit Brettern gedeckt wird. Bei frostfreiem Wetter wird aufgedeckt und schwach gelüftet; im Frühling, wenn nötig, schattiert. Die Bewurzelung erfolgt schon oft während der Wintermonate, sonst im zeitigen Frühjahr.

Acantholimon (Rißlinge, sehr schwer wurzelnd)
Achillea-Arten und -Formen
Arenaria tetraquetra
Armeria caespitosa und × *suendermannii*
Artemisia-Arten
Campanula portenschlagiana
Convolvulus nitidus
Douglasia
Eriogonum-Arten
Erodium-Arten
Geranium argenteum und *dalmaticum*

Globularia nana
Helichrysum-Arten
Lithodora oleifolia
Marrubium-Arten
Pterocephalus parnassii
Saxifraga, besonders die Arten und Sorten der Sektionen *Dactyloides, Kabschia* und *Euaizoonia*
Scabiosa graminifolia

Wurzelschnittlinge

Einige Kleinstauden lassen sich im Spätherbst oder Winter durch Wurzelschnittlinge vermehren. Die Wurzeln werden in 4 bis 6 cm lange Stücke geschnitten, in Kistchen mit humoser Erde gelegt, etwa 2 cm stark bedeckt und im Kalthaus oder tiefen Kasten frostfrei überwintert. Der Austrieb erfolgt im Frühjahr.

Acanthus perringii
Anemone hupehensis und var. *japonica*
Brunnera macrophylla
Carduncellus rhaponticoides
Centaurea montana-Sorten
Echioides longiflorum
Eryngium
Gaillardia
Limonium
Primula denticulata, sieboldii

Blattstecklinge

Haberlea und *Ramonda* lassen sich, ebenso wie ihre tropischen Verwandten der Familie (*Saintpaulia*), durch Blattstecklinge vermehren. Ausgewachsene Blätter werden im Sommer am Grunde der Rosetten abgetrennt, flach in mit Sand und Torfmull gefüllte Schalen gesteckt und dann am besten im Glashaus an schattiger Stelle aufgestellt, wo sie sich langsam aber sicher bewurzeln und austreiben. Leicht lassen sich auch viele *Sedum*-Arten durch Blattstecklinge vermehren. *Cardamine pratensis* 'Plena' und verschiedene Farne (*Polystichum setiferum*-Formen) bilden Brutknospen auf den Blättern bzw. Wedeln. Werden diese niedergehakt oder mit Steinchen beschwert, so daß sie dem Boden flach aufliegen, so bilden sich in den Fiederachseln die jungen Pflanzen.

Teilung

Die einfachste, vor allen Dingen für den Unkundigen am leichtesten durchführbare Vermehrungsart ist die Teilung. Alle die vielen Polster, Matten und Rasen bildenden oder die in dichten Nestern und Büscheln wachsenden Stauden lassen sich leicht durch Zerreißen vervielfältigen. Voraussetzung ist allerdings, daß die Pflanzen von Natur aus an ihren Trieben und Rhizomen reiches Wurzelwerk besitzen und nicht etwa der ganze Aufbau auf einer einzigen, wenig verzweigten Hauptwurzel sitzt wie bei *Acantholimon, Pulsatilla, Limonium* usw. Beste Zeit zum Zerteilen ist im Frühjahr teils vor, teils nach der Blüte oder auch im Spätsommer. Die Spätsommerteilung muß rechtzeitig beendet sein. Die Pflanzen sollen noch genügend Zeit haben, im Herbst gut festzuwurzeln, damit der Frost sie nicht herausheben kann. In den allermeisten Fällen wird man die Teilstücke gleich an Ort und Stelle wieder einpflanzen. Nur bei empfindlicheren und wertvolleren Pflanzen, die man am sichersten im Frühling vermehrt, wird man die Teilstücke zunächst eintopfen und bis zur Durchwurzelung unter Glas halten.

Zwiebel- und Knollengewächse

Die meisten im Frühling oder im Herbst blühenden Zwiebel- und Knollengewächse des Steingartens beziehen wir aus Spezialgärtnereien, wo sie durch Aussaat, Brutzwiebeln oder Schuppen (Lilien) vermehrt wurden. Sagt ihnen der Boden und Standort bei uns zu, so vermehren sie sich zum Teil selbst reichlich durch Samenausstreuung oder Brutzwiebeln. Wichtig ist zu wissen, daß wir etwa zu dicht gewordene Kolonien dieser so sehr an periodische Wachstumszeiten gebundenen Pflanzen nur während ihrer Ruhezeit – meist im Sommer – herausnehmen und neu verteilen können. Nur Krokus und Schneeglöckchen vertragen ein Verpflanzen während der Blüte, wenn es vorsichtig geschieht und sie sofort wieder eingesetzt werden. Es hat sich gezeigt, daß für Schneeglöckchen sogar die beste Zeit zum Teilen und Umsetzen dann ist, sobald sie verblüht sind.

Gehölze

Aussaat

Durch Aussaat werden vor allen Dingen die verschiedenen Beeren-Schmuckgehölze: *Berberis*- und *Cotoneaster*-Arten, sofern sie Samen ansetzten, vermehrt.

Die Samen werden bald nach der Ernte nach Abwaschen des Fruchtfleisches zwischen feuchtem Sand eingeschichtet, aufbewahrt und kommen im Frühjahr – bei größeren Mengen auf Freilandbeeten, sonst in Töpfen oder Schalen unter Glas – zur Aussaat. Bei den erwähnten Gattungen liegt oft die Saat ein Jahr über, d. h., daß die Saatgefäße nicht ausgekippt, sondern den Sommer über, schattig gestellt, betreut werden müssen. Damit sich das lästige Lebermoos *(Marchantia)* nicht ansiedelt, überdeckt man die Gefäße mit überliegenden Samen während der Sommermonate mit einer Schicht Torfmoos *(Sphagnum)*. Aussaaten von *Caryopteris incana, Clematis alpina* und *C. macropetala, Cytisus hirsutus* und *C. purpureus* und *Petrophytum caespitosum* werden wie Staudenaussaaten behandelt.

Die feinen Samen von *Rhododendron* und anderen *Ericaceae* des Steingartens werden in Töpfen auf Heideerde gesät und ins Glashaus gestellt. Nur Spezialbetriebe in günstigen Gegenden sollen sich mit der langwierigen Aufzucht dieser Gehölze abgeben.

Stecklinge

Laubgehölze
Das Schneiden der krautigen Gehölzstecklinge beginnt im Spätfrühjahr und erstreckt sich, je nach Art, ob die Triebe mehr oder weniger ausgereift sein sollen, bis in den Sommer hinein. Bei schwer wurzelnden Arten (Immergrüne) ist eine Vorbehandlung mit Bewurzelungshormonen angebracht. Die Behandlung der in Schalen oder in Kästen gesteckten Stecklinge ist ähnlich wie bei den Stauden. Bevorzugt durch Stecklinge vermehrt werden:

Arctostaphylos
Berberis (immergrüne)
Caryopteris
Corokia cotoneaster
Cotoneaster (halbreife Triebe)
Cytisus ardoini, × *beanii, decumbens,*
 × *praecox,* × *kewensis*
Daphne arbuscula, cneorum, collina,
 × *burkwoodii* 'Somerset'
Dryas
Elsholtzia
Erica
Erinacea (Rißlinge im Spätsommer in Gehölztöpfe stecken)
Escallonia
Genista hispanica, villosa, sagittalis 'Plena',
Helianthemum-Sorten
Iberis-Sorten
Lavandula
Moltkia petraea
Ononis fruticosa
Perovskia atriplicifolia
Polygala chamaebuxus
Potentilla fruticosa
Rhododendron, fast alle zwergigen Arten und Sorten
Santolina
Spiraea
Viburnum davidii

Nadelgehölze
Alle Steingarten-Nadelhölzer sollten nur durch Stecklinge vermehrt werden, denn nur

diese garantieren den charakteristischen Zwergwuchs, auf den es uns ja besonders ankommt. Veredelte Exemplare werden von der starkwüchsigen Unterlage beeinflußt, sie wachsen wohl in der Baumschule schneller zu Verkaufspflanzen heran, aber dem Käufer ist damit schlecht gedient.

Die Nadelholz-Stecklinge werden entweder im Frühjahr vor dem Austrieb oder erst nach Ausreifen der Triebe, etwa Anfang August, geschnitten, d. h., es werden am besten mit kurzem Ruck kleine Seitentriebe von der Mutterpflanze abgerissen. Ohne oder nur nach geringer Einkürzung der Rindenzunge werden die Stecklinge, eventuell erst nach Behandlung mit Bewurzelungshormonen, eng in Schalen oder Kästen gesteckt. Zur schnelleren Bewurzelung ist es günstig, die Schalen den Winter über in ein Kalthaus zu stellen.

Ableger

Durch Niederbiegen, flaches Eingraben und Anhäufeln mit sandiger Erde können im Frühjahr Zweige und Triebe, die man vorteilhaft etwas einschlitzt, von folgenden Gehölzen zur Bewurzelung gebracht und meist nach einem Jahr abgetrennt werden:

Acantholimon-Arten
Acer palmatum-Formen
Arctostaphylos
Betula nana
Daphne arbuscula, cneorum
Dryas
Hamamelis (brauchen unter Umständen zwei Jahre zur Bewurzelung)
Rhododendron (z. B. *williamsianum, repens* und ihre Hybriden)

Veredlung

Nur bei *Daphne petraea,* dem Felsenseidelbast, scheint mir Veredlung begründet, denn nur veredelte Stücke sind genügend wüchsig und reichblühend. Als Unterlage dienen zweijährige, in Töpfen gezogene Sämlinge von *Daphne mezereum,* das aufgesetzte Edelreis soll gleichfalls wenigstens zweijähriges Holz haben. Veredlungsart: Kopulation oder Geißfuß; es wird mit Bast verbunden und mit Wachs verstrichen. Die veredelten Pflanzen bleiben im Glashaus, bis sie gut verwachsen sind. Veredlungszeit: Februar-März.

Teilung

Einige wenige Zwerggehölze, vor allen Dingen Halbsträucher, können auch durch Teilung vermehrt werden:

Cornus canadensis
Eriogonum-Arten
Gaultheria procumbens, miqueliana
Hypericum calycinum
Linnaea
Muehlenbeckia axillaris
Pachysandra-Arten
Rhododendron camtschaticum
Spiraea decumbens
Vinca

Blütenkalender

Frühling

Weiß

Anemone nemorosa, sylvestris
Arabis
Crocus
Daphne mezereum 'Album', blagayana
Erythronium revolutum
Galanthus
Helleborus niger
Iberis
Leucojum
Matricaria oreades
Narcissus triandrus
Ornithogalum
Phlox subulata 'Nivalis'
Pieris
Ranunculus calandrinioides
Saxifraga burseriana, marginata, marginata var. marginata, var. rocheliana, × vahlii, caespitosa 'Schneeteppich', trifurcata
Trillium grandiflorum

Gelb, orange

Adonis
Alyssum
Anemone ranunculoides
Berberis
Caltha palustris
Corydalis nobilis
Corylopsis
Crocus
Cytisus
Doronicum
Douglasia vitaliana
Draba

Echioides longiflorum
Eranthis
Erysimum
Euphorbia
Fritillaria
Geum coccineum
Hamamelis
Iris danfordiae, reichenbachii
Jasminum nudiflorum
Lamium galeobdolon
Narcissus
Papaver nudicaule
Potentilla aurea
Primula vulgaris
Saxifraga × apiculata, × geuderi, × burseriana 'Lutea', × haagii, sancta, × pseudokotschyi, caespitosa, 'Schwefelblüte'
Trollius
Tulipa
Uvularia
Waldsteinia

Rosa, rot, purpur

Androsace
Arabis aubrietioides, blepharophylla
Bellis perennis-Sorten
Bergenia
Chaenomeles
Colchicum bulbocodium
Cyclamen coum
Daphne cneorum, mezereum
Dicentra
Dodecatheon
Erica carnea
Fritillaria meleagris

Helleborus-Hybriden
Malus
Paeonia tenuifolia
Phlox subulata-Sorten
Primula rosea, juliae, und Hybriden
Prunus
Rhododendron
Saxifraga-, Kabschia-Sorten, × *arendsii*
Tulipa

Blau, violett

Brunnera macrophylla
Anemone blanda, nemorosa blaue Sorten
Aubrieta-Sorten
Chionodoxa
Crocus
Gentiana dinarica, angustifolia
Hepatica
Houstonia
Hyacinthus
Ipheion uniflorum
Iris histrioides 'Major', *reticulata-* und *pumila-*Sorten
Jeffersonia dubia
Mertensia
Muscari
Myosotis
Omphalodes
Phlox subulata 'Lilacina', 'G. F. Wilson'
Polemonium
Primula vulgaris 'Coerulea'
Pulmonaria angustifolia
Pulsatilla
Puschkinia scilloides
Rhododendron impeditum 'Blue Tit' u. a.
Scilla
Synthyris stellata
Veronica armena
Vinca
Viola odorata

Frühsommer bis Hochsommer

Weiß

Achillea
Alyssum spinosum
Anacyclus depressus
Anemone narcissiflora
Anthericum
Arenaria
Cerastium
Chrysanthemum cinerariifolium
Cistus laurifolius, nowackianus
Dianthus noeanus, suendermannii u. a.
Dicentra eximia 'Alba'
Dictamnus albus 'Albiflorus'
Dryas
Gillenia trifoliata
Helichrysum
Heliosperma
Leontopodium
Meum
Minuartia
Moehringia
Nierembergia
Paradisia
Petrophytum
Satureja
Saxifraga der Sektion *Euaizoonia*
Spiraea decumbens
Tiarella
Yucca

Gelb, orange

Achillea clypeolata, taygetea, tomentosa
Aconitum anthora
Actinella scaposa
Alchemilla mollis
Allium flavum, moly
Alyssum argenteum
Andryala aghardii

Anthemis biebersteiniana, sancti-johannis
Anthyllis vulneraria 'Webbiana'
Arnica
Asarina procumbens
Asclepias tuberosa
Asphodeline lutea, liburnica
Astragalus alopecuroides
Buphthalmum speciosissimum
Calceolaria
Chiastophyllum oppositifolium
Chrysopsis villosa
Coreopsis verticillata
Coronilla cappadocica
Corydalis lutea, ochroleuca, cheilanthifolia
Crepis aurea
Eriophyllum lanatum
Euryops acraeus
Genista
Gentiana lutea
Helichrysum orientale, plicatum, thianshanicum
Hieracium
Hypericum
Inula
Kniphofia galpinii
Lotus corniculatus 'Plena'
Mimulus cupreus
Oenothera
Onosma
Patrinia
Potentilla fruticosa, recta
Primula florindae
Roscoea cautleoides
Ruta patavina
Santolina
Scutellaria orientalis
Sedum floriferum, aizoon ssp. *kamtschaticum* u. a.
Solidago
Verbascum

Rosa, rot, pupur

Acantholimon
Adenostyles
Aethionema
Allium pulchellum

Andromeda polifolia
Anthyllis montana
Armeria
Asperula nitida, suberosa
Aster alpinus-Sorten
Astilbe simplicifolia-Hybriden
Bruckenthalia spiculifolia
Calandrinia umbellata
Centaurea bella, pulcherrima, rhapontica
Centranthus ruber
Convolvulus althaeoides, calvertii, cantabricus
Delphinium nudicaule
Dianthus
Dictamnus
Erica vagans
Erinus alpinus
Erodium
Geranium argenteum, dalmaticum, farreri, sanguineum, cinereum var. *subcaulescens*
Gladiolus-Wildarten
Gypsophila 'Rosenschleier', 'Letchworth Rose'
Hedysarum
Heuchera
Incarvillea
Kohlrauschia saxifraga
Lewisia
Linum hypericifolium
Lychnis
Micromeria
Morina longifolia, persica
Ononis fruticosa, rotundifolia
Opuntia rhodantha
Phuopsis stylosa
Potentilla atrosanguinea, 'Gibson Scarlet', *nepalensis*
Roscoea humeana, purpurea
Saponaria
Sedum spurium-Sorten
Silene keiskei, schafta
Spiraea bullata, japonica
Sprekelia formosissima
Thalictrum aquilegifolium
Teucrium chamaedrys
Veratrum nigrum
Lychnis

Blau, violett

Adenophora
Allium caeruleum, cyaneum
Anchusa angustissima
Aquilegia
Aster × *alpellus, alpinus, tongolensis*
Campanula
Centaurea montana
Clematis alpina
Codonopsis
Cyananthus
Cynoglossum
Delphinium
Dracocephalum
Edraianthus
Erigeron-Sorten
Eryngium
Gentiana asclepiadea, septemfida
Globularia
Haberlea rhodopensis
Horminum pyrenaicum
Iris lacustris
Jasione
Lavandula
Limonium
Linaria alpina, pallida
Linum
Lithospermum
Meconopsis betonicifolia, grandis
Moltkia petraea, suffruticosa
Nepeta
Penstemon alpinus, hallii, menziesii
Phyteuma
Platycodon
Prunella × *webbiana*
Ramonda
Salvia superba
Scabiosa graminifolia
Scutellaria baicalensis
Thalictrum dipterocarpum
Trachelium
Tradescantia
Veronica
Viola cornuta, gracilis
Wulfenia

Herbst

Weiß

Anaphalis
Carlina acaulis
Chrysanthemum arcticum, zawadskyi
Leontopodium chinesische Arten
Parnassia palustris
Satureja montana
Saxifraga fortunei

Gelb

Aster linosyris
Kirengeshoma palmata
Ononis natrix
Potentilla fruticosa
Solidago
Sternbergia lutea
Tricyrtis macropoda

Rosa, rot, purpur

Anemone hupehensis
Calandrinia umbellata
Calluna vulgaris-Sorten
Colchicum
Daboecia cantabrica
Dianthus campestris
Elsholtzia stauntonii
Erica carnea 'Winter Beauty'
Origanum vulgare 'Compactum'
Phygelius capensis
Polygonum affine, campanulatum
Saponaria hausknechtii, × *lempergii*

Satureja montana var. *subspicata*
Sedum cauticolum, sieboldii, spectabile-Sorten, *telephium* 'Munstead Dark Red'
Zauschneria

Blau, violett

Aconitum carmichaelii var. *wilsonii*
Aster amellus- und *dumosus*-Sorten
Caryopteris
Ceratostigma plumbaginoides
Crocus Herbstblüher
Cyananthus
Gentiana asclepiadea, farreri, sino-ornata
Parochetus communis
Perovskia
Viola × *florairensis*

Nomenklatorischer Nachtrag

Während der Vorbereitung des Buches erschien die
13. Auflage „Zander Handwörterbuch der Pflanzennamen",
wonach sich folgende Benennungen geändert haben:

ungültig	gültig
Cassandra calyculata	*Chamaedaphne calyculata*
Colchicum vernum	*Bulbocodium vernum*
Douglasia vitaliana	*Vitaliana primuliflora*
Echioides longiflorum	*Arnebia pulchra*
Hyacinthus amethystinus	*Brimeura amethystina*
Lithospermum purpurocaeruleum	*Buglossoides purpurocaerulea*
Satureja alpina	*Acinos alpinus*

Verzeichnisse

Bezugsquellen für Steingartenpflanzen und Zwerggehölze

Deutschland

G. Arends, Wuppertal-Ronsdorf
G. D. Böhlje, Westerstede (Gehölze, Rhododendron)
Joachim Carl, Alpengarten, Pforzheim-Würm
Hans Götz, Schiltach im Schwarzwald
Heinz Hagemann, Krähenwinkel/Hannover
Günther Härlen, Stelle-Buchwedel
Herm. A. Hesse, Weener/Ems (Gehölze)
J. D. zu Jeddeloh, Jeddeloh/Oldenburg (Zwerggehölze)
Kayser & Seibert, Rossdrof b. Darmstadt
Heinz Klose, Lohfelden b. Kassel
Max Schleipfer, Neusäß b. Augsburg (Cyclamen, Lewisien u. a.)
Walter Schmid, Gartencenter, Straubenmühle, Hüttlingen (Zwiebelpflanzen)
Dr. Hans Simon, Marktheidenfeld (Alpinenhauspflanzen, Gräser, Farne u. a.)
F. Sündermann, Alpengarten, Lindau-Äschach
W. Tangermann, Nordstemmen
Paul Theobold, Aulendorf
Karl Wachter, Appen/Etz (Wasserpflanzen u. a.)
Walter Löw, Weiden/Opf. (Enziane)
Gräfin v. Zeppelin Sulzberg (Sempervieven u. a.)

Österreich

Alpengarten Schönbühel, A-3392 Schönbühel/Donau
Franz Feldweber, A-4974 Ort im Innkreis
G. Kern, A-8010 Graz, St. Peter

Schweiz

F. Eschmann, CH-6032 Emmen
M. Frey, CH-8461 Wildensbuch
K. Frikart, CH-8712 Stäfa
A. Vogt, CH-8703 Erlenbach ZH

England

Jack Drake, Aviemore, Inverness-shire (Schottland)
Joe Elliott, Broadwell Nursery, Morten-in-Marsh, Clos.
Waterperry Horticultural Center, Wheatley/Oxord
W. E. Th. Ingwersen, Birch Farm, Gravetye, East Grinstead, Sussex

Holland

L. Ruys, A.G., Dedemsvaart

Literaturverzeichnis

Crook, H. C. Clifford: Campanulas. Country Life Ltd., London 1951.

Elliott, Roy: Alpine Gardening. Verlag Vista Books, London 1963.

Farrer, R.: The English Rock Garden. Verlag C. T. Jack Ltd., London 1922.

Foerster, K.: Der Steingarten der sieben Jahreszeiten. Verlag J. Neumann-Neudamm, Melsungen 1965, 6. Aufl.

Griffith, Anna N.: Collins Guide to Alpines. Verlag Collins, London 1965.

Jelitto, L., und Schacht, W. (Hrsg.): Die Freiland-Schmuckstauden, Bd. 1 und 2. Verlag Eugen Ulmer, Stuttgart 1963 und 1966 (neubearb. 3. Aufl. 1985).

Köhlein, F.: Freilandsukkulenten. Verlag Eugen Ulmer, Stuttgart 1977.

Kriechbaum, W.: Alpenpflanzen im Garten. Verlag Paul Parey, Berlin und Hamburg 1960.

Phillips, G. A. R.: The Rock Garden und Alpine Plants. Verlag W. Collingridge Ltd., London 1951.

Wilkie, David: Gentians. Country Life Ltd., London 1950.

Zander, Handwörterbuch der Pflanzennamen. Neubearb. von F. Encke und G. Buchheim unter Mitarbeit von Dr. S. Seibold. Verlag Eugen Ulmer, Stuttgart 1984, 13. Aufl.

Bildquellen

Johannes Apel, Baden-Baden: Seite 98 (5), 132 (2).

Andreas Bärtels, Waake: Seite 184 (1), 197 (2), 200 (1, 2).

Martin Haberer, Raidwangen: Seite 76 (o. r.), 151 (3), 169 (3).

Christian Heimhuber, Sonthofen: Seite 164 (1).

Marijke Heuff, Amsterdam: Seite 48 (u. l.).

Friedrich Möller, Uelzen 3: Seite 185 (2).

Paul Pfinder, Nürtingen: Seite 71, 123 (5).

Dieter Kleinschrot, Weil im Schönbuch 3: Seite 30, 95 (u.), 110 (2), 133 (3), 157.

Fritz Köhlein, Bindlach: Seite 15, 22, 27, 44, 45 (2), 59, 99 (u. r.), 151 (2), 155 (3).

Fritz Kummert, Wohngraben (Österreich): Seite 62, 84, 143 (4), 172 (1).

Hans Reinhard, Heiligkreuzsteinach-Eiterbach: Seite 103.

Ernst Reiser, Wetzlar: Seite 66 (1).

Herbert Reisigl, Innsbruck: Seite 94 (u. l.), 140 (2).

Karlheinz Rücker, Stuttgart: Seite 154 (1).

Dieter Schacht, München: Seite 2, 6, 63, 67, 73, 74, 91 (1, 2), 92 (1), 98 (3, 4), 99 (o. l.), 102, 106 (1), 107 (2), 115 (7), 119 (3), 123 (3), 129 (2, 3), 136 (1), 143 (2), 146 (1, 2, 3, 4), 150 (1), 154 (2), 160 (1, 4), 169 (6), 177 (3), 181 (1, 2), 193 (1, 2).

Wilhelm Schacht, Frasdorf: Seite 9, 10, 14, 19, 20, 23, 31 (1, 2, 3), 37, 38, 40 (1, 2), 41, 45 (3), 48 (1, 2), 49 (3, 4, 5, 6), 52 (1, 2), 53, 55, 56, 66 (3, 4), 76 (o. l.), 77 (2, 3, 4), 85, 89, 92 (2), 94 (o. l.), 95 (o.), 98 (1, 2), 107 (3, 4), 110 (1, 3), 115 (2, 3, 4, 5), 118, 119 (1, 2), 128 (1, 2), 129 (1), 132 (1), 136 (2), 137 (3, 4, 5, 6), 140 (1), 142 (1), 143 (3), 147 (1, 2, 3), 151 (7), 160 (2), 165 (3), 172 (2, 3), 173 (2, 3), 176 (1), 177 (2), 181 (3), 188 (1, 2), 189 (3), 190, 196 (1), 201 (3), 204 (1), 205 (2), 207, 208.

Hans Seibold, Hannover: Seite 81, 151 (4, 5, 6).

Sebastian Seidl, München: Seite 66 (2), 77 (1), 110 (4), 111 (5), 114 (1), 115 (6), 122 (1), 123 (2, 4), 160 (3, 5), 165 (2), 168 (1), 169 (2, 4, 5), 173 (1).

Günter A. Ulmer, Schönaich: Seite 161 (6).

Urs Walser, Weinheim: Seite 26.

Register der Pflanzennamen

Sternchen * verweisen auf Abbildungen

Abies 199, 200*, 207*
Acaena 80
Acantholimon 80
Acanthus 80
Acer 175, 176*, 189*
Achillea 80
Acinos s. *Satureja*
Aconitum 81
Acorus 81
Actinella 81
Adenophora 82
Adenostyles 82
Adiantum 174
Adonis 81*, 82
Adonisröschen 81*, 82
Aethionema 82
Aethiopappus
  s. *Centaurea*
Affodil 89
Agave 82
Ahorn 175, 176*, 189*
Ährenheide 178
Ajuga 82
Akanthus 80
Akelei 49*, 85*, 86
Alant 120, 136*
Alchemilla 83
Allium 158
Alopecurus 170
Alpenaster 89*
Alpenazalee 188
Alpenbalsam 109
Alpendistel 110*
Alpendost 82
Alpenglöckchen 73*, 149
Alpenlattich 101
Alpenmaßliebchen 89
Alpenrispengras 170
Alpenrose 195
Alpensteinquendel 143
Alpenveilchen 77*, 161, 201*
Alpenveilchennarzisse 166, 168*
Alyssum 37*, 83, 176*
Amaracus s. *Origanum*
Amorpha 175
Amur-Adonisröschen 82
Anacyclus 83
Anaphalis 83

Anchusa 83
Andenpolster 90
Andorn 125
Andromeda 175
  s. auch *Cassandra*
Androsace 38*, 84*
Andryala 84
Anemone 84
Anemonopsis 85
Antennaria 85
Anthemis 85
Anthericum 86
Anthyllis 86, 176
Antirrhinum s. *Asarina*
Aquilegia 49*, 85*, 86
Arabis 37*, 86
Arctostaphylos 178
Arenaria 87
Arisaema 158
Armeria 87
Arnebia s. *Echioides*
Arnica 87
Arnika 87
Aronstab 158, 160*
Arrhenatherum 171
Artemisia 87
Arum 158, 160*
Asarina 88
Asarum 88
Asclepias 88
Asparagus 89
Asperula 88
Asphodeline 88
Asphodelus 89
Asplenium 171, 174
Aster 89*
Astilbe 89
Astragalus 90
Astrantia 90
Athamanta 90
Aubrieta 37*, 90, 157*, 176*
Augenwurz 90
Aurikel 138
Avena 171
Azaleen
  s. *Rhododendron*
Azorella 90

Ballonblume 135
Bambus 171
Bärenfellgras 171, 177*

Bärentraube 178
Bärwurz 126
Bartblume 179
Bartfaden 132
Bastardindigo 175
Beifuß 87
Bellis 93
Berberis 177*, 178
Berberitze 177*, 178
Bergenia 93, 94*
Bergenie 93, 94*
Bergminze 143
Bergsegge 170
Berufkraut 109
Besenheide 178
Betula 178
Binse 171
Binsenlilie 149
Biscutella 93
Bischofskäppchen 127
Bitterwurz 31*, 124
Blasenfarn 173*
Blauähre 183
Blaublume 104, 119*
Blaudistel 97
Blauglöckchen 126
Blaukissen 37*, 90, 176*
Blauklee 131
Blaulilie 163
Blauraute 192
Blauschopfgras 171
Blauschwingel 177*
Blaustern 167
Blaustrahlhafer 171
Blautröpfchen 188*, 191
Blechnum 174
Bleiwurz 179
Bletilla s. Orchideen
Blutwurz 142
Bongardia 158
Braunelle 139
Briggsia 67*, 93
Briggsie 67*, 93
Brillenschötchen 93
Brimeura
  s. *Hyacinthus*
Brodiaea s. *Ipheion*
Brombeere 141, 196
Bronzeblatt 112
Bruchkraut 117
Bruckenthalia 178
Brunnera 93
Buchenfarn 175
Buglossoides
  s. *Lithospermum*

Bulbinella
  s. *Chrysobactron*
Bulbocodium
  s. *Colchicum*
Buphthalmum 93
Büschelglocke 107*, 109

Calamintha s. *Satureja*
Calandrinia 94
Calandrinie 94
Calceolaria 94, 95*
Callianthemum 94*, 96
Calluna 178
Calochortus 159
Caltha 96
Camassia 159
Campanula 31*, 96, 98*, 99*
Caragana 179
Cardamine 97
Carduncellus 97
Carex 170, 171, 172*
Carlina 6*, 97
Caryopteris 179
Cassandra 179
Cassiope 177*, 179
Ceanothus 179
Celsia 97
Celsie 97
Centaurea 97
Centaurium 99
Centranthus 99
Cerastium 99
Ceratostigma 179
Ceterach 174
Chaenomeles 180
Chaenorrhinum 99
Chamaecyparis 200
Chamaecytisus
  s. *Cytisus*
Chamaedaphne
  s. *Cassandra*
Chamaenerion
  s. *Epilobium*
Chiastophyllum 100
Chinaschilf 171
Chionodoxa 159
Chrysanthemum 55*, 66*, 100, 106*
Chrysobactron 100
Chrysogonum 100
Chrysopsis 100
Chrysosplenium 101
Cicerbita 101
Cirsium 101

Cistus 180
Clematis 74*, 180
Codonopsis 101
Colchicum 159
Coluteocarpus 101
Convolvulus 91*, 101
Coprosma 180
Corbularia s. *Narcissus*
Coreopsis 101
Cornus 102, 180
Corokia 180
Coronilla 10*, 102
Cortusa 73*, 102
Corydalis 77*, 102*
Corylopsis 180
Corylus 181
Corynephorus 171
Cotoneaster 181
Cotula 103
Crassula 103
Crepis 103*
Crocus 159, 160*
Crucianella s. *Phuopsis*
Cryptomeria 190*, 200
Cyananthus 104, 119*
Cyclamen 77*, 161, 201*
Cymbalaria s. *Linaria*
Cynoglossum 104
Cypripedium s. Orchideen
Cystopteris 173*
Cytisus 181*, 182

Daboecia 182
Daphne 181*, 183
Deinanthe 104
Delosperma 104
Delphinium 104
Dianthus 2*, 63*, 104, 106*
Diascia 105
Diascie 105
Dicentra 105
Dickblatt 103
Dicknarbe 192
Dickröschen 141
Dictamnus 105
Digitalis 105
Dimorphotheca 107
Diptam 105
Dionysia 66*
Dodecatheon 107*
Doronicum 108
Dost 130, 132*

Dotterblume 95*, 96
Douglasia 107, 108
Douglastanne 204
Draba 108
Drachenkopf 108
Drachenmaul 119
Dracocephalum 108
Drahtnetzbusch 180
Dreiblatt 113, 153
Dreiblattspiere 113
Dreimasterblume 153
Dryas 183
Duchesnea 108

Echioides 108
Edelraute 87
Eberwurz 97
Edeldistel 110
Edelweiß 122
Edraianthus 107*, 109
Efeu 186
Ehrenpreis 155
Eibe 204
Eichenfarn 175
Eisenhut 81
Elfenblume 109
Elsholtzia 183
Empetrum 183
Enzian 48*, 110*, 111*, 112, 115*
Ephedra 201
Epilobium 109
Epimedium 109
Eranthis 162
Erdbeere, Indische 108
Erica 76*, 183, 189*
Erigeron 109
Erinacea 184
Erinus 109
Eriogonum 184
Eriophyllum 109
Eritrichum 66*, 109
Erodium 110
Eryngium 110*
Erysimum 49*, 111
Erythronium 161*, 162
Euphorbia 110*, 112
Euryops 181*, 185

Fächerahorn 189*
Fackellilie 121
Fagus 185
Federborstengras 171
Federgras 171
Feigenkaktus 129
Feinstrahl 109

Felberich 125
Felsenfarn 174
Felsenmargerite 152
Felsennelke 153
Felslöwenmaul 88
Felsskabiose 139
Festuca 171, 177*
Fetthenne 145, 151*, 201*
Feuerenzian 150
Feuerkolben 158
Fichte 48*, 200*, 203, 204*, 207*
Fiederpolster 103
Filipendula 112
Fingerhut 105
Fingerkraut 135, 194
Flammenblume 133*
Flockenblume 97
Forsythia 185
Forsythie 185
Fransenglöckchen 145
Frauenmantel 83
Freilandgloxinie 120
Fritillaria 162, 164*
Frühlingsplatterbse 122
Frühlingsschelle 150
Frühlingsstern 163
Fuchsschwanz 170
Funkie 119*

Galanthus 77*, 162
Galax 112
Galium s. *Asperula*
Gamander 198
Gänseblümchen 93
Gänsekresse 37*, 86
Garbe 80
Gauklerblume 126
Gaultheria 185
Gedenkemein 128
Geißblatt 191
Geißklee 181*, 182
Gemskresse 120
Gemswurz 108
Genista 184*, 185
Gentiana 48*, 110*, 111*, 112, 115*
Geranium 27*, 113, 114*
Germer 155
Geum 113
Gilbweiderich 125
Gillenia 113
Ginster 184*, 185
Gladiole 163

Gladiolus 163
Gliedkraut 149
Globularia 113
Glöckel 102
Glockenblume 31*, 96, 98*, 99*
Glockenwinde 101
Glyceria 171
Goldauge 100
Goldbaldrian 131
Golddistel 6*, 97
Goldglöckchen 185
Goldkörbchen 100
Goldprimel 107, 108
Goldrute 149
Goldteller 116
Goldstab 100
Goldtropfen 128*
Götterblume 107*
Graslilie 86, 165*
Grasnelke 87
Greiskraut 149
Günsel 82
Gypsophila 114

Haarmarbel 171
Haberlea 116, 118*
Habichtskraut 9*, 91*, 117
Hacquetia 116
Hahnenfuß 139, 143*
Hainsimse 171
Hamamelis 186
Hartriegel 102
Haselwurz 88
Hauhechel 192
Hauswurz 148
Hebe 186
Heckenkirsche 191
Hedera 186
Hedysarum 116
Heide, Echte 183
Heide, Irische 182
Heilglöckel 73*
Heiligenkraut 197
Helianthemum 9*, 185*, 186
Helichrysum 66*, 116, 119*
Helictotrichon s. *Avena*
Heliosperma 116
Helleborus 76*, 117
Helmkraut 145
Hemlockstanne 205
Hepatica 117
 (Einbandfoto)

221

Herbstenziane 48*, 110*, 111*, 112, 115
Herniaria 117
Hertia 187
Herzblume 105
Herzlilie 119
Heuchera 117
Hibalebensbaum 204
Hieracium 9*, 91*, 117
Himalaja-Hauswurz 148, 150*, 151*
Himbeere 141
Himmelsherold 66*, 109
Hirschzunge 173*
Horminum 119
Hornklee 27*, 125
Hornkraut 99
Houstonia 120
Hosta 119*
Hundskamille 85
Hundszahn 161*, 162
Hundszunge 104
Hungerblümchen 108
Hutchinsia 120
Hyacinthella, Hyacinthus 163
Hyazinthe 163
Hypericum 187, 188*, 201*
Hypsella 120

Iberis 37*, 49*, 187
Igelginster 184
Igelpolster 80
Immergrün 182, 199
Incarvillea 120
Indische Erdbeere 108
Ingwerorchidee 167
Inula 120, 136*
Ipheion 163
Iris 52*, 77*, 120, 122*, 123*
Ixiolirion 163

Jägerblume 94*, 96
Jakobsleiter 135
Jakobslilie 167
Japansegge 171, 172*
Jasione 121
Jasmin 187
Jasminum 187
Jeffersonia
  s. *Plagiorhegma*
Johanniskraut 187,188*

Jonquille 166
Jovibarba 148
Juncus 171
Juniperus 201*, 202, 204*
Junkerlilie 88

Kaiserkrone 162, 164*
Kalmia 187
Kalmus 81
Kapmargerite 107
Kardendistel 127
Katzenminze 127
Katzenpfötchen 85
Kaukasusvergißmeinnicht 93
Kentranthus
  s. *Centranthus*
Kiefer 203, 204*
Kirengeshoma 121
Kirsche 194
Kniphofia 121
Knollenglanzgras 171
Knotenblume 163
Knöterich 135, 136*
Koeleria 171
Kolibritrompete 156
Kölle 143
Königskerze 154*, 155
Korkzieherhasel 181
Krähenbeere 183
Kratzdistel 101
Kreuzblatt 134
Kreuzblume 194
Kreuzdorn 193*, 195
Kreuzkraut 149
Kriechheide 182
Krokus 159, 160*
Kronwicke 10*, 102
Krötenlilie 153
Küchenschelle 139, 142*, 143*
Kugelblume 113
Kugelprimel 140*
Kuhtritt 156

Lamium 121
Lärche 202
Larix 202
Lathyrus 122
Latsche 203, 204*
Lauch 158
Lavandula 175, 187, 201*
Lavendel 175, 187, 201*
Lavendelheide 175

Lebensbaum 204
Leberbalsam 109
Leberblümchen 117 (Einbandfoto)
Lederblatt 179
Ledum 187
Leimkraut 149
Lein, 92*, 124
Leinkraut 124
Leiophyllum 188
Leontopodium 122
Lerchensporn 102*
Leucojum 163
Leuzea rhapontica
  s. *Centaurea*
Levkoje 125
Lewisia 31*, 123*, 124
Libanonstorchschnabel 132
Lichtnelke 125
Lilie 163, 165*
Lilium 163, 165*
Limonium 124
Linaria 124
Linnaea 188
Linum 92*, 124
Lippenmäulchen 125
Lithodora
  s. *Lithospermum*
Lithospermum 124
Loiseleuria 188
Lonicera 191
Lorbeerrose 187
Lotus 27*, 125
Lotwurz 128*
Löwenmäulchen 99
Lungenkraut 139, 140*
Luzula 171
Lychnis 125
Lysimachia 125

Mädchenauge 101
Mädesüß 112
Magentastern 167
Mähnen-Erbsenstrauch 179
Malus 191
Mannsschild 38*, 84*
Mannstreu 110
Margerite 100
Marokkokamille 83
Marrubium 125
Märzbecher 163
Maßliebchen 93
Matteuccia 174

Matthiola 125
Mauermiere 131
Mauerraute 171, 174
Mazus 125
Meconopsis 126
Meerlavendel 124
Meerträubel 201
Meister 88
Melandrium s. *Silene*
Mentha 126
Menziesia 92*, 191
Mertensia 126
Meum 126
Microbiota 202
Microcachrys 202
Micromeria 126
Micromerie 126
Miere 126
Milchstern 166
Milzkraut 101
Mimulus 126
Minuartia 126
Minze 126
Miscanthus 171
Mitchella 127
Mitella 127
Moehringia 127
Mohn 131, 132*
Moltkia 188*, 191
Moosglöckchen 188
Moosheide 194
Mooskraut 174
Moosmiere 127
Morina 127
Mormonentulpe 159
Muehlenbeckia 191
Mulgedium
  s. *Cicerbita alpina*
Muscari 164, 165*
Myosotis 127

Nachtkerze 128*
Narcissus 166, 168*, 169*
Narzisse 166, 168*, 169*
Nelke 63*, 104, 106*
Nelkenwurz 113
Nepeta 127
Neuseeland-Ehrenpreis 186
Nierembergia 127
Nieswurz 117
Nothofagus 192
Notholaena 174

Ochsenauge 93
Ochsenzunge 83
Oenothera 128*
Omphalodes 128
Onoclea 174
Ononis 192
Onosma 128*
Opuntia 129
Opuntie 129
Orchideen 129*, 130
Orchideenprimel 137*, 138
Origanum 130, 132*
Ornithogalum 166
Orostachys 130
Osmunda 174
Othonnopsis s. *Hertia*
Oxalis 166, 172*
Oxytropis 131

Pachistima s. *Paxistima*
Pachysandra 192
Paeonia 131
Palmlilie 199
Pantoffelblume 94, 95*
Papaver 131, 132*
Paradieslilie 131
Paradisea 131
Parnassia 131
Parochetus 131
Paronychia 131
Patrinia 131
Paxistima 192
Pelargonium 132
Pellaea 174
Pelzanemone 139
Pelzfarn 174
Pennisetum 171
Penstemon 132
Perlfarn 174
Perlpfötchen 83
Pernettya 192
Perovskia 192
Pestwurz 133
Petasites 133
Petrocallis 133
Petrocoptis 133
Petrophytum 192
Pfauenfederfarn 174
Pfingstrose 131
Phlox 30*, 45*, 49*, 133*, 176*
Phuopsis 134
Phygelius 134
Phyllitis 173*

Phyllodoce 194
Phyteuma (*Physoplexis*) 134, 136*
Picea 48*, 200*, 203, 204*, 208*
Pieris 194
Pinus 203, 204*
Pippau 103*
Plagiorhegma 134
Plantago 135
Platycodon 135
Pleione s. Orchideen
Poa alpina 170
Podocarpus 203
Polemonium 135
Polsterknöterich 191
Polstersegge 170
Polygala 194
Polygonatum 135, 136*
Polygonum 135
Polypodium 174
Polystichum 174
Porst 187
Porzellansternchen 120
Potentilla 135, 194
Prachtspiere 89
Präriekerze 159
Primel 49*, 137*, 138, 140*
Primula 49*, 137*, 138, 140*
Prophetenblume 108
Prunella 139
Prunus 194
Pseudotsuga 204
Pterocephalus 139
Ptilotrichum s. *Alyssum*
Pulmonaria 139, 140*
Pulsatilla 139, 142*, 143*
Purpurglöckchen 117
Puschkinia 167
Pyrenäennelke 133

Quendel 152
Quitte 180

Ramonda s. *Haberlea*
Ranunculus 139, 143*
Raoulia 49*, 141
Rasenspiere 192
Rauschbeere 183
Raute 141
Rebhuhnbeere 127

Rehbraune Segge 170
Reifrocknarzisse 166
Reiherfedergras 172*
Reiherschnabel 110
Rhamnus 193*, 195
Rhododendron 40*, 41*, 165*, 189*, 193*, 195
Rhodohypoxis 167
Rhodothamnus 40*, 196*
Ribes 196
Rippenfarn 174
Rittersporn 104
Rohrkolben 153
Rosa 196
Rosen 196
Roscoea 167, 173*
Rosenwaldmeister 134
Rosmarinheide 175
Rosularia 141
Rubus 141, 196
Ruprechtsfarn 175
Ruta 141

Säckelblume 179
Safran 159, 160*
Sagina 141
Salbei 141
Salix 196, 197*
Salomonssiegel 135
Salvia 141
Sandglöckchen 121
Sandkraut 87
Sandmyrte 188
Sanguinaria 142
Santolina 197
Saponaria 31*, 62*, 142, 143*
Sarcococca 198
Satureja 143
Sauerdorn 177*, 178
Sauerklee 166, 172*
Saxifraga 48*, 49*, 144, 146*, 147*
Scabiosa 145
Schachbrettblume 162, 164*
Schaftdolde 116
Schaumkraut 97
Scheinanemone 85
Scheinbeere 185
Scheinbuche 192
Scheinhasel 180
Scheinmohn 126
Scheinorchis 167
Scheinzypresse 200

Schellenblume 82
Schierlingstanne 205
Schievereckia 145
Schizocodon 145
Schlagkräutlein 82
Schleierkraut 114
Schleifenblume 37*, 49*, 187
Schleimbeere 198
Schlüsselblume 138
Schmuckspargel 88
Schneeball 198
Schneeglöckchen 77*, 162
Schneeheide 189*
Schneemarbel 171
Schneerose 76*, 117
Schneestolz 159
Schotendotter 49*, 111
Schöterich 49*, 111
Schriftfarn 174
Schuppenheide 177*, 179
Schwadengras 171
Schwertlilie 52*, 77*, 120, 122*, 123*
Schwingel 171
Scilla 167
Scolopendrium s. *Phyllitis*
Scutellaria 145
Sedum 145, 151*, 201*
Segge 173*
Seidelbast 181*, 183
Seidenpflanze 88
Seifenkraut 31*, 62*, 142, 143*
Selaginella 174
Sempervivella 148
Sempervivum 15*, 44*, 45*, 49*, 59*, 148
Senecio 149
Shortia s. bei *Schizocodon*
Sicheltanne 190*, 200
Sideritis 149
Siegwurz 163
Silberdistel 97
Silbergras 171
Silberimmortelle 83
Silberkissen 141
Silbermäntele 83
Silberraute 87
Silberstrauch 192

223

Silberwurz 183
Silene 149
Sinarundinaria 171
Singrün 199
Sisyrinchium 149
Skabiose 145
Soldanella 149
Solidago 149
Sommertürchen 163
Sonnenröschen 9*,
 185*, 186
Sperrkraut 135
Spierstrauch 198
Spigelia 150
Spiraea 198
Spitzkiel 131
Spornblume 99
Sprekelia 167
Stachelnüßchen 80
Stachys 150
Staudenmittagsblume
 104
Steinbrech 48*, 49*,
 144, 146*, 147*
Steineibe 203
Steinfeder 174
Steinglocke 150
Steinkraut 83
Steinquendel 143
Steinrich 37*, 176*
Steinrose 148
Steinsame 124
Steinschmückel 133
Steintäschel 82
Sternbergia 168
Sternbergie 168
Sternblume 89
Sterndolde 90
Sternmoos 141
Sternwurz 130
Stiefmütterchen 156
Stipa 171, 172*
Storchschnabel 27*,
 113, 114*

Strahlensame 116
Strauchveronika 186
Strauchwundklee 176
Strohblume 66*, 116,
 119*
Struthiopteris
 s. *Matteuccia*
Sumpfherzblatt 131
Süntelbuche 185
Süßklee 116
Symphyandra 150
Synthyris 150
Syringa 19*, 198

Tanne 199, 200*
Täschelkraut 152
Taubnessel 121
Taumantel 83
Tausendgüldenkraut
 99
Taxus 204
Teucrium 198
Teufelskralle 134,
 136*
Thalictrum 152
Thelypteris 175
Thlaspi 152
Thuja 204, 208*
Thujopsis 204
Thymian 9*, 152
Thymus 9*, 152
Tiarella s. bei *Mitella*
Tigerglocke 101
Torfmyrte 192
Townsendia 152
Trachelium 152
Tradescantia 153
Tragant 90
Tränendes Herz 105
Trapa 153
Traubenhyazinthe
 164, 165*
Trichterfarn 174

Tricyrtis 153
Trillium 153
Triteleia s. *Ipheion*
Tritome s. *Kniphofia*
Troddelblume 149
Trollblume 153
Trollius 153
Trugerdbeere 108
Tsuga 205
Tulipa 157*, 168,
 169*
Tulpe 157*, 168, 169*
Tunica 153
Tüpfelfarn 174
Typha 153

Uvularia 153
Uvularie 153

Veilchen 155*, 156
Veratrum 155
Verbascum 154*, 155
Vergißmeinnicht 127
Veronica 155
Viburnum 198
Vinca 199
Viola 155*, 156
Viscaria s. *Lychnis*
Vitaliana s. *Douglasia*

Wacholder 202, 204*
Wachsglocke 121
Walddickblatt 100
Waldlilie 153
Waldmarbel 171
Waldrebe 74*, 180
Waldsteinia 156
Waldsteinie 156
Wassernuß 153
Wegerich 135
Weidenröschen 109
Weiden 196, 197*
Weingaertneria
 s. *Corynephorus*

Weißbecher 127
Wetterdistel 97
Wiesenraute 152
Wildrosen 196
Winde 91*, 101
Windröschen 84
Winterling 162
Wohlverleih 87
Wolfsmilch 110*, 112
Wollblatt 109
Wollknöterich 184
Wucherblume 55*,
 66*, 100
Wulfenia 156
Wundklee 86
Wüstengoldaster 109

Yucca 199

Zaubernuß 186
Zauschneria 157
Zeitlose 159
Zickzackstrauch 180
Zierapfel 191
Zierquitte 180
Ziest 150
Zistrose 180
Zwerg-Alpenjohannis-
 beere 196
Zwergalpenrose 40*,
 196*
Zwergbirke 178
Zwergflieder 19*, 198
Zwerghartriegel 180
Zwergkreuzdorn
 193*, 195
Zwerglöwenmaul 99
Zwergmispel 181
Zwerg-Tausendgül-
 denkraut 99
Zwergweiden 196,
 197*